Markus Miller

Der große Strategie- und Edelmetall-Guide

Der große Strategie- und Edelmetall-Guide

Das FORT KNOX für Privatanleger

FBV

Markus Miller

Bibliografische Information der Deutschen Nationalbibliothek
Die Deutsche Nationalbibliothek verzeichnet diese Publikation in der Deutschen Nationalbibliografie; detaillierte bibliografische Daten sind im Internet über **http://d-nb.de** abrufbar.

Für Fragen und Anregungen:
miller@finanzbuchverlag.de

ein Imprint der Münchner Verlagsgruppe GmbH
Nymphenburger Straße 86
D-80636 München
Tel.: 089 651285-0
Fax: 089 652096

Lektorat: Marion Reuter
Satz: HJR, Jürgen Echter, Landsberg am Lech
Druck: CPI Ebner & Spiegel, Ulm

ISBN Print 978-3-89879-702-3
ISBN E-Book (PDF) 978-3-86248-266-5

Inhalt

Vorwort **9**

Teil I
Die Hintergründe für Investitionen in Edelmetalle **11**

1 Gold und Edelmetalle – Grundlagen: Direkt oder indirekt investieren? 13
2 Achtung Papiergold: Es ist nicht alles Gold, was glänzt 16
3 AAA – Die Anlageklassen Aurum (Gold) und Argentum (Silber) 19
4 Vom Euro, Amero und Golfo zum Globo? 22
5 Gold – Die kommende globale Währung 30
6 Warum Sie Ihr Gold auch im Ausland verwahren sollten 34
7 Gold: Nehmen Sie sich die Reichen in Deutschland zum Vorbild! 36

Teil II
Gold ist nicht alles: Versilbern Sie Teile Ihrer Geldwerte . . **39**

1 Warum ist Silber so interessant? 41
2 Silber: Mehrwertsteuer-Strategien und die besten physischen Produkte 42
3 Schwarzgeld-Trick? – Die Silbermünzen-Ente 46
4 Silber als strategische Rücklage auch für Unternehmen . . 50

Teil III
Strategische Metalle – Technologie- und Sondermetalle . . 53
1 Grundlagen der Unterscheidung: Edelmetalle, strategische Metalle, Industriemetalle, Sondermetalle und Seltene Erden 55
2 Die Eichhörnchen-Strategie: Streuen Sie Ihre Investitionen in strategische Metalle 57
3 Metall-Direktinvestition – die Nr. 1 für Handel und Lagerung von strategischen Metallen in der Schweiz . . . 60
4 Die empfehlenswertesten Metallfonds aus Liechtenstein 66
5 Der Liechtensteiner Fonds für strategische Metalle mit Bunker-Lagerung im Detail. 71
6 Minen-Aktien: So investieren Sie direkt in fünf ausgesuchte Minenunternehmen aus den USA, Australien, China und Kanada 74
7 Recycling-Aktien – Investieren Sie in acht vielversprechende Metall-Recycler 77
8 Der empfehlenswerte Anbieter aus Deutschland für strategische Metalle 80
9 Wissenswerte Hintergrundinformationen zu ausgesuchten strategischen Metallen 83

Teil IV
Ausgesuchte Praxistipps: Die besten Strategien zu Edelmetallanlagen und Real-Wert-Investments 105
1 Investieren Sie auch in Sachwerte oder besser gesagt reale Werte!. 107
2 Kauf und Lagerung Ihrer Edelmetalle in Eigenverwahrung 111
3 Wie groß sollte der Edelmetall-Notvorrat im Direktzugriff sein? 116
4 Lagerungen bei einer Bank: Das Edelmetalldepot ist eine perfekte Alternative 118
5 Physische Edelmetalle gegen Bargeld vor Ort oder online kaufen – Die besten Anbieter. 125
6 Werden Sie selbst zum Edelmetallhändler durch Partnerprogramme 146

7 Attraktiv, anonym und flexibel – Gold aus dem Automaten 148
8 Xetra-Gold: Physisches Gold als besichertes Wertpapier. 151
9 Börsennotierte Edelmetalle: Entwicklungen bei Schweizer ETFs, Kanadischen ETRs und Xetra-Gold 154
10 Edelmetall-ETFs: Schweizer Gold-ETFs bieten Ihnen die größte Sicherheit! 160
11 Die besten währungsgesicherten Edelmetall-ETFs aus der Schweiz 165
12 Numismatik: Münzsammlungen sind etwas für Profis – So finden Sie verlässliche Experten 170
13 Empfehlungen für Bewertung und Verkauf von Edelmetallen – von Schmuck über Tafelsilber bis hin zu Zahngold 173
14 Das Zollfreilager am Züricher Flughafen und das Edelmetallzentrum in Wien 179
15 Kostengünstige Schließfächer in der Schweiz und in Liechtenstein 181
16 Geheimtipp Steuerrecht: Das Gold-Modell 184
17 Steueroptimierte Absicherungsstrategien für physisches Gold, Silber und Platin 190
18 Goldminen-Aktien mit Potenzial – Der Top-ETF 194
19 Mit diesem Top-Fonds stehen Sie mit einem silbernen Bein in Liechtenstein 198
20 Die zehn wichtigsten Industriemetalle in einem ETF . . . 202
21 Gold-Shop der Reisebank: Sehr attraktive Konditionen bei Hartwährungen 205
22 Das »Multi-Plattform-Strategie-Modell« – Setzen Sie auf vernetzte Strukturen! 208
23 Edelmetallmünzen: Die wichtigsten Empfehlungen und Fallstricke 211
24 Von der Stange, aber alles andere als gewöhnlich: Silbermünzen der Cook-Inseln 234
25 Silber: Die beiden besten 10-Euro-Silbermünzen-Alternativen aus Österreich und Kanada 237

26 Mein Geheimtipp: Die kostengünstigste Schweizer Gold-Feinunze 241
27 Silber: Nur 7 Prozent – Sparen Sie Mehrwertsteuer mit kostengünstigen Münzbarren aus Andorra! 244
28 Kunstbarren: Silberkunst gepaart mit realem Materialwert – ein einzigartiges Investment! 248
29 Geheimtipp: Der unbekannte Filialnetz-Händler mit Top-Konditionen 253

Teil V
Geheimtipp Alpenfestung: Die Real-Schutz-Strategie für Ihr Vermögen 257
1 Die Kapitalschutz-Real-Wert-Police aus Liechtenstein. . 259
2 Das Kapitalanlage-Umfeld: Schaffen Sie sich für Ihr Kapital gezielt geschützte Zellen und Lagerstätten 261
3 Liechtenstein: Der Versicherungsstandort Nummer 1 für intelligente Kapitalanleger 266
4 Die Standortvorteile des Fürstentums auf einen Blick . . . 268
5 Kapital-Rechtsschutz: Wahren Sie Ihre Eigentumsrechte und nutzen Sie das Modell der geschützten Zellen!. 270
6 Die Kapitalschutzfunktionen: So öffnen Sie Ihren persönlichen Rettungsschirm – natürlich in Liechtenstein 273
7 Die Versicherungspolice: Das einzigartige Konzept für Selbstentscheider und Verwaltungskunden ab 20.000 Euro! 278
8 Das Versicherungsdepot: Die sechs Anlagestrategie-Bausteine im Detail 280
9 Gezielte Vermögensstrukturierung: Die Vorteile der Kapitalschutz-Police von der Finanz- bis hin zur Steuerplanung 286
10 Kapitalschutz-Management: So einfach bauen Sie Ihre eigene Alpen-Festung. 289
11 Wo liegt nun das Fort Knox für Ihre Edelmetalle?. 295

Stichwortverzeichnis 297

Vorwort

Liebe Leserinnen und Leser,

Bücher zu Edelmetallen, speziell zu Gold und Silber, gibt es bereits sehr viele. Die meisten davon sind allerdings rein theoretischer Natur. Ich gebe Ihnen mit meinem Buch einen umfassenden Praxis-Ratgeber an die Hand, der in Recherche, Analyse und Ausarbeitung einzigartig ist.

Der direkte Erwerb und die private, sichere Lagerung und Verwahrung physischer Edelmetalle in Form von Barren und Münzen, aber auch der gezielte Erwerb von strategischen Metallen ist für mich die Grundlage einer effizienten Real-Wert-Strategie. Es gibt dabei hochinteressante Alternativen, die meiner Erfahrung nach der breiten Öffentlichkeit oftmals vollkommen unbekannt sind.

Sie finden nachfolgend detaillierte Handlungsalternativen, Investitionsmodelle, Kapitalanlagestrategien, Anbieterchecks, Vergleiche von verschiedenen Anlagemethoden und vor allem Praxisrecherchen komprimiert und übersichtlich zusammengefasst. Das Ganze immer mit empfehlenswerten Adressen und Kontaktmöglichkeiten. Sie müssen sich keine Einzelteile zusammensuchen, sondern das weite Feld der bewährtesten physischen Edelmetall-Anlagen wird hier so vorgestellt, dass Sie diese Strategien und Modelle ganz individuell flexibel und einfach in der Praxis umsetzen können.

Das bedeutet ganz konkret: In diesem Buch gebe ich Ihnen einen Überblick über die wichtigsten Hintergründe für Ihre Edelmetallkäufe, Investments in strategische Metalle und weitere reale Werte wie beispielsweise Minenaktien. Gold ist dabei die Basis, Silber die weitere wichtige Ergänzung als mindestens ebenso attraktives Basis-Edelmetall. Darüber hinaus ist das Segment der strategischen Metalle ein ganz wichtiger

Ansatz in meinen Strategie-Empfehlungen. Meine absolute Top-Empfehlung ist dabei mein »Geheimtipp Alpenfestung«. Dieses Modell ist in seiner intelligenten und breit diversifizierten Ausgestaltung absolut einzigartig.

Dieses Buch, in das meine umfassenden Recherchen und Erkenntnisse der letzten Jahre eingeflossen sind, soll Ihnen eine praxisnahe Hilfestellung für die Umsetzung Ihrer Edelmetallstrategien sein. Nicht nur zur Kapitalanlage und Diversifikation, sondern vor allem auch zur Absicherung gegenüber den Gefahren, die derzeit von unseren labilen und risikobehafteten Wirtschafts- und Währungssystemen ausgehen.

Ihr
Markus Miller
Chefredakteur »Kapitalschutz vertraulich«
www.kapitalschutz-vertraulich.de
Geschäftsführer GEOPOLITICAL.BIZ S.L.U.
www.geopolitical.biz

Teil I

Die Hintergründe für Investitionen in Edelmetalle

1 Gold und Edelmetalle – Grundlagen: Direkt oder indirekt investieren?

Trotz aller Medieneuphorie ist Gold nach wie vor in den Depots der Anleger unterdurchschnittlich vertreten. Industrie- und Staatsanleihen werden jährlich im Umfang von mehreren Billionen US-Dollar emittiert. Die weltweite Gold-Jahresproduktion liegt dagegen nur bei rund 75 Milliarden US-Dollar. Die vorläufigen Höchstkurse für Gold sind, vor allem im Hinblick auf die täglich steigenden Papiergeldmengen, nach wie vor relativ günstig. Der Goldpreis-Höchststand im Jahre 1980 entspricht nämlich einem inflationsbereinigten Wert von rund 2.400 Dollar!

Mehr als nur ein Rohstoff: Gold als alternative Weltleitwährung!

Daher empfehle ich nach wie vor Investitionen in Edelmetalle, aber auch in strategische Metalle. Nicht nur als Vermögensanlage, sondern gerade auch als Vermögensschutz – insbesondere im Hinblick auf mögliche Probleme der weltweiten Papiergeldwährungssysteme, die massiv und ausufernd mit neu gedrucktem oder virtuell geschaffenem Papiergeld geflutet werden. Gold hingegen ist nicht unbegrenzt vermehrbar, das musste schon König Midas erkennen. Gold ist somit nicht primär ein Rohstoff und Sachwert, sondern die alternative Weltleitwährung schlechthin.

Grundsätzlich gibt es zwei Arten, in Edelmetalle oder Rohstoffe zu investieren:

Die direkte, unmittelbare Investition und die indirekte Anlage über ein Produkt – Goldminenaktie, ETF, Zertifikat, Investmentfonds, Beteiligung usw. –, das wiederum mittelbar in das Produkt investiert. Bei einer direkten Anlage in Gold können beispielsweise Münzen oder Barren erworben und in einem Tresor zu Hause oder in einem Schließfach bei einer Bank gelagert und verwahrt werden.

Dies ist aus meiner Sicht relativ sicher, aber leider vergleichsweise teuer. Denn zu den Gebühren beim An- oder Verkauf der Edelmetalle kommen die Kosten für die Auslieferung und den Transport sowie die Versicherung und Einlagerung des erworbenen Goldes im Banktresor oder Schließfach.

Ich bekomme immer wieder Nachfragen zum Thema Goldminenaktien oder entsprechende Fonds. Hiermit würde man zwei Fliegen mit einer Klappe schlagen, indem man von Goldpreissteigerungen profitiert und den Sachwert Aktie im Depot hat.

Achtung! Beachten Sie den Unterschied zwischen Goldminenaktien und physischem Gold!

Goldminenaktien sind eine Ergänzung zu physischem Gold. Natürlich wird die Aktienkursentwicklung von diesen Unternehmen auch grundsätzlich vom Goldpreis beeinflusst, aber es spielen viele weitere Faktoren eine Rolle, etwa die Rentabilität der jeweiligen Mine, die Förderkosten oder allgemeine Marktprognosen.

Aktien von Goldminengesellschaften sind daher deutlich stärkeren Schwankungen ausgesetzt als der Goldpreis und keine Alternative zu physischem Gold – das man zur strategischen Krisenvorsorge erwirbt–, sondern eine Alternative zu anderen Aktieninvestments, die einen starken Bezug zum Goldpreis haben.

Physisches Gold wird immer seinen Wert behalten. Aktien, auch Goldminenaktien, haben dagegen ein Totalausfallrisiko – nämlich dann, wenn die entsprechenden Minen unrentabel werden oder das Förderunternehmen aufgrund von Managementfehlern oder anderen Marktbegebenheiten (von politischen Unruhen oder Staatseinflüssen im Förderland über Enteignungen bis hin zu Natureinflüssen wie Erdbeben oder Überschwemmungen) in Konkurs geht.

Physisches Gold hingegen kann nicht in Konkurs gehen. Aber Sie müssen sich bewusst sein, dass es auch deutlich im Kurs fallen und somit an Wert verlieren kann. Auch kann es enteignet, veruntreut oder gestohlen werden. Das kann bei Ihnen zu Hause im Privatsafe oder im Garten vergraben genauso passieren wie im Banksafe, im Zollfreilager oder in einem sonstigen Hochsicherheits-Lager/Tresor. Diese Lager nutzen gerade die empfehlenswerten Online-Anbieter BullionVault, GoldMoney oder GoldRepublic. Somit ist das »physische Gold online« der in diesem Buch vorgestellten Anbieter auch als Ihnen zugewiesenes Eigentum mit Risiken behaftet – wie jede andere Investition auch. Sie selbst müssen entscheiden, ob Sie diesem System der Goldlagerung vertrauen.

Übrigens: Die wirklich einzigen Sachwerte, die unter normalen Umständen nicht gestohlen oder vernichtet werden können, sind Grund und Boden. Allerdings haben Immobilien den Nachteil, dass sie im Gegensatz zu den mobilen Edelmetallen weit schneller und einfacher enteignet werden können. Auch das ist ein Szenario, das Sie im Rahmen Ihrer Kapitalschutz-Strategien bedenken sollten.

Tipp

Ich stufe die empfehlenswerten Online-Anbieter für physisches Gold – vor allem BullionVault – als ebenso sicher ein wie eine Bank. Die Überwachung und die Regulierung der Anbieter sind sehr gut. Ich bin sogar der Ansicht, dass in einem Krisenszenario private Hochsicherheitslager und Tresore – wie sie von Online-Anbietern genutzt werden – mindestens genauso sicher sind wie Banken, die gerade in einer Finanzkrise weit schneller unter staatliche Überwachung und Kontrolle fallen oder gar enteignet werden können.

Die Lagerung und die Verwahrung von Gold und Silber in bankenunabhängigen Hochsicherheitstresoren sind somit aus meiner Sicht eine zusätzliche Diversifikationsmöglichkeit, die Ihre strategische Krisenvorsorge weiter optimiert und Ihren Vermögensschutz dadurch zusätzlich erhöht!

Im Gegensatz zu Fonds, Zertifikaten, digitalen Edelmetall-Konten und auch ETFs (Exchange Traded Funds) erwerben Sie bei den von mir empfohlenen Anbietern 100 Prozent Edelmetalle in physischer Form – ausgewiesen in Unzen und Gramm. Als Ihr persönliches Eigentum dienen sie als Inflationsschutz und Wertspeicher.

2
Achtung Papiergold: Es ist nicht alles Gold, was glänzt

Es ist nicht alles Gold, was glänzt. Diese bewährte Weisheit ist gerade in der Finanzbranche klar belegbar durch Fakten. Die in ihrer Dynamik deutlich zunehmenden Kursschwankungen von Edelmetallen sind vor allem darauf zurückzuführen, dass der Papiergoldsektor – der kein physisch zugewiesenes Gold verbrieft – in den letzten Jahren eine vollkommen irrationale Entwicklung vollzogen hat.

Es gibt mittlerweile eine absolut inflationäre Zahl an Edelmetall-Derivaten

Weit mehr, als reale Edelmetalle in physischer Form auf unserer Welt überhaupt vorhanden sind. Im Gegensatz zu anderen Anlageklassen wie Aktien, Anleihen, Währungen oder Immobilien können Gold und Silber jedoch nicht künstlich geschaffen und somit nicht beliebig vermehrt werden.

Diese gigantische Derivateblase birgt in dem kleinen Marktsegment der physischen Edelmetalle ein massives Risiko.

Der internationale Goldmarkt

Ungefähr 98 Prozent des weltweit gehandelten Goldes sind nicht physisch vorhanden. Darunter fallen auch zahlreiche Finanzderivate, also Anlageprodukte wie Goldzertifikate oder Goldkonten. Nicht zugewiesenes Gold wird Ihnen dabei auf einem Kontoauszug oder als ungedecktes Wertpapier (Zertifikat) gutgeschrieben. Sie sind dadurch ein reiner Gläubiger, kein Eigentümer! Sie »besitzen« lediglich das Zahlungsversprechen eines Dritten. Vielen Anlegern ist dieser Aspekt vollkommen unbekannt oder zumindest nicht bewusst. Sie glauben, sie besitzen sicheres, physisches Gold. Zahlreiche AGB und Vertragsgestaltungen von Finanzprodukten, Goldsparplänen oder Edelmetallkonten verdeutlichen dabei, dass deren Anleger rein in Zahlungsversprechen auf einem Stück Papier investieren. Gerade dies zu vermeiden, ist aber die eigentliche Intention dieser Edelmetall-Investoren. Auch steuerlich entsteht hier ein Nachteil. Solche Edelmetallkonten ohne physischen Auslieferungsanspruch sind nämlich steuerpflichtig. Zugewiesenes Gold ist hingegen physisch vorhandenes Gold. Es befindet sich in Ihrem Eigentum und kann von Dritten (Emittentenrisiko) nicht haftbar gemacht werden.

Eine zugewiesene Lagerung von Edelmetallen ist die beste Möglichkeit, um Gold, Silber, Platin und Palladium zu lagern – weil dies rechtlich bedeutet, dass Sie der direkte Besitzer der Edelmetalle sind. Nicht die Bank, ein Emittent oder eine sonstige dritte Person. Weder der Verwalter der Edelmetalle noch der Tresorbetreiber hat einen direkten Anspruch auf Ihre Werte.

Der Unterschied zwischen Gläubiger und Eigentümer

Bei Betrachtung der buchhalterischen Seite wird der wesentliche Unterschied zwischen zugewiesenen und nicht zugewiesenen Edelmetallen deutlich. Zugewiesene Edelmetalle tauchen nicht in der Bilanzaufstellung der Bank, eines Edelmetallanbieters oder des Tresorbetreibers auf. Es handelt sich um einen bilanzunwirksamen Posten, da das Eigentum beim Kunden liegt.

Nicht zugewiesene Edelmetalle erscheinen hingegen in der Bilanzaufstellung eines Unternehmens als Aktivposten; die Ansprüche auf die Edelmetalle seitens der Kunden entsprechend als Verbindlichkeiten. Auf diese Art und Weise werden auch zahlreiche Edelmetallkonten bei Banken geführt. Ebenso die so zahlreichen weltweiten Edelmetall-Zertifikatsprogramme. Wenn ein Unternehmen Konkurs anmelden müsste, hätten alle Eigentümer von zugewiesenen Edelmetallen einen Anspruch auf ihre Edelmetalle. Diese würden im Konkursfall ausgesondert. Die Buch- und Papiergoldkunden haben jedoch keinen Zugriff auf die ihnen versprochenen Edelmetalle. Diese Verbindlichkeiten fallen in die Konkursmasse.

Empfehlung: Lassen Sie Ihre Edelmetalle in zugewiesener Lagerung verwahren. Dadurch haben Sie die Sicherheit, dass Ihr Gold, Silber, Platin und Palladium geschützt ist für den Fall, dass die Bank, der Edelmetallhändler oder der Tresorbetreiber jemals Konkurs anmelden oder in andere finanzielle Schwierigkeiten geraten sollten. Gläubiger haben dagegen keinerlei rechtlichen Anspruch auf ihre Edelmetalle, da es sich nicht um eine Finanzanlage seitens des Edelmetallhändlers, der Bank oder des Tresorbetreibers handelt.

3
AAA – Die Anlageklassen Aurum (Gold) und Argentum (Silber)

Ratingagenturen sind nach gängiger Definition privatwirtschaftliche, gewinnorientierte Unternehmen, die gewerbsmäßig die Kreditwürdigkeit (Bonität) von Unternehmen oder Staaten bewerten. Vor allem diese Gewinnorientierung in Kombination mit zahlreichen systembedingten Richtlinien schränkt dabei die Objektivität und vor allem die schnellen Beurteilungs- und Bewertungsmöglichkeiten dieser mächtigen Unternehmen wie Standard & Poor's, Moody's oder Fitch massiv ein. Ratingagenturen und deren Bewertungsmaßstäbe für Länder oder Unternehmen sind daher nur bedingt effizient als Kapitalmarktorientierung. Jede AAA-Bewertung, die auf einem reinen Zahlungsversprechen beruht, ist lediglich eine relative, temporäre und stichtagsbezogene Risikobewertung.

Der Blick in den Rückspiegel zur Bewertung der Zukunft ist ineffizient!

Marktindikatoren bieten für die Bewertung von Bonitäts- und Ausfallrisiken eine weit bessere Orientierung als Ratings; vor allem die sogenannten Credit Default Swaps (CDS) beziehungsweise Credit Spreads. Credit Default Swaps geben Aufschluss darüber, wie der Markt kurzfristig das Ausfallrisiko eines Emittenten (Land, Bank, Unternehmen) bewertet. Der Wert zeigt dabei den Risikoaufschlag an, den Kapitalanleger am Markt für die Anleihen eines Emittenten verlangen, um das Ausfallrisiko eines Schuldners abzudecken. Credit Spreads sind vor allem für Unternehmens- und Bankrisiken durchaus aussagekräftig. Eine Übersicht von aktuellen Bank-Credit-Spreads finden Sie beispielsweise auf der Website des Deutschen Derivate Verbands unter www.deutscher-derivate-verband.de.

CDS-Daten sind somit auch für Privatanleger eine weit bessere, weil aktuellere Orientierung im Hinblick auf Marktrisiken als die drei Ziffern und Zahlen der Ratingagenturen. CDS ändern sich deutlich schneller als die sehr schwerfälligen Ratingeinstufungen. Vor dem Konkurs von Lehman Brothers waren die Ratings der maroden Bank beispielsweise immer noch sehr gut. Die CDS allerdings waren in den Wochen davor bereits massiv angestiegen. Dies war ein Warnsignal, das damals weitgehend ignoriert wurde, weil ein Ausfall für die meisten Marktteilnehmer überhaupt nicht vorstellbar war. Für die Risikoeinstufung von Ländern sind aber auch Credit Spreads nur bedingt geeignet, weil diese hier wieder die politischen und systeminhärenten Risiken zu wenig verdeutlichen können.

Bei allen Marktrisiken und -chancen: Gold (Aurum) und Silber (Argentum) sind bonitätsmäßig immer AAA

Im Jahr 2010 wurde eine viel beachtete, repräsentative Studie »Goldbesitz der Privatpersonen in Deutschland«[1] veröffentlicht. Daraus ging hervor, dass ungefähr 3 Prozent des Gesamtvermögens der privaten Haushalte in Gold (Aurum) angelegt ist. Somit besitzen deutsche Bundesbürger ungefähr doppelt so viel Gold wie die Deutsche Bundesbank! Das bedeutet gleichzeitig, dass 5 Prozent der weltweit verfügbaren Goldmenge im Besitz der privaten Haushalte in Deutschland ist. Mittlerweile dürften diese Zahlen weiter angestiegen sein.

Weit weniger beachtet wurde eine Folgestudie aus dem März 2011 zum Silberbesitz in Deutschland. Die Studie »Silberbesitz der Privatpersonen in Deutschland«[2] basiert dabei ebenfalls auf einer repräsentativen Auswertung der Steinbeis-Hochschule Berlin.

Deutsche Privatpersonen besitzen nur 0,3 Prozent Silber

Die gesamte von der Bevölkerung gehaltene Silbermenge, in Form von Schmuck oder auch Tafelsilber sowie physischen Anlagen wie Barren und Münzen, beläuft sich nach dieser Studie auf ungefähr 29.000 Tonnen. Dies entspricht einem Gegenwert von knapp 19 Milliarden Euro. Zusätzlich wurden in der Studie auch die silberbezogenen Wertpapieranlagen (Fonds, Zertifikate) in Höhe von 15 Milliarden Euro berücksichtigt. Dies

---

[1] Jens Kleine / Matthias Krautbauer: Goldbesitz der Privatpersonen in Deutschland. Research Center for Financial Services. Steinbeis-Hochschule Berlin. München 2010.

[2] Jens Kleine / Tim Weller: Silberbesitz der Privatpersonen in Deutschland. Research Center for Financial Services. Steinbeis-Hochschule Berlin. München 2011.

entspricht weiteren 23.300 Tonnen. Damit ergibt sich ein Gesamtbesitz von circa 34 Milliarden Euro. Dies entspricht wiederum einem Gesamtbestand von 52.300 Tonnen Silber. Insgesamt hat der Silberbesitz dadurch lediglich einen Anteil von 0,3 Prozent am Gesamtvermögen der privaten Haushalte in Deutschland; und dies obwohl sich der Silberpreis allein in der jüngeren Vergangenheit mehr als verdoppelt hat. Dadurch ist auch die Gewichtung am Gesamtvermögen angestiegen. Dennoch ist der Silberbesitz in der deutschen Bevölkerung in Relation zu anderen Anlageformen deutlich unterrepräsentiert.

Jeder Deutsche über 18 Jahren besitzt im Durchschnitt Silber im Wert von 494 Euro

Davon entfallen 99 Euro auf physische Silberanlagen (Münzen, Barren) mit einem Gewicht von 153 Gramm, 93 Euro auf Tafelsilber (144 Gramm), 82 Euro auf Schmuck (127 Gramm) sowie 220 Euro auf silberbezogene Wertpapiere. Altbewährtes Silberbesteck ist also in Deutschland fast so häufig vertreten wie Barren oder Münzen!

Fazit: Edelmetalle brauchen kein Rating. Sie haben immer AAA.

4
Vom Euro, Amero und Golfo zum Globo?

Im November 2007 habe ich zum ersten Mal einen Artikel in »The Boston Globe« mit dem Titel »The amero conspiracy« (Die Amero-Verschwörung) gelesen. In diesem Artikel – für mich zum damaligen Zeitpunkt eine reine Verschwörungstheorie – wurde die Möglichkeit einer Nordamerikanischen Währungsunion nach einem Zusammenbruch des US-Dollars beschrieben. Heute sehe ich diese Hypothese nicht mehr nur als Verschwörungstheorie. Eine Nordamerikanische Währungsunion zwischen den USA, Mexiko und Kanada ist keine Utopie. Ebenso kann ich mir für die Zukunft durchaus auch das Zusammenbrechen von wichtigen Leitwährungen wie dem Euro oder dem US-Dollar vorstellen. Ebenso eine globale Währungsreform mit einer neuen Weltleitwährung, die dann vielleicht den Namen Globo oder auch Goldo (wenn diese mit Gold oder Edelmetallen unterlegt werden würde) trägt. Darum möchte ich an dieser Stelle am Beispiel des Ameros auch näher darauf eingehen.

Vom US-Dollar zum Amero?

Das Wort Amero ist eigentlich eine Mischung der Begriffe Amerika und Euro. Im Internet und in Medienberichten wird dieser Begriff als Bezeichnung für eine mögliche, jedoch derzeit noch hypothetische Währung verwendet.

Ein derartiger Amero würde sogar seine Berechtigung haben. Das Gerücht besagt, dass die Regierungen der Staaten Kanada, USA und Mexiko unbemerkt von der Öffentlichkeit die Errichtung einer nordamerikanischen supranationalen Organisation (North American Union) planen.

Diese Union soll dabei mit einer gemeinsamen Währung und weitreichenden Kompetenzen ähnlich der Europäischen Union ausgestaltet sein. Im Hinblick auf den drohenden Zusammenbruch des US-Dollars führen die Länder USA, Kanada und Mexiko angeblich eine neue Währung ein – den Amero. Diese neue Währung soll die ehemaligen Landeswährungen (US-Dollar, Kanadischer Dollar und Mexikanischer Peso) ersetzen.

In offiziellen Stellungnahmen seitens der Regierungen wird regelmäßig die Existenz derartiger Pläne ausdrücklich verneint. Dennoch erfahren der Begriff des Amero und die ihm zugrunde liegende Verschwörungstheorie in den USA ein immer größeres Medienecho. Auch bei uns in Europa werden diese Diskussionen nun immer stärker wahrgenommen.

Das Szenario – So wird der US-Dollar kollabieren

Die Theorie des Amero geht von folgendem Szenario aus: Zu einem bestimmten Zeitpunkt würde die Menge der amerikanischen Schulden und deren Zinslast nicht mehr bedienbar sein. Es würde dann nicht einmal mehr genug Geld für die Zinsen vorhanden sein. Dann würde der Finanzminister der USA den Notstand ausrufen und danach würden die US-Schulden für komplett ungültig erklärt werden. Weltweit würde das dazu führen, dass alle Anleger den US-Dollar verkaufen wollen.

98 Prozent Geldentwertung

Innerhalb von Tagen würde der US-Dollar dann wertlos sein, weil ihn niemand mehr haben möchte. Dann würde der Finanzminister den US-Dollar als Währung für ungültig erklären. Dies würde bedeuten, dass der US-Dollar dann kein Geld oder Zahlungsmittel mehr wäre. Jegliches Vermögen in US-Dollar, also Bankkonten, Sparkonten, Anleihen oder alles, was in US-Dollar als reinem Geldwert bewertet ist, würde dann wertlos sein. Jeder Anleger oder »US-Dollar-Gläubiger« wäre von einem Totalverlust betroffen. Die Regierung würde darauf setzen, dass sie in der allgemeinen Panik Folgendes anbieten könne: Die einzige Chance, einen Teil des Geldes zurückzubekommen, wäre, den Amero als Währung zu akzeptieren. Man würde dann 2 Cent (!) je Dollar bekommen.

Das wäre laut dieser These der größte Betrug auf der Welt, den es je gab. Jeder Bürger wäre dann gezwungen, den Amero zu akzeptieren. Truppen werden laut Internet-Gerüchten bereits aus dem Irak zurückgebracht, um zivile Proteste und innere Unruhen niederzuschlagen, die in einem solchen Fall auftreten würden.

Flucht in Gold und Silber

Der einzige Weg, um sich zu schützen, wäre der Besitz von Edelmetallen wie Gold und Silber. Noch wichtiger ist laut dieser Theorie die Eröffnung von ausländischen Konten, verbunden mit dem Transfer von so vielen US-Dollar wie möglich. Die Banken sollen dann das Geld in die jeweilige Landeswährung, wie zum Beispiel Britische Pfund oder Schweizer Franken, konvertieren. Der Euro sei nicht zu empfehlen, da nichts und niemand dahinterstünde. Außerdem sei der Euro ebenfalls anfällig für eine solche Art von Finanzkollaps.

Diese Hypothesen zum Amero halte ich für eine gezielt gestreute Verschwörungstheorie. Dennoch erscheint mir die Idee einer »Kontinentalgemeinschaftswährung« oder auch einer zukünftigen Weltleitwährung – durchaus auch wieder gekoppelt beispielsweise an Gold – sehr interessant. Grundsätzlich möchte ich auch nicht ausschließen, dass derartige Überlegungen, wenn auch in anderer Form, irgendwo in Schubladen liegen könnten. Dennoch bleibe ich lieber bei den Fakten und hier hat beispielsweise der US-Notenbankchef Ben Bernanke ein interessantes Statement abgegeben. Bernanke wurde von Ron Paul (Republikaner, Texas) am 18.11.2008 anlässlich der Fragestunde vor dem Finanzausschuss des US-Kongresses Folgendes gefragt:

> »In Ihren Treffen, und Sie hatten gerade kürzlich noch ein Treffen mit anderen Zentralbankern, ist da der Gedanke aufgekommen oder wurde da über eine neue Welt-Reservewährung gesprochen? Und wenn es so war, hat Gold in diesem Zusammenhang eine Rolle gespielt? Wie wollen Sie das Vertrauen wieder herstellen?«

Die Antworten von Ben Bernanke auf diese Fragen sind eindeutig:

»Ich glaube nicht, dass das Dollar-System tot ist. Ich denke, der Dollar bleibt die internationale, primäre Währung. Wir haben eine Aufwertung des Dollars während der Krise gesehen, weil er offenbar als sicherer Hafen gilt und genügend Liquidität da ist. Wenn man Swaps (Austauschgeschäfte) machen will, braucht man eine solche liquide Währung. Das mag ein Grund sein, warum der Dollar stark ist, und ich glaube, dass der Dollar stark bleibt. Ich teile Ihren Standpunkt, dass das Handelsbilanzdefizit ein Problem darstellt. Die gegenwärtigen Ungleichgewichte sind ein großes Problem. Aber auch in dieser Hinsicht gibt es in letzter Zeit gewisse Verbesserungen.«

Auch auf die Frage, ob eine neue Währung je ein Thema gewesen sei, hatte Bernanke eine klare Antwort: »Nein.«

Ich denke, hierdurch wird den »Amero-Gerüchten« einmal mehr ein wenig der Wind aus den Segeln genommen. Dennoch werden nicht nur Unternehmen in Zukunft vermehrt fusionieren müssen, sondern auch Währungen. Lassen Sie also Ihrer Fantasie freien Lauf: Vielleicht gibt es analog zur – gescheiterten – Daimler'schen »Welt-AG« tatsächlich eines Tages eine Währung namens »Globo«. Vielleicht besteht dieser Globo auch aus Gold oder Silber oder einem Bimetall.

Der Goldstandard

Unter einer Gemeinschaftswährung versteht man im Übrigen ein System, bei dem die gleiche Währung von verschiedenen souveränen Staaten gleichberechtigt ausgegeben und genutzt wird. Das bekannteste Beispiel einer Gemeinschaftswährung ist natürlich der Euro. In früheren Zeiten war auch Gold bereits eine Art Gemeinschaftswährung. In der Volkswirtschaft ist die Goldwährung oder der sogenannte Goldstandard ein Währungssystem, innerhalb dessen alle Arten von gesetzlichen Zahlungsmitteln auf Verlangen in eine gesetzlich vorgeschriebene Menge Gold umgetauscht werden müssen.

Bis zum 19. Jahrhundert hatten die meisten Länder der Welt Währungssysteme, die auf Gold und Silber aufbauten. Im Verlauf der zweiten Hälfte des 19. Jahrhunderts kam es dann zu einem weitestgehenden Wechsel zum Goldstandard. Länder, die eine Goldwährung einführten, hatten dabei drei grundlegende Ziele.

Ziele der Goldwährung im 19. Jahrhundert

1. Erleichterung der Abwicklung internationaler Handels- und Finanztransaktionen
2. Erzielung stabiler Wechselkurse gegenüber ausländischen Devisen
3. Stabilisierung der inländischen Währung

Diese Ziele glaubte man im 19. Jahrhundert am besten zu erreichen durch einen einheitlichen Währungsstandard von weltweiter Gültigkeit und relativer Stabilität: Gold. Daher wird die Goldwährung oftmals auch einheitliche Goldwährung oder eben Goldstandard genannt.

Die Geschichte der Goldwährung

Als erstes Land führten die Engländer 1816 die Goldwährung ein. Im Deutschen Reich wurde der Goldstandard 1873 eingeführt, und die meisten anderen Länder folgten diesem Trend dann bis zum Jahr 1900. Nach dem Ersten Weltkrieg kam es zum Zusammenbruch des Goldsystems. Eine Phase der Wiederbelebung gab es in den 1920er-Jahren, die bis zum großen Börsencrash an der Wall Street 1929 dauerte. Auf diesen Schwarzen Freitag folgte dann bekanntlich die Weltwirtschaftskrise.

Aufgrund dieses erneuten Zusammenbruchs des Goldwährungssystems schaffte Großbritannien 1931 und die USA 1933 die Goldwährung endgültig ab. Hinter diesem Schritt stand bei den Engländern und Amerikanern vor allem die Annahme, dass die Exporte eines Landes durch eine Währungsabwertung gezielt angeregt werden könnten. Eine Erkenntnis, die in weiterer Folge in vielen Ländern zu beobachten war.

Nach dem Ende des Zweiten Weltkriegs wurde dann zumindest eine modifizierte Golddevisenwährung durch das Abkommen von Bretton

Woods geschaffen. Darin verpflichteten sich die USA, bis in das Jahr 1971 US-Dollar zu einem festgelegten Preis in Gold umzutauschen. Im Jahr 1975 spielte Gold dann allerdings nur noch eine geringe Rolle, da die amerikanische Regierung einen Teil ihrer Goldreserven am freien Markt verkaufte und so ihr Gold eher als Ware und nicht mehr als Standard für das Internationale Währungssystem diente. Bis zum Ende der 1970er-Jahre war in weiterer Folge keine große Währung mehr durch Gold gedeckt und somit in Gold einlösbar. Nur in der Schweiz, die im Jahre 1954 die Konvertierbarkeit des Schweizer Franken in Gold abschaffte, ist ein gewisser Teil der Landeswährung noch durch Gold gedeckt.

Auch heute werden aufgrund der weltweiten Finanzkrise und der Skepsis gegenüber den »Papiergeldsystemen« die Stimmen immer lauter, welche nach einem neuen Bretton-Woods-Abkommen rufen.

Abb. 1: Die deutsche Goldwährung: Auch heute noch eine beliebte historische Anlage- und Sammlermünze – 20 Mark Preußen, Wilhelm II.
Quelle: www.anlagegold24.de

Gemeinschaftswährung auch in den Golfstaaten

Mit einem eskalierenden Verfall des US-Dollar werden auch die Pläne für eine Arabische Einheitswährung wieder auf die Tagesordnung kommen. Schon lange überlegen die Golfstaaten Saudi-Arabien, die Vereinigten Arabischen Emirate (VAE), Kuwait, Qatar, Bahrain und Oman eine eigene Währungsunion nach dem Vorbild des Euro einzuführen. Zuletzt waren die Pläne ins Stocken geraten, weil man sich auf politischer Ebene nicht einigen konnte. Neben dem Zeitplan und den Konvergenzkriterien dürfte auch die unterschiedliche Größe der Länder eine Einigung erschwert haben. Der Verfall – oder auch der erwartete Verfall des US-Dollar – lässt jedoch die Inflation der Golfstaaten dramatisch in die Höhe schnellen. Für viele dieser Länder hat diese Entwicklung offensichtlich die Grenze des Tragbaren bereits überschritten. Die – noch – boomende Wirtschaft am Golf hat ohnehin die Inflation schon nach oben getrieben.

Durch die Anbindung an den US-Dollar (und damit auch an das US-Dollarzinsniveau) haben die Golfstaaten allerdings kaum Mittel, die Inflation auf geldpolitischem Wege einzudämmen, ganz im Gegenteil: Diese Konstellation beschleunigt die Inflation noch. Es gibt auch deutliche Anzeichen für eine klassische Lohn-Preis-Spirale.

Die Golfstaaten haben mittlerweile aus diesen Gründen beschlossen, die Einheitswährung in der Zukunft für die gesamte Region umzusetzen. Ob dies nachhaltig gelingt, wage ich in der derzeitigen globalen Krise allerdings stark zu bezweifeln. Dennoch: Durch diesen Schritt würden die Gepflogenheiten des internationalen Ölhandels gewaltig durcheinandergerüttelt werden. Seit über 50 Jahren wird fast überall auf der Welt Öl in US-Dollar bezahlt und werden die Einnahmen als Dollarreserven gehalten.

Nicht zuletzt diese Tatsache ermöglicht es den USA, ihre Staatsverschuldung günstig zu finanzieren. Eine Abkehr vom US-Dollar als Handelswährung für Öl würde mittelfristig eine weitere Abschwächung des US-Dollar mit sich bringen, bei einer gleichzeitigen Aufwertung des Euros.

Fazit

Den Euro gibt es ja schon (noch?), vielleicht wird eine Währungsunion der Nordamerikanischen Staaten auch einmal Realität und es gibt einen Amero. Eine Nordamerikanische Gemeinschaftswährung betrachte ich durchaus als nicht unrealistisch; vor allem für den Fall, dass der US-Dollar seine Funktion als Leitwährung oder Öl- und Gold-Abrechnungswährung verlieren sollte.

Ich wage die Prognose, dass es eines Tages in einer globalisierten Welt der Zukunft dann auch eine Weltgemeinschaftswährung geben wird. Vielleicht können Sie also eines Tages eine Dose Cola in Tokio, New York, London, Moskau und Frankfurt in der gleichen Währung – die dann eventuell den Namen Globo trägt – bezahlen. Und wie gesagt: Vielleicht besteht dieser Globo zwar aus Papier, wird aber mit Sachwerten beziehungsweise realen Werten wie Edelmetallen, allen voran Gold oder Silber, hinterlegt sein.

5
Gold – Die kommende globale Währung

Sollten die derzeitige Weltwirtschaftskrise und die weltweiten Staatsverschuldungen weiterhin in dieser aktuellen Dynamik zunehmen, so glaube ich an die Rückkehr zum Goldstandard. Es gäbe dann durchaus noch unterschiedliche Papiergeldwährungen, allerdings würden diese eine gemeinsame Grundlage haben: das Edelmetall Gold. Wir hätten dann bereits eine globale Einheitswährung als Orientierung und Referenz im Währungsbereich.

Die globale Vertrauens- und Systemkrise

Die aktuellen, anziehenden Goldpreise haben natürlich eine Reihe von Gründen. Einer der wichtigsten ist sicherlich das dramatisch sinkende Vertrauen in die wichtigsten Volkswirtschaften, vor allem Amerika und auch Europa. Die Finanzkrise hat sich längst zu einer weltweiten Liquiditäts- und Kreditkrise entwickelt, die nun spürbar auf die Realwirtschaft und auf die Lebensbereiche aller Marktteilnehmer durchschlägt.

Währungsturbulenzen sowie die Sorge vor stark steigenden Inflationsraten, die ein explodierendes Geldmengenwachstum mit sich bringt, sollten alle Bürger und vor allem Kapitalanleger mit Unbehangen erfüllen. Während Goldinvestments vor Kurzem noch auf ein »Medium für Angsthasen« reduziert wurden, bestätigt sich einmal mehr die Krisenbeständigkeit und die Eigenschaft von Gold als – zumindest relativ – sicherer Hafen. So titelte auch die Financial Times »Gold is the new global currency« (Gold ist die globale Währung der Zukunft). Dies ist durchaus ungewöhnlich, nachdem sich die Financial Times in der Vergangenheit traditionell kritisch bezüglich Goldinvestments als Anlagemedium äußerte.

Am Golde hängt, zum Golde drängt doch alles

Gold ist und bleibt der gemeinsame Maßstab aller wirtschaftlichen Transaktionen der Menschheit. Es verbindet seit circa 4.000 Jahren die Menschen über alle Kulturen, Religionen und Herrschaftssysteme hinweg wie kein anderes materielles oder ideelles Gut. Gold ist das älteste Anlagemedium der Welt. Früher oder später kamen bisher alle Kulturen auf Gold als Geld und Wertaufbewahrungsmedium zurück.

Wo Gold ist, ist Macht

Gold verfügt – wie kein anderer Gegenstand – über Eigenschaften, die es als universelles Zahlungsmittel weltweit prädestinieren. Gold ist Geld in seiner besten und bewährten Form. Das Edelmetall hat sich – seit König Krösus vor etwa 2.600 Jahren die ersten Goldmünzen prägen ließ – als Zahlungs- und vor allem eben als Wertaufbewahrungsmittel bis zum heutigen Tage bewährt.

Für die langfristige Entwicklung des Goldpreises ist dabei nicht unbedingt die industrielle Nachfrage und damit die Konjunktur entscheidend, sondern, in welchem Maße sich gerade Anleger auf dieses grundlegendste aller Edelmetalle besinnen. Wenn Schulden, vor allem Staatsschulden, weit mehr als Ersparnisse und Rücklagen wachsen, läuft der gesamte Wirtschaftszyklus aus dem Ruder.

Diese gigantischen, strukturellen Unausgewogenheiten lassen sich derzeit weltweit – ganz besonders in den USA, aber zunehmend auch in Europa – beobachten. Die Folge ist eine massive Vertrauenskrise, nicht nur im Finanzsektor, sondern zwischen allen Wirtschaftsteilnehmern. Banken vertrauen sich in Geldfragen untereinander nicht mehr. In derartigen Situationen suchen gerade auch Kapitalanleger vor allem eines: Sicherheit und Vertrauen.

Gold bedeutet Vertrauen

Gerade in Krisenzeiten lagert »in Gold« das finanzielle Grundvertrauen der Menschheit. Es ist der letzte Garant, wenn nichts mehr währt. Also das ultimative Wertaufbewahrungsmittel schlechthin.

Wenn nichts mehr geht, läuft und zählt Gold!

Es gibt aus meiner Sicht viele Gründe, die für einen Goldpreisanstieg sprechen, beispielsweise fallende Minenproduktionen, gestiegene Nachfrage nach Schmuck, hohe Zuflüsse in Exchange Traded Funds (ETFs), negative Realzinsen in Volkswirtschaften oder rückläufige Zentralbankverkäufe.

Die wichtigsten Gründe sind für mich jedoch:

- Mögliches Scheitern der Finanzsysteme
- Weiter zunehmende geopolitische Risiken
- Exorbitanter Anstieg der Staatsverschuldungen
- Gefahr von Hyperinflation und Währungsreformen
- Dramatischer Kaufkraftverlust aller Papiergeldwährungssysteme

Die im Rahmen der Finanzkrise ergriffenen Rettungsmaßnahmen sind zwar kurzfristig kaschierend, langfristig jedoch sehr bedenklich im Hinblick auf die Staatsverschuldungen. Zu hoch sind die Summen, die von Politikern relativ unkontrolliert in die Wirtschaft gepumpt werden. Das Ausmaß an Rettungsschirmen, Schieflagen und Defiziten ist mittlerweile so gigantisch, dass ich mich frage, wie diese Unsummen ohne Staatsbankrott oder Währungsreform jemals seriös und mit normalen Mitteln zurückgeführt werden können.

Papier(-geld) ist geduldig, Gold(-geld) ist beständig

Ein Zitat von William Rees-Mogg ist äußerst treffend in Bezug auf die Beständigkeit von Gold über Generationen, Systeme und Institutionen hinweg. Der ehemalige Chefredakteur der *Times* stellte Folgendes fest:

> »Es gibt heute keine Behörde, die für die Zahlungsversprechen Alexanders, Julius Cäsars, Ludwigs XIV., Peters des Großen, Napoleons oder Hitlers aufkommt. Sie waren zu ihrer Zeit mächtige Männer, aber keine Bank wird heute ihre Schecks oder Schuldverschreibungen einlösen. Wenn man jedoch einen Goldbarren nimmt, der einst in ihren Schatztruhen lag, erhält man den Gegenwert überall in der Welt. Die Dauerhaftigkeit und Universalität des Goldes verleiht ihm eine geldgleiche Autorität, die kein anderes Geld besitzt.«[1]

[1] William Rees-Mogg, ehemaliger Chefredakteur der Londoner Times.

Denken Sie also daran: Hart- statt Papiergeld!

Regierungen kommen und gehen, Währungen kommen und gehen! Gold und Silber allerdings bleiben wertvoll, weil alle Menschen diesen Wert schätzen. Geld ist nicht alles! Vor allem wenn es sich um Papiergeld handelt. Hartgeld sollte es sein, am besten geprägt aus Gold. Alternativ auch aus Silber.

6
Warum Sie Ihr Gold auch im Ausland verwahren sollten

Wo ist Gold am besten aufgehoben? In dieser Frage sind die Meinungen geteilt. Fast die Hälfte der Goldkäufer bevorzugt es, das Gold im Inland aufzubewahren, da sie den nationalen Eigentumsrechten eher vertrauen. Die andere Hälfte zieht es vor, das Gold im Ausland zu lagern. Überraschenderweise bleibt dieses Verhältnis gleich, unabhängig von dem Land, in dem die Goldeigentümer leben.

Die in diesem Buch nachfolgend vorgestellten Anbieter, die bankenunabhängige Hochsicherheitslagerstätten in stabilen Ländern wie Liechtenstein oder der Schweiz nutzen, sind auch ideal für eine sehr kleine oder auch die Erstinvestition in Edelmetalle. Sollten Sie bereits investiert sein, können Sie mithilfe dieser Anbieter innerhalb Ihrer Gold-Anlagestrategien weiter diversifizieren!

Tipp

Kombinieren Sie mindestens zwei Anbieter. So können Sie noch weiter streuen und Lagermöglichkeiten in Deutschland, Liechtenstein, der Schweiz, den USA, Großbritannien oder Hongkong auswählen.

In erster Linie sollten Sie jedoch die angebotenen bankenunabhängigen Lagerorte in der Schweiz und Liechtenstein nutzen. Vor allem im Hinblick auf mögliche Strafsteuern auf Goldbesitz oder gar ein Goldverbot. Solche Eingriffe in die Eigentumsrechte der Bürger gab es in der

Schweiz oder Liechtenstein beispielsweise noch nicht. Dies wäre dort relativ schwer, da einem solchen Eingriff eine Volksabstimmung vorausgehen müsste.

7
Gold: Nehmen Sie sich die Reichen in Deutschland zum Vorbild!

Die Studie »Goldbesitz der Privatpersonen in Deutschland« der renommierten Steinbeis-Hochschule in Berlin ist die erste Analyse des Goldbesitzes privater Haushalte in Deutschland. Interessant an dieser Studie ist vor allem, dass der private Goldbesitz der Deutschen mehr als doppelt so groß ist wie das Goldvermögen der Bundesbank. Auch ist der Goldanteil am Privatvermögen mit 280 Milliarden Euro deutlich höher als der – ohnehin schon geringe – Aktienanteil von Bundesbürgern mit lediglich 181 Milliarden Euro.

Vor allem aber ist der Goldbesitz in Deutschland offensichtlich sehr ungleich verteilt. Trotz dieser enormen »Goldvorräte« in privater Hand besitzt nur jeder vierte Deutsche über 18 Jahren physisches Gold. Statistisch betrachtet, besitzt jeder Bundesbürger zwar 111 Gramm Gold. Zu bedenken ist hier aber, dass dabei auch der Ehering an der Hand oder der Goldzahn im Mund mitgerechnet werden. Goldbesitz in Form von wirklichem Anlagegold (Barren und Münzen) haben nur 26 Prozent der Bevölkerung. Sehr aussagekräftig ist auch folgende – zwar nicht überraschende, aber nun belegte – Tatsache: Je vermögender die Menschen sind, desto mehr Goldbesitz haben sie. Personen mit einem Anlagevermögen von mehr als 150.000 Euro halten über 18-mal (!) mehr Gold als Privatpersonen mit einem Anlagevermögen von weniger als 25.000 Euro.

Hier gilt eine alte Regel: Sie sollten sich an den sehr Vermögenden ein Vorbild nehmen. Gold und vor allem Silber sind auch schon mit geringen Anlagesummen zu erwerben, egal wie hoch oder niedrig die Preise sind. Wer wenig oder gar nicht in Edelmetallen investiert ist, muss investieren. Im Übrigen möchte ich auch nochmals darauf hinweisen, dass die Höchstkurse von Gold inflationsbereinigt bei circa 2.400 US-Dollar liegen. Somit kann beim derzeitigen Kursniveau keinesfalls von einer Blase bei Gold gesprochen werden. Ebenso ist Silber trotz der deutlichen Preisanstiege nach wie vor in Relation zu Gold sehr attraktiv, weil günstig bewertet. Ich rate Ihnen, diese wissenschaftliche, fundierte Auswertung unbedingt zu lesen – zur weiteren Sensibilisierung in diesem so wichtigen und grundlegenden Anlagesegment.

Tipp

Die Kurzfassung dieser sehr aufschlussreichen Studie (15 Seiten mit vielen Grafiken, Tabellen und Erläuterungen) können Sie kostenlos unter www.steinbeis-research.de im Menüpunkt »Studien/Rohstoffe« herunterladen.

Teil II

Gold ist nicht alles: Versilbern Sie Teile Ihrer Geldwerte

Meine Edelmetall-Seminare sowie die Recherchen und Empfehlungen speziell zu Gold sind in der Vergangenheit auf eine sehr große Nachfrage gestoßen. Auch etwa jede dritte Anfrage per E-Mail-Hotline, Fax oder Brief in meinen Redaktionssprechstunden von »Kapitalschutz vertraulich« betrifft das Thema Edelmetalle, insbesondere das Thema Gold.

Das kann ich verstehen, trotzdem möchte ich Sie daran erinnern: Vergessen Sie Silber nicht. Ich rate schon seit Längerem dazu, Silber genauso hoch zu gewichten wie Gold. Im Bereich Ihrer Sachwertstrategien in Edelmetallen bedeutet dies je zur Hälfte Gold und Silber. Sogar in China wird mittlerweile offiziell per Investmenttipp im chinesischen Staatsfernsehen zum Kauf von Gold und Silber geraten.

1
Warum ist Silber so interessant?

Silber ist ebenso wie Gold Geld-Investition, Wertaufbewahrungsmittel und Inflationsschutz in einem. Ebenso weist Silber einen starken Gleichlauf (Korrelation von circa 77 Prozent) zu Gold auf. Silber ist aber im Gegensatz zu Gold ein weit stärker nachgefragtes Industriemetall. Da Silber also auch von der Industrie in hohem Maße verwendet wird, profitiert dieses »Edel-Industriemetall« zusätzlich von positiven konjunkturellen Entwicklungen.

Ich betrachte für meine grundlegende Empfehlung von Silberinvestitionen hierbei nicht nur primär den absoluten Kaufpreis, sondern den Preis von Silber in Relation zum Gold. Messen lässt sich dies an der sogenannten Gold-Silber-Ratio, bei der der Preis für eine Feinunze Gold durch den Preis für eine Feinunze Silber geteilt wird. Dabei gilt: Je höher dieses Ergebnis, umso niedriger ist Silber im Vergleich zum Gold bewertet. Blickt man zurück, so lag die Gold-Silber-Ratio im 18. und 19. Jahrhundert im Bereich zwischen 1 : 10 und 1 : 20. Das bedeutet beispielsweise, dass 10 bis 20 Unzen Silber so viel wert sind beziehungsweise waren wie eine Unze Gold. Dieses lange bestehende Verhältnis zwischen 1 : 10 und 1 : 20 passt aus meiner Sicht sehr gut und ökonomisch (Verhältnis von Angebot zu Nachfrage) zu der Tatsache, dass Silber etwa 20-mal häufiger auf der Erde vorkommt als Gold. Die Gold-Silber-Ratio kletterte bis zum Jahr 1991 jedoch auf 1 : 100 und liegt aktuell immer noch bei 1 : 67, das heißt, Silber ist gegenüber Gold massiv unterbewertet. Die Gold-Silber Ratio untermauert neben der industriellen Nutzung und der damit verbundenen Nachfrage die Attraktivität von Silber. Ich rate daher, Silber gegenüber Gold mindestens gleich hoch zu gewichten, wenn Sie in Edelmetalle investieren.

2
Silber: Mehrwertsteuer-Strategien und die besten physischen Produkte

Viele Anleger möchten auch ihr Silber selbst physisch lagern. Hierzu möchte ich Ihnen die aus meiner Sicht empfehlenswertesten Silber-Anlageinstrumente vorstellen. Grundsätzlich gilt für Ihre Silberinvestments dasselbe wie für Goldinvestments. Kaufen Sie über die von mir nachfolgend empfohlenen Anbieter und Edelmetall-Händler, verzichten Sie weitestgehend auf Sammlermünzen und achten Sie auf möglichst große Stückelungen. Dies ist beim Silber sogar einfacher umzusetzen als bei Gold, da ein 1-Kilo-Silberbarren nur circa 500 Euro kostet – im Gegensatz zu einem 1-Kilo-Goldbarren für mehr als 22.000 Euro. Allerdings kommt beim Silber durch die Mehrwertsteuer eine deutliche Hürde hinzu.

Denn Goldbarren und Gold-Anlagemünzen sind komplett mehrwertsteuerfrei. Leider trifft dies aber nicht auf die so interessante Anlageklasse der physischen Silberbarren und Silbermünzen zu. Hier fällt bei einem Kauf in Deutschland Mehrwertsteuer an – 19 Prozent bei Silberbarren und 7 Prozent bei Silbermünzen. In Österreich liegt der Mehrwertsteuersatz bei 20 Prozent, in der Schweiz und in Liechtenstein bei 8 Prozent sowohl bei Barren als auch bei Münzen. Sollten nun vor allem größere Beträge in physischem Silber direkt angelegt werden, so bedeutet diese Mehrwertsteuerbelastung einen erheblichen Kostenfaktor und somit eine beträchtliche Rendite-Reduktion.

Achtung!

Es ist keine gute Lösung, Silberbarren in der Schweiz oder Liechtenstein mit 8 Prozent Mehrwertsteuer zu erwerben und nach Deutschland mitzunehmen, weil dann die Einfuhrumsatzsteuer anfällt! Führen Sie die Barren illegal ein, begehen Sie eine Steuerhinterziehung. Es gibt aus meiner Sicht mehrere Möglichkeiten, diese unerfreuliche Mehrwertsteuerproblematik bei physischem Silber zu umgehen oder zumindest zu reduzieren.

Die Lösungen liegen hierbei in entsprechenden Produkten oder Bezugsquellen.

Mehrwertsteuer-Optimierung bei physischen Silberinvestments

1. Kaufen Sie ein physisch hinterlegtes Silber-Finanzprodukt, beispielsweise den Silber-ETF der Zürcher Kantonalbank. Es fällt hier keine Mehrwertsteuer an, solange das Silber nicht physisch ausgeliefert wird!
2. Erwerben Sie Silber über sogenannte Zollfreilager. Auch hier würde Mehrwertsteuer erst bei Auslieferung aus dem Zollfreilager anfallen.
3. Erwerben Sie Silber von Privatpersonen, beispielsweise durch einen Kauf über Auktionsplattformen wie ebay.
4. Erwerben Sie physisches Silber über Plattformen wie BullionVault oder GoldMoney.
5. Richten Sie ein Edelmetall-Konto beispielsweise in Liechtenstein oder der Schweiz ein, das zwar physisch hinterlegt ist (kein Verlustrisiko bei Konkurs der Bank), aber bei dem **kein physischer Auslieferungsanspruch** besteht. Dann fällt ebenfalls keine Mehrwertsteuer an. Hier kommt es immer auch auf die Vertragsgestaltung an. Die Liechtensteinische Landesbank (**www.llb.li**) oder die Raiffeisen Privatbank Liechtenstein (**www.raiffeisen.li**) bieten beispielsweise derartige Edelmetallkonten an. Dabei ist es auch möglich, die Vertragsgestaltung zu wechseln. Falls Sie doch eines Tages eine Auslieferung haben möchten, können Sie diese ändern und müssen dann natürlich mit dem aktuellen Mehrwertsteuersatz nachversteuern. Auch bei anderen liechtensteinischen und Schweizer Banken bestehen derartige Möglichkeiten.
6. Erwerben Sie Silbermünzen, die gesetzliches Zahlungsmittel sind, wie die 10-Euro-Silbermünzen. Achtung: Dies ist keine reine Silberinvestition, weil der Materialwert deutlich unter 10 Euro liegt. Allerdings bestehen hier

enorme Vorteile; Informationen dazu finden Sie im entsprechenden Kapitel zu den Euro-Silbermünzen.

7. Kaufen Sie kosteneffiziente Silber-Münzen-Investmentpakete mit 7 Prozent Mehrwertsteuer.
8. Kaufen sie kosteneffiziente Silber-Münzbarren, -Barrenmünzen, -Rundbarren oder -Münzstangen mit 7 Prozent Mehrwertsteuer.
9. Investieren Sie in Silber über Liechtensteinische Investment-Policen, wie beispielsweise die Kapitalschutz-Real-Wert Police (siehe Geheimtipp Alpenfestung).

Tipp

Wenn Sie in Deutschland physisches Silber in Barrenform erwerben möchten, rate ich Ihnen zu Cook-Islands-Silber-Münzbarren oder zu den 1-Kilo-Kookaburra-Silbermünzen. Diese »Silber-Produkte« fallen steuerrechtlich im Hinblick auf die Mehrwertsteuer unter das Segment der Anlagemünzen und werden deswegen nur mit 7 Prozent Mehrwertsteuer belegt, sind aber eigentlich Barren.

Abb. 2: 100-Gramm-Münzbarren Cook Islands, Silber
Quelle: www.muenzdiscount.de

Ich empfehle Ihnen mehrwertsteuerfreie Silber-ETFs und preislich attraktive Münzbarren mit lediglich 7 Prozent Mehrwertsteuer. Mein Favorit bei Finanzprodukten sind physisch hinterlegte Silber-ETFs, vor allem von Schweizer Anbietern, und liechtensteinische, physisch hinterlegte Fonds, die in Edelmetalle und strategische Metalle investieren. Bei direkten Investments in physisches Silber bevorzuge ich die Silber-Münzen. Wenn Sie physisches Silber direkt kaufen und lagern möchten, kaufen Sie am besten die nachfolgenden Silber-Produkte mit 7 Prozent Mehrwertsteuer. Vom Preis her ist das absolut effizient und ich halte die 7 Prozent für vertretbar. Bedenken Sie bitte auch, dass ein möglicher Wertzuwachs von direkt erworbenem physischem Silber nach Ablauf eines Jahres komplett steuerfrei ist, da die Abgeltungsteuer von 25 Prozent plus Solidaritätszuschlag und Kirchensteuer hier nicht greifen.

Dieser erfreuliche Effekt kommt beim ETF natürlich nicht zum Tragen. Daher sind die nachfolgend beschriebenen Barrenmünzen, Münzbarren und Münzstangen meine absoluten Silber-Favoriten. Die nachfolgenden Silber-Anlage-Münzen haben, wie die Gold-Anlage-Münzen auch, einen inneren Aufschlag auf den reinen Materialpreis und teilweise sogar Sammlerpreiszuschläge, aber durch den Mehrwertsteuervorteil sind diese sogar billiger als ein normaler Silberbarren. Weitere empfehlenswerten Münzen, Münzbarren und Münzstangen finden Sie in Kapitel 4 »Praxistipps zur Edelmetallanlage«.

3
Schwarzgeld-Trick? – Die Silbermünzen-Ente

Ich möchte hier auch die Gelegenheit nutzen, einige Fehlinformationen und Gerüchte aufzuklären, die im Zusammenhang mit Edelmetall-Investments kursieren! Ein Beispiel für eine solche Fehlinformation war in der Vergangenheit ein viel beachteter Beitrag des Spiegel, der von zahlreichen Finanzmagazinen übernommen wurde. Dieser Beitrag veranschaulicht sehr gut, welche Gefahren und Hintergründe auch im Edelmetallhandel zu beachten sind. »Schwarzgeld-Trick: Mit 110.000 Euro legal über die Grenze« – so lautete am 01.07.2009 die Schlagzeile von Spiegel online. Viele Medien – wie beispielsweise die BILD, das ZDF und selbst die Financial Times Deutschland – haben diese Thematik offensichtlich weitestgehend ungeprüft übernommen. Selbst von einigen Vermögensberatern und deutschen Bankangestellten bekam ich Anfragen, was ich von dieser Vorgehensweise hielte. Ebenso natürlich von einigen Journalisten, die mich nach meiner Meinung fragten.

Der Bericht bezieht sich auf eine Silbermünze aus Österreich – nämlich den 1,50-Euro-Silber-Philharmoniker –, deren Materialwert den Nennwert um ein Vielfaches übersteigt. Die Theorie dahinter: Man könne so legal einen bestimmten Nennwert (10.000 Euro) über die Grenze von Österreich nach Deutschland bringen. In Deutschland könne man die Münze zum Materialwert veräußern und damit legal und diskret mehrere Tausend Euro von Österreich nach Deutschland schmuggeln.

Der Wahrheitsgehalt an dieser Geschichte!

Ich habe meine Kontakte nach Österreich genutzt, um der Sache auf den Grund zu gehen. Dabei kam ich zu folgenden Schlussfolgerungen:

1. Die Wahrscheinlichkeit, mit Schwarzgeld an einer EU-Binnengrenze kontrolliert zu werden, vor allem an den Grenzen zu den österreichischen Urlaubsgebieten, ist eigentlich sehr gering und es gibt keine aktive Deklarationspflicht! Nur in Nicht-EU-Ländern, wie beispielsweise der Schweiz, muss eine Anmeldung von Barmitteln oder Werten (Gold, Schmuck) ab 10.000 Schweizer Franken oder im Gegenwert gemacht werden.
2. Die Münzen werden teilweise nicht nur mit hohen Aufschlägen zum Nenn- oder Materialwert verkauft, sondern natürlich auch mit einem Spread (Differenz zwischen Ankaufspreis/Verkaufspreis). Wenn ein Anleger diesen »Trick« also nur zum »Werttransport« nutzt, hat er durch den Rücktausch allein schon einen gigantischen Verlust!
3. In Österreich fällt bei Silbermünzen anders als bei Goldmünzen eine Umsatzsteuer von 20 Prozent an, in Deutschland sind es nur 7 Prozent. 20 Prozent Mehrwertsteuer plus Aufschlag beim Kauf plus Abschlag beim Verkauf? Da ist pauschal gesagt (und ich halte normalerweise nichts von pauschalen Tipps) jede Selbstanzeige günstiger und man könnte dann das Geld ganz einfach zurücküberweisen.
4. Glauben nun unbedarfte oder besser gesagt unwissende Anleger wirklich, dass es – selbst wenn es gesetzlich zulässig wäre, wie beschrieben – unauffällig wäre, wenn sie mit einer Reisetasche voll Silbermünzen vom Zoll aufgehalten werden? Dann würde natürlich das nächste Problem auf diese Anleger zukommen: Es wird trotzdem mit Sicherheit vom Zöllner eine Kontrollmitteilung an das Finanzamt geschrieben werden. In einem Chat habe ich gelesen: »Man soll dann sagen, man sei Münzhändler«! Das ist natürlich ein nicht unbedingt intelligenter Ratschlag. Dann kommt nämlich zusätzlich zur Steuerfahndung auch noch das Gewerbeamt, weil man Sie als Münzhändler gewerblich einstuft, und Sie verrennen sich in ein völlig unnötiges Lügengeflecht.
5. Dadurch nun einen »österreichischen Super-Silbermünzen-Trick« zu konstruieren, ist natürlich auch Anlegerverdummung. Vom Grundsatz her würde das natürlich mit jeder Münze funktionieren, welche

gesetzliches Zahlungsmittel ist und bei welcher es eine Differenz zwischen Nennwert und Marktpreis gibt. Da gibt es natürlich viele Münzen: Nehmen Sie beispielsweise einmal die Gold-Euros der unterschiedlichsten EU-Länder!

6. Die Recherchen des Reporters sind, vor allem, was die Aussagen über die Bundesbank, das Bundesfinanzministerium und den Zoll angeht, nicht sehr ordentlich durchgeführt worden und teilweise allein schon durch die Zoll-Vorschriften widerlegt.
7. Zitat Spiegel Online: »... auch ein Unternehmer aus dem Raum München, dem der raffinierte kleine Grenzverkehr von Freunden aus dem Jachtclub verraten wurde. Seither macht der Münztrick unter vermögenden Bayern, die Ersparnisse im Nachbarland gebunkert haben, die Runde ...« Das klingt sehr konstruiert, wahrscheinlich von einem Münzhändler, der diesen Fall vielleicht einem Reporter ganz gezielt zugetragen hat. Meine Vermutung ist, dass das Ganze ein gut platziertes Internet-Gerücht ist, das ein cleverer »Edelmetallshop-Inhaber« eingestellt hat, um seine Münzen besser zu vertreiben.
8. Die Vorgaben des Zolls sind ganz eindeutig: »Anzeigepflichtig ist Bargeld in Form von Banknoten und Münzen, auch in ausländischen Währungen, soweit es gesetzliches Zahlungsmittel ist (zum Beispiel Schweizer Franken). Dem Bargeld gleichgestellte anzeigepflichtige Zahlungsmittel sind Wertpapiere (zum Beispiel Aktien, Schuldverschreibungen, Schecks, Zahlungsanweisungen, Wechsel und fällige Zinsscheine), Edelmetalle und Edelsteine. Bei gleichgestellten Zahlungsmitteln ist der aktuelle Wert (zum Beispiel beim Gold der Börsenwert und bei Aktien der aktuelle Rücknahmekurs) zugrunde zu legen. Müssen die Beträge in Euro umgerechnet werden, wird der vorgenannte Geldkurs zugrunde gelegt. Maßgebend für die Berechnung des Schwellenwertes ist die Gesamtsumme aller mitgeführten Zahlungsmittel und nicht der Wert der einzelnen mitgeführten Zahlungsmittelart. Unerheblich ist auch das Aufteilen der Beträge auf verschiedene Gepäckstücke. Reisende müssen daher im Hand- und im aufgegebenen Reisegepäck mitgeführtes Bargeld und gleichgestellte Zahlungsmittel anmelden, wenn der Gesamtwert 10.000 Euro oder mehr beträgt.« (Gültige Zollbestimmungen, Stand: 01.03.2010)

9. Und das Schlimmste: All diese Berichte kosten Menschen, die das für bare Münze nehmen, nicht nur Zeit, sondern auch Geld, wie der Zoll angibt: »Mit welchen Folgen müssen Reisende rechnen, die falsche oder keine Angaben zu mitgeführtem Bargeld und gleichgestellten Zahlungsmitteln machen? Werden mitgeführtes Bargeld oder gleichgestellte Zahlungsmittel im Wert von 10.000 Euro oder mehr nicht oder falsch angezeigt, begeht der/die Reisende grundsätzlich eine Ordnungswidrigkeit nach § 31a ZollVG. Gegen den Reisenden/die Reisende wird ein Bußgeldverfahren eingeleitet und dies ihm/ihr vor Ort bekannt gegeben. Dem/der Reisenden droht eine empfindliche Geldbuße bis zu einer Million Euro.«

Fazit

Meine persönliche Wahrnehmung ist die, dass hier wieder einmal ein Reporter eine Schlagzeile im Zusammenhang mit Schwarzgeld, Steueroasen und Bankgeheimnis gesucht hat. Dieser wurde informiert oder besser gesagt geimpft von jenen, die damit Geld verdienen. Das sind beispielsweise eben Münzhändler und Edelmetallshops, die derzeit – weltweit – massiv aus dem Boden schießen, und hier tummeln sich eben mittlerweile auch zahlreiche mehr oder weniger schwarze Schafe. Es sind also nicht die österreichischen Banken, die hier scheinbar Schwarzgelder verwalten oder verschieben und Kunden zu derartigen sinnlosen Methoden raten. Im Gegenteil, kein seriöser Bankberater würde und dürfte eine solche aktive Beihilfe zur Steuerhinterziehung oder auch Geldwäsche fördern. Bei allen Banken in Österreich, bei denen ich nachgefragt habe, ist diese Vorgehensweise in der Praxis auch kein Thema und wird auch seitens der Kunden – im Gegensatz zur Behauptung des Spiegel-Artikels – bislang nicht nachgefragt.

4 Silber als strategische Rücklage auch für Unternehmen

In den kommenden Jahren könnte das Thema durchaus Kaufkraftverlust durch Inflation heißen. Auslöser sind die massiven, aufgrund der Auswirkungen der Finanzkrise nun teilweise exorbitant angewachsenen privaten wie vor allem auch staatlichen Verschuldungen.

Ausgangslage Bankguthaben

Solide wirtschaftende Unternehmer legen Rücklagen an. Häufig werden dazu Termineinlagen oder Tagesgeld bei Banken gewählt, die einen guten Zinssatz garantieren und mündelsicher sind. Schließlich dürfen die Gelder nicht verloren gehen. Doch genau dies wird bei ansteigenden Inflationsraten schleichend passieren. Die Bankguthaben wachsen auf den Kontoauszügen mit dem vereinbarten Zins an, aber die Kaufkraft schwindet unaufhörlich. Dies trifft bereits auf die letzten Jahrzehnte zu. Zukünftig ist eine Beschleunigung zu erwarten.

Physischer Silbererwerb auf das Unternehmen

In der gesamten Europäischen Union wird auf Anlagebarren in Silber die volle Mehrwertsteuer erhoben. In Deutschland 19 Prozent. Diese können sich Unternehmen vollständig vom Finanzamt als Vorsteuer (Lieferung im Sinne des § 15 Umsatzsteuergesetz) erstatten lassen. Gängige Anlagebarren sind 1,5 und 15 Kilogramm schwer. Kleinere sind nicht empfehlenswert, weil der Prägeaufschlag in Bezug auf den Materialpreis zu hoch ist.

- **Kapitalgesellschaften:** Der Erwerb auf Kapitalgesellschaften (GmbH, AG, UG, Ltd. usw.) ist steuerrechtlich relativ unproblematisch, da diese Gesellschaften ausschließlich Betriebsvermögen kennen.

- **Personengesellschaften:** Anders sieht es dagegen bei Personenunternehmen aus. Hier kommt es auf eine saubere Dokumentation an, denn für die meisten Unternehmen dürften Edelmetalle kein notwendiges Betriebsvermögen sein. Man könnte einen Vermerk zur Einkaufsrechnung schreiben, dass es sich um das Anlegen einer Liquiditätsreserve oder Ähnliches handelt. Vielleicht bringt die künftige Rechtsprechung eine genaue Verfahrensweise.

Wert während der Haltedauer und Verkauf

Erwirbt ein Unternehmen Silber, wird dieses mit dem aktuellen Kaufpreis in die Buchhaltung genommen. Da die meisten Unternehmen in Kontinentaleuropa nach dem Vorsichtsprinzip (Einkaufswert) arbeiten und buchen, bleibt die Anlage grundsätzlich bis zu einem Verkauf zum Einstiegspreis in der Bewertung. Unabhängig davon, ob der Kurs für Silber fällt oder sich vervielfacht.

Ausnahme: Bei einer voraussichtlich dauerhaften Wertminderung muss der geminderte Wert angesetzt werden. Dies träfe auf die »Zuspät-Kommer« zu, die erst während der Übertreibungsphase in Silber einsteigen. Wer heute in Silber umschichtet, dürfte sich langfristig keine Sorgen machen. Wird die Rücklage durch Verkauf aufgelöst und wird dabei ein Gewinn erzielt, ist dieser eine Einnahme. Resultiert daraus ein Unternehmensgewinn, wird dieser ganz normal versteuert.

Die Grundsicherung sollte stets physisch sein

Silber, das man selbst in den Händen hält, kann einem durch keinen Bankenzusammenbruch und keine Börsenspekulation mehr genommen werden. Man hat jederzeit Zugriff darauf und kann es im Edelmetallhandel in Geld umtauschen.

Lagerung

Die Lagerung kann bis zu einer gewissen Größe in einem Bankschließfach erfolgen oder mit ein bisschen kreativem Nachdenken im eigenen Unternehmen. Gerade bei eigener Lagerung fallen keine weiteren Verwaltungs-, Management- oder Depotgebühren an. Lediglich der einmalige Aufschlag beim Kauf wird entrichtet. Ist die physische Grundsicherung abgeschlossen, kann man sich praktischerweise über die Börse an Silber beteiligen. Die erste Wahl sind Schweizer Silber-ETFs, die es währungsgesichert in US-Dollar, Euro, Britischen Pfund Sterling und Franken gibt. Aber natürlich gibt es auch Edelmetall-Depots als Firmenkonten. So bietet beispielsweise BullionVault auch Firmenkonten für den Edelmetallhandel sowie die Verwahrung von Gold oder Silber an.

Fazit: Versilbern Sie Ihre langfristigen Anleihen

Für kurzfristige Rücklagen werden Unternehmen natürlich auch künftig nicht um ein oder mehrere gute Tagesgeldkonten oder kurzfristige Anleihen herumkommen. Für einen Teil der langfristigen Rücklagen ist Silber jedoch sehr überlegenswert. Vor allem als Absicherung. Sollte unsere Währung ernsthaft crashen, wird eine gute Edelmetallanlage inflationiertes oder wertlos gewordenes Papiergeld ausgleichen.

Herzlichen Dank an Herrn Gregor Janecke von www.optimal-banking.de für die Informationen zu diesem Beitrag.

Teil III

Strategische Metalle – Technologie- und Sondermetalle

1 Grundlagen der Unterscheidung: Edelmetalle, strategische Metalle, Industriemetalle, Sondermetalle und Seltene Erden

Sie kennen sicherlich aus dem Chemieunterricht noch das Periodensystem der Elemente. Unter den 118 Elementen gibt es neben den Gasen nur wenige feste Elemente, die keine Metalle sind. Hierzu zählen lediglich Kohlenstoff, Phosphor, Schwefel und Brom sowie das Halbmetall Selen. Alle weiteren Elemente zählen zu den Metallen, von Alkalimetallen über Metalloide bis hin zu Übergangsmetallen. Übergangsmetalle sind beispielsweise Eisen, Kupfer, Zink, Zinn oder Chrom. Ebenso zählen die Anlagemetalle Gold und Silber dazu. Bekannt sind im Kapitalanlagebereich die Begriffe Ag für Argentum (Silber) oder Au für Aurum (Gold). Aber es gibt natürlich auch eine Vielzahl von weiteren Metallen.

In meinen ausführlichen Recherchen bin ich auf die unterschiedlichsten Einordnungsmöglichkeiten und Unterscheidungsmerkmale gestoßen. Viele »Kapitalanlage-Experten« streiten sich um die richtige Zuordnung, ob nun ein bestimmtes Metall ein strategisches Metall ist, ein seltenes Erdmetall, ein Industriemetall oder ein seltenes Sondermetall. Ich kann Ihnen nur raten, all diese Grundsatzdiskussionen zu vergessen. Die genaue Zuordnung oder Definition mag für Chemiker oder Physiker wichtig sein. Für Investoren sind diese Feinheiten absolut zweitrangig oder sogar unwichtig.

Vor allem deshalb, weil viele Begrifflichkeiten in die Irre führen. So sind zahlreiche Seltene Erden gar nicht so selten vorhanden oder kommen weit häufiger vor als beispielsweise viele strategische Metalle. Nachfolgend ein kurzer Überblick über die Vielfalt dieser Anlageklasse und ihre grundlegende – klassische – Einordnung. Für mich sind all diese Metalle strategischer, nicht chemischer Natur. Deswegen bezeichne ich auch die Seltenen Erden in den Ausführungen dieses Buches grundsätzlich als strategische Metalle.

Die Anlageklasse der Metalle auf einen Blick	
Edelmetalle:	4 Anlagemetalle
Buntmetalle:	6 Industrie- oder Basismetalle
Seltene Erdmetalle:	17 Seltene Erden
Strategische Metalle:	28 Sondermetalle

Die Anlageklasse der Metalle

Quelle für die Tabellen im Buch: Eigene Erhebung für www.kapitalschutz-vertraulich.de, Autor: Markus Miller

2
Die Eichhörnchen-Strategie: Streuen Sie Ihre Investitionen in strategische Metalle

Gold und Silber sind für mich die absoluten Grundlagen einer strategischen Krisenvorsorge für optimierten Kapitalschutz. Aber allein Gold und Silber reichen nicht aus. Weitere Metallinvestitionen machen Sinn und sind mittlerweile auch für Sie als Privatanleger umsetzbar. Sie dürfen die strategischen Metalle zu Ihrer Aktienquote dazuzählen, weil diese Werte nicht nur bei einer Krise schützen. Sie profitieren auch bei einem Aufschwung der Weltwirtschaft. Das liegt daran, dass strategische Metalle zum einen weit seltener auf der Welt vorkommen als Gold und Silber. Zum anderen ist unsere hoch technisierte Weltwirtschaft in hohem Maße auf sie angewiesen. Für Investitionen in strategische Metalle gibt es verschiedene Wege: über ausländische Firmen (Minenaktien), ausländische Investmentfonds (Edelmetallfonds), ausländische Finanzprodukte (Schweizer Recht), ausländische Verwahrstellen (Zollfreilager) oder Metallhändler im Ausland.

Der Kauf dieser Metalle und die Verteilung Ihrer Investitionen, vor allem in der Schweiz und in Liechtenstein, sollten die Grundlage Ihrer Strategie sein. Sie sollten einen direkten Bezug zu Ihrer Heimat Deutschland aus Gründen der geografischen Diversifikation und der rechtlichen Risikoreduktion ganz bewusst vermeiden. Suchen Sie in meinen nachfolgenden Empfehlungen und Strategien nicht nach der »bestmöglichen« Lösung. Die gibt es nicht. Erfolg und den besten Schutz erreichen Sie durch die gezielte Kombination von vier grundlegenden Möglichkeiten, die ich die Eichhörnchen-Strategie nenne.

Ein Eichhörnchen sammelt instinktiv und richtet sich nicht nach Prognosen

Ein Eichhörnchen weiß nie, wie hart und wie lange ein Winter wird oder ob Teile seiner Vorräte geplündert (enteignet und umverteilt) werden. Ein Eichhörnchen sammelt instinktiv und kümmert sich nicht um Prognosen. Sogar wenn es in Gefangenschaft lebt und Nahrung im Überfluss hat, vergräbt es Teile seiner »Nahrungswerte« an unterschiedlichen Orten. Das ist ein angeborener Instinkt. Kapitalanleger haben diesen Instinkt leider nicht. Darum müssen Sie diesen wichtigen Instinkt in sich wecken und Ihre Vermögenswerte gezielt und taktisch verteilen. Gerade auch im Anlagesegment der strategischen Metalle.

Strategie 1: Kauf von physischen Strategiemetallen über einen Händler in der Schweiz mit Verwahrung in einem Zollfreilager in der Schweiz

Strategie 2: Kauf von physisch hinterlegten Metall-Fonds nach Liechtensteiner Recht mit Lagerung bei einer Bank in Liechtenstein, in der Schweiz oder im Rahmen einer liechtensteinischen Versicherungs-Police.

Strategie 3: Kauf von ausgewählten Minenaktien im Segment der strategischen Metalle (dazu zähle ich auch die Seltenen Erden) über ein Depot in der Schweiz oder Liechtenstein. Alternativ: Kauf von Finanzprodukten, die nach Schweizer Recht aufgelegt wurden (ISIN: CH). Diese enthalten die Minenaktien als Index verbrieft als Tranchen in Euro, US-Dollar oder Schweizer Franken. Der Kauf dieses Index-Produkts erfolgt über ein Wertpapierdepot in der Schweiz oder in Liechtenstein. Optimal ist aus Kostengründen der Kauf über einen Discountbroker, beispielsweise www.swissquote.ch in der Schweiz, oder über die für Online-Geschäfte sehr empfehlenswerte Liechtensteinische Landesbank www.llb.li.

Strategie 4: Mittlerweile ist es teilweise effizienter, Metalle im Müll oder Elektroschrott zu suchen statt im Bergwerk. Daher empfehle ich den Kauf von ausgewählten Unternehmen aus der Branche für Metallwiederaufbereitung. Alternativ sind auch diese Aktien verbrieft über ein Index-Produkt nach Schweizer Recht erhältlich.

Strategie 5: Weitere empfehlenswerte Anbieter und Handelsalternativen für strategische Metalle. Hierzu zählt vor allem mein absoluter Favorit, der SafePort Strategic Metals & Energie Fund aus Liechtenstein, welcher direkt über die Liechtensteiner Fondsgesellschaft erworben werden kann, oder im Rahmen der Kapitalschutz-Real-Wert-Police aus Liechtenstein, welche im Kapitel 5 detailliert vorgestellt wird.

3
Metall-Direktinvestition – die Nr. 1 für Handel und Lagerung von strategischen Metallen in der Schweiz

Vor dem Hintergrund der aktuellen Rahmenbedingungen ist meine Nr. 1 für den Handel und die Verwahrung von strategischen Metallen die Schweizerische Metallhandels AG (SMH) mit Unternehmenssitz im schweizerischen Walzenhausen. Das Unternehmen hat vor allem auch die Palette der handelbaren strategischen Metalle mittlerweile massiv ausgebaut.

Übersicht der investierbaren Metalle	
Metall	Hauptverwendung in der Industrie
Indium	Triebwerkslager, Flachbildschirme, Touchscreens, Glasbeschichtungen, Solarindustrie
Gallium	Ungiftiger Quecksilberersatz, Leuchtdioden, Wafer, Elektrische Hochfrequenzbauteile, integrierte Schaltkreise, Laser, Solarzellen
Wismut	Medizin (antiseptische Brandsalbe, antiseptischer Puder, Röntgenkontrastmittel, ungiftiger Ersatz für Blei, optische Gläser, Lacke und Farben, Legierungen)
Tantal	Kleine Kondensatoren mit sehr hoher Kapazität, Kondensatoren für Handys und Automobile, medizinische Implantate, Knochennägel, Prothesen und Kieferschrauben, chemische Industrie, Superlegierungen für den Bau von Flugzeugtriebwerken

Tellur	Legierungsbestandteil für Stahl, Gusseisen, Kupfer- und Bleilegierungen, Legierungsbestandteil für rostfreie Edelstähle, Fotodioden, Dünnschicht-Solarzellen, optische Speicher (CD, DVD usw.), neuartige Speichermaterialien, Farben und Lacke
Kobalt	Superlegierung in der Stahlindustrie, hitzefeste Farben und Pigmente, Lacke, Spurenelement in der Medizin, Legierungsbestandteil von Implantaten, Turbinenschaufeln und chemischen Apparate
Molybdän	Legierungszusatz zu Steigerung von Festigkeit, Korrosions- und Hitzebeständigkeit, Dünnschichttransistoren, Flugzeugteile, Raketenteile, Katalysator zur Schwefelentfernung
Germanium	Solarzellen, Nahrungsergänzungsmittel, Hochfrequenztechnik, Katalysator zur Herstellung von PET-Flaschen, Infrarotoptik
Chrom	Gas-Turbinen, Oberflächenbeschichtungen, chemische Industrie, Medizin- und Lebensmittelindustrie, Lederproduktion, Zirkonium-Brennstoffelemente, feuerfeste Keramiken, säurefeste Bauteile (Rohre, Düsen, Ventile)
Yttrium	Permanentmagnet, Mikrowellentechnik, Speicherchips, Stahlindustrie, Flugzeugbau und Automobilindustrie
Lanthan	Kameralinsen, Magnetwerkstoffe, Elektroden, Generatoren, Cer-Katalysatoren, Stahlindustrie, Legierungen, LEDs, Solarindustrie
Neodym	Hochleistungsmagnet, Glasindustrie, Hochleistungslaser, Lautsprecher, Kopfhörer, Medizin (Kernspintomografie)
Samarium	Hochleistungsmagnet, optische Gläser, Tonabnehmer in der Musikindustrie
Europium	Strahlenschutzkeramik in der Reaktorindustrie, Leuchtstofflampen, Supraleiter

Investierbare Metalle

Harte Metalle an einem verlässlichen Standort in der Schweiz – Das ist die Antwort auf weiche Währungen

Seit ich die damals vollkommen unbekannte Schweizerische Metallhandels AG (SMH) vor rund zwei Jahren zum ersten Mal vorgestellt und empfohlen habe, hat sie sich hervorragend bewährt und weiterentwickelt. Und das nicht nur hinsichtlich des Metall-Handelsangebots, sondern auch in Bezug auf die weiterführenden Dienst- und Serviceleistungen. Zur Diversifikation von kleineren Vermögenswerten bietet das Unternehmen beispielsweise sogenannte »Warenkörbe« an. Als Anleger haben Sie dadurch die Möglichkeit, Ihr Geld auf mehrere Strategiemetalle branchenspezifisch sehr einfach zu verteilen. Darüber hinaus werden seit einiger Zeit auch Sparpläne auf diese Warenkörbe bereits ab 50 Euro Monatsbeitrag offeriert. Die Preisentwicklungen der Warenkörbe werden mittlerweile auch sehr transparent auf täglicher Basis auf der Unternehmenswebsite www.schweizerische-metallhandelsag.ch veröffentlicht. Die Lagerung der Metalle erfolgt in einem sicheren Zollfreilager in der Schweiz mit deutlichen Vorteilen gegenüber einer Lagerung in Deutschland.

Die Vorteile des Schweizer Zollfreilagers der SMH

- \+ Reale Werte – Die Metalle sind zu 100 Prozent Ihr physisches Eigentum.
- \+ Die Metalle sind gas-, wasser- und feuergeschützt verpackt. Die Lagerverpackungen sind von der Industrie anerkannt.
- \+ Fälschungssicherheit und Qualitätsprüfung: Sie erhalten verständliche und ins Deutsche übersetzte chemische Analysen Ihrer strategischen Metalle. Auf Wunsch erhalten Sie auch die Originalanalyse des Herstellers.
- \+ Dezentrales, bankenunabhängiges Lagerkonzept in Hochsicherheitstresoren in der Schweiz, dennoch Sicherheitsklasse 1 (Bankenstatus).
- \+ Beaufsichtigung rein durch die Schweizer Zollbehörden. Keine Warenbewegungen ohne Schweizer Zollgenehmigung möglich. Hochmodernes Alarmsystem mit direkter Anbindung zur Schweizer Polizei.
- \+ Keinerlei Fiskalabgaben in der Schweiz im Rahmen der Lagerung. Schweizer Mehrwertsteuer in Höhe von 8 Prozent wird nur bei physischer Auslieferung der Metalle aus dem Zollfreilager erhoben. Nicht bei Verkauf der Metalle.
- \+ Keine Deklaration in der deutschen Steuererklärung notwendig bei einem Verkauf mit Gewinn nach Ablauf der Spekulationsfrist von einem Jahr.
- \+ Zeitlich unbeschränkte Lagermöglichkeit mit Versicherung gegen Diebstahl.

Sie können sich Ihre strategischen Metalle auch ausliefern lassen. Allerdings gebe ich zu bedenken, dass die Schweizer Mehrwertsteuer sich nur auf die Auslieferung aus dem Schweizer Zollfreilager bezieht, also die Einfuhr Ihrer strategischen Metalle in die Schweiz. Bei einer Einfuhr nach Deutschland müssen diese mit der deutschen Mehrwertsteuer (Einfuhrumsatzsteuer) deklariert und nachversteuert werden, die in diesem Bereich 19 Prozent beträgt. Eine Einfuhr nach Deutschland ist somit bei Privatpersonen sowohl aus Diskretionsgründen als auch aus Steuer- und Rechtsgründen nicht zu empfehlen.

Der strategische Vorteil: Unternehmenssitz und Zollfreilager in der Schweiz

Das Feedback, das ich in den vergangenen Jahren seit meinen ersten Empfehlungen von zahlreichen Lesern erhalten habe, ist absolut positiv. Lediglich zwei kritische Anmerkungen habe ich bekommen im Hinblick darauf, dass die Schweizerische Metallhandels AG bei manchen Metallen teurer sein soll als die Einkaufsgemeinschaft für Technologiemetalle GbR aus Gerstetten – obwohl beide Anbieter dasselbe Zollfreilager in der Schweiz nutzen. Diese Einschätzung meiner aufmerksamen Leser kann ich nach meinen Recherchen sogar bestätigen. Ich halte die sehr geringen Preisunterschiede der beiden jedoch für vertretbar, vor allem im Hinblick auf die höher zu bewertende Rechtssicherheit in der Schweiz. Im Unterschied zu der Einkaufsgemeinschaft für Technologiemetalle GbR sowie der Tradium GmbH, welches beide deutsche Firmen sind, hat die Schweizerische Metallhandels AG sowohl ihren Unternehmenssitz als auch das Zollfreilager in der Schweiz. Es gilt hierdurch ausschließlich Schweizer Recht.

Ich möchte hier betonen, dass für mich eine Schweizerische Aktiengesellschaft (AG) mit Unternehmenssitz in der Schweiz einer deutschen Gesellschaft bürgerlichen Rechts (GbR) mit Gesellschaftssitz in Deutschland oder einer deutschen GmbH ganz klar vorzuziehen ist. Die Tradium GmbH lagert die handelbaren strategischen Metalle und Seltene Erden der Kunden ausschließlich in einem hochgradig abgesicherten Bunker im Rhein-Main-Gebiet.

Daran ist grundsätzlich nichts auszusetzen, aber auch dieser Lagerort ist eben leider wieder in Deutschland. Sicherheit darf und muss ihren Preis haben. Sie sind bei der Einkaufsgemeinschaft für Technologiemetalle GbR mit Ihren Metallen nämlich in Deutschland zwangsläufig als Gesellschafter registriert. Ebenso werden Ihre Kundendaten von der Tradium GmbH registriert. Genau das aber sollten Sie bei Ihren Entscheidungen grundsätzlich vermeiden. Schließlich geht es darum, Enteignung und Umverteilung zu vermeiden. Bei der Schweizerischen Metallhandels AG ist der wichtige, strategische Standortvorteil der Schweiz dagegen gewährleistet.

Physisch hinterlegte Sparpläne zu Top-Konditionen ab 50 Euro

Die Schweizerische Metallhandels AG bietet auch eine in dieser Form einzigartige Möglichkeit, bereits ab monatlichen Sparraten in Höhe von 50 Euro über zwei Metallsparplanvarianten in diese Anlageklassen zu investieren.

Metallsparplanvarianten	
Solartechnik	Luft- und Raumfahrt
Indium Gallium Silber	Kobalt Molybdän Tantal

Metallsparvarianten

Kosten und Gebühren	
Vermittlungsgebühr	2 Monatsbeiträge
Monatliche Lagerkosten	0,6% vom Kaufbetrag
Monatliche Verwaltungsgebühr	0,5% vom Kaufbetrag
Einmalige Einrichtungsgebühr	0,5% vom Kaufbetrag
Einmalige Einrichtungsgebühr	49 Euro
Lagerkosten nach Laufzeitende	1% der eingezahlten Beiträge

Kostenübersicht der Metallsparpläne

Fazit: Ideales Einstiegs- und Vorsorgeprodukt

Wenn ich mir anschaue, dass schlichte Edelmetall-Zertifikate oder manche Goldsparpläne oft – meist vollkommen intransparent – Kostenbelastungen in Höhe von 5 bis 20 Prozent oder sogar noch höher verursachen, dann sind die Kostenquoten für diese strategischen Metallsparpläne sehr attraktiv und absolut zu empfehlen. Vor allem auch, weil diese vollkommen transparent ausgewiesen werden. Die Vertragsgestaltung halte ich ebenfalls für attraktiv und fair.

Eine Kündigung oder Aussetzung der Sparraten ist jederzeit möglich, sodass Sie ohne weiteren Sparzwang auch beispielsweise einen bestimmten Anlagebetrag in Tranchen bequem in diese Anlageklasse investieren können. Die wählbaren Laufzeitvarianten der Metallsparpläne betragen 7, 10 oder 15 Jahre. Ich rate dazu, die beiden Metallsparplanvarianten umzusetzen, gerade auch als sinnvolle, sachwertige Alternative zu Zertifikate-, Fonds- oder Banksparplänen. Vor allem für die Zukunftsvorsorge Ihrer Kinder ist ein strategischer Metallsparplan sehr empfehlenswert.

Kontaktdaten

Schweizerische Metallhandels AG
Aeschi 1091
CH – 9428 Walzenhausen (AR)
Tel.: +41 71 886 19 50
www.schweizerische-metallhandelsag.ch

4
Die empfehlenswertesten Metallfonds aus Liechtenstein

So attraktiv die Vorteile sind, strategische Metalle direkt zu halten, so sinnvoll ist es, ganz gezielt physische Metalle auch indirekt über Fondsstrukturen oder Lebensversicherungen zu erwerben. Hierzu eignen sich beispielsweise hervorragend die Schweizer Edelmetall-ETFs, die seit Langem in meiner Best-Buy-Strategie-Empfehlungsliste vertreten sind. Gegenüber anderen physisch hinterlegten Finanzprodukten haben Liechtensteiner Fonds jedoch zusätzliche Vorteile: beispielsweise eine kontrollierte und absolut transparente Lagerung der physischen Metalle. Bei Gold erfolgt die öffentliche Publikation der Bestände mit Barren-Nummern.

Es gibt immer wieder sehr ernst zu nehmende Anhaltspunkte, dass namhafte Adressen, die vorgeben, für ihre Finanzprodukte physisches Gold zu hinterlegen, dies beispielsweise in Form von Lagerscheinen der amerikanischen Bank J. P. Morgan tun. Diese Lagerscheine sind in einem Krisenfall auch wieder nur ein Stück Papier. Ob J. P. Morgan nämlich wirklich über die erforderlichen Mengen an physischem Gold verfügt, ist für Dritte nicht nachvollziehbar.

Physische Auslieferungen sind bereits ab Kleinstmengen möglich

Der Hauptvorteil von Liechtensteiner Metall-Fonds ist aus meiner Sicht vor allem die physische Auslieferungsmöglichkeit selbst bei Kleinstbeständen. Die Schweizer ETFs sind kaum geeignet für die physische Auslieferung, da diese sich auf sehr hohe Investitionsvolumen beschränken. Hier ist meist eine physische Auslieferung nur für Standardbarren von 400 Unzen (12,4 Kilogramm) möglich.

Kontrolle, Rechtssicherheit, Auslieferungsanspruch, Stabilität

Das Fürstentum Liechtenstein ist ein politisch stabiles Land, das die traditionellen Werte wie Rechtssicherheit und Eigentumsgarantie hoch gewichtet. Die SafePort-Fonds gewährleisten eine physische Hinterlegung und einen Auslieferungsanspruch der beinhalteten Metalle. Die Fonds unterliegen der Finanzmarktaufsicht Liechtensteins (FMA), die mit die strengsten gesetzlichen Kontrollvorschriften in ganz Europa hat. Die SafePort-Fonds sind in Liechtenstein zu Hause (ISIN: LI). Es gilt daher ausschließlich Liechtensteiner Recht. Damit bleiben die Eigentumsgarantie sowie der Grundsatz der Rechtssicherheit auch gegenüber einem ausländischen Investor unangetastet. Für Kapitalanleger bietet Liechtenstein ein vorteilhaftes Anlegerschutzgesetz, was ein deutliches Mehr an Sicherheit bedeutet. Nach dem Liechtensteinischen Fondsgesetz haftet beispielsweise nicht nur die Fondsleitung, sondern auch die Depotbank für die Geschäftsführung der Fonds.

Die Liechtensteiner SafePort-Fonds eignen sich sehr gut als Zielinvestments für Liechtensteiner Lebensversicherungen. Sie können dadurch Ihre Lebens- oder Rentenversicherung rein auf realen Werten aufbauen. SafePort hat seine Angebotspalette immer weiter ausgebaut und mittlerweile sind neben den Edelmetallen auch Anlagen in Minenaktien, strategischen Metallen wie Rhodium oder selbst in Agrarrohstoffen möglich.

Die Liechtensteiner SafePort-Fonds auf einen Blick

1. SafePort Precious Metals 95+ Fund

Dieser Fonds hält mindestens 95 Prozent seines Fondsvermögens in physischem Gold, Silber und weiteren hochwertigen Metallen. Es fällt beim Kauf auch keine Mehrwertsteuer auf »Nicht-Gold-Metalle« an. Bei Erwartung von Preisrückgängen können kurzfristige Wertabsicherungsmaßnahmen eingesetzt werden. Die Rückzahlung von gekündigten Anteilen kann in Form von physischem Gold erfolgen.

NAME	ISIN
SafePort Precious Metals 95+	LI0103770074

2. SafePort Physical Gold 95+ Fund

Der Fonds hält mindestens 95 Prozent des Fondsvermögens in physischem Gold. Kurzfristige Wertabsicherungsmaßnahmen sind möglich und eine Auslieferung kann in physischem Gold erfolgen.

NAME	ISIN
SafePort Physical Gold 95+	LI0103770082

3. SafePort Physical Silver 95+ Fund

Der Fonds hält mindestens 95 Prozent des Fondsvermögens in physischem Silber. Es fällt keine Mehrwertsteuer an. Kurzfristige Wertabsicherungsmaßnahmen sind möglich und eine Auslieferung kann in physischem Silber erfolgen.

NAME	ISIN
SafePort Physical Silver 95+	LI0103770090

4. SafePort Strategic Metals & Energy Fund

Dieser Fonds investiert in strategische Metalle in physischer Form, in Energie-Rohstoffe sowie in Beteiligungen von Gesellschaften, die sich mit der Förderung und Weiterverwendung von strategischen Metallen befassen. Aufgrund der hohen Preisschwankungen in diesen Anlagesektoren setzt der Fonds gezielt kurzfristige Wertabsicherungsgeschäfte ein.

NAME	ISIN
SafePort Strategic Metals & Energy Fund	LI0103770108

5. SafePort Gold & Agriculture Fund

Der Fonds hält physisches Gold zu mindestens 30 Prozent und investiert darüber hinaus in Agrarbeteiligungen. Es gibt dabei eine variable Anlageverteilung zwischen physischem Gold und Agrarbeteiligungen je nach Marktsituation.

NAME	ISIN
SafePort Gold & Agriculture	LI0103770116

6. SafePort Gold & Silver Mining Fund

Der Fonds investiert sowohl in große Gold- und Silber-Minengesellschaften mit großen Edelmetall-Reserven und hoher Produktion als auch in mittelgroße Minengesellschaften mit gutem Wachstum und zu einem kleineren Anteil auch in jüngere Firmen mit einem hohen Reservepotenzial. Der Fonds achtet auf eine sehr gute Risikoverteilung und beinhaltet ungefähr 100 verschiedene Minenaktien und Bergbauunternehmen. Aufgrund der hohen Schwankungen des Minensektors setzt der Fonds kurzfristige Wertabsicherungsgeschäfte ein.

NAME	ISIN
SafePort Gold & Silver Mining Fund	LI0026391222

Tipp: Einzigartige Sachwertinvestitionsmöglichkeiten in Liechtenstein

Mein Favorit für diese Strategie als Grundlage einer Investition in strategische Metalle ist der Safe-Port Strategic Metals & Energy Fund. Auch der SafePort Gold & Agriculture Fund bietet spezielle Sachwertanlagen, die in der gegebenen Form nirgendwo sonst erhältlich sind. Zwei weitere Fonds sind derzeit in Gründung, und ich empfehle Ihnen, sich mit dem Dienstleistungsangebot von SafePort intensiv zu beschäftigen. Eine Vielzahl von weiterführenden Informationen erhalten Sie auf der Internetseite **www.safeport-funds.com**.

Vor allem die fortlaufenden Wochenberichte sind für Sie als Kapitalschutz-Anleger hilfreich. Die Berichte können Sie über eine Newsletter-Anmeldung bei SafePort kostenlos beziehen. Alle Fondsprospekte, Detailbeschreibungen und Informationsbroschüren stehen ebenfalls zum kostenlosen Herunterladen zur Verfügung.

Ebenso können Sie alle Informationen über den Postweg anfordern. Die gut verständlichen und transparenten Berichte zu umgesetzten Strategien und Wertentwicklungen sind hilfreich und schaffen Vertrauen. Management und Mitarbeiter der Firma stehen für konkrete Fragen jederzeit zur Verfügung – sei es am Telefon oder im Rahmen eines persönlichen Besuchs in Liechtenstein.

Kontaktdaten

Perfect Management Services AG
SafePort Funds
Landstrasse 340
FL-9495 Triesen – Liechtenstein
Tel.: +423 390 01 75
www.safeport-funds.com

5
Der Liechtensteiner Fonds für strategische Metalle mit Bunker-Lagerung im Detail

Strategische Metalle bieten mit das beste Chancen-Risiko-Profil – für Pessimisten durch die Realwert-Funktion, aber auch für Optimisten. Technologiemetalle werden in Zukunft in unserer Wirtschaftswelt massiv benötigt: von der LED-Leuchte, Smartphones über Fotovoltaik-Anlagen, die Automobilindustrie, die Elektrotechnik bis hin zur Luftfahrtindustrie.

Gerade auch ausländische Lagerstellen bieten ganz wichtige strategische Vorteile angesichts der möglichen rechtlichen Gefahren und angesichts drohender globaler Risiken. Eine sehr empfehlenswerte Möglichkeit, gezielt in die Anlageklasse der strategischen Metalle zu investieren, ist der SafePort Strategic Metals & Energy Fund aus Liechtenstein. Dieser ist einer der Strategiebausteine der Kapitalschutz Real-Wert Police. Aufgrund dessen nehme ich diese Fondslösung aus Liechtenstein direkt in meine Best-Buy Strategie-Empfehlungsliste auf.

SafePort Strategic Metals & Energy Fund		
Name	**ISIN**	**Verwaltungskosten**
SafePort Strategic Metals & Energy Fund	LI0103770108	1,525 %

Strategische Metalle lagern sicher unterm Berg

Der SafePort Strategic Metals & Energy Fund investiert direkt in strategische Metalle in physischer Form. Gelagert werden sie im Zollfreilager des Gotthard-Bunkers. Das Fondsmanagement hat das Ziel, für jeden Investitionssektor spezielle Vermögensverwalter oder Fachgremien hinzuzuziehen, in denen ausgewiesene und neutrale Fachleute tätig sind. Hierzu wurde ein Strategie-Ausschuss eingesetzt, der sich mit der Selektion strategischer Metalle, der Wahl zweckmäßiger Handelsformen sowie mit der Beschaffung und Lagerung der Metalle befasst.

Aufgrund dieser Entscheidungsprozesse ist das wichtigste Zielinvestment des Fonds derzeit das Technologiemetall Rhenium mit einem Anteil von rund 70 Prozent. Begründet wird diese hohe Gewichtung von Rhenium mit der sehr beschränkten Verfügbarkeit sowie der kontinuierlich steigenden globalen Nachfrage. Daraus ergibt sich ein hohes Wertsteigerungspotenzial, was auch fundierte Expertenanalysen belegten. Rhenium wird dabei in einer umfassenden Studie vom Berliner Institut für Zukunftsstudien und Technologiebewertung zum Thema kritische Rohstoffe als eines von drei Metallen mit der höchsten Kritikalität (höchst kritische Versorgungslage) bezeichnet.

Rhenium	73,12 %
Platin	14,38 %
Ruthenium	5,85 %
Silber	8,13 %
Beteiligungen	1,79 %
Cash	3,27 %

Die aktuelle Portfolio-Struktur des SafePort Strategic Metals & Energy Fund

Grundsätzlich besteht die technische Möglichkeit, diesen Strategiemetall-Fonds auch über deutsche Banken oder Discountbroker zu erwerben. Meine Erfahrung ist bislang allerdings die, dass dies nur sehr schwer möglich ist, da die SafePort-Fonds bislang nicht öffentlich in Deutschland vertrieben werden. Ich rate Ihnen, den Fonds über Auslandsbanken in der Schweiz oder Liechtenstein oder im Rahmen der Kapitalschutz Real-Wert Police zu erwerben.

Eine ebenso empfehlenswerte Möglichkeit ist es, den Fonds direkt über SafePort Funds bei der Liechtensteiner Fondsgesellschaft zu zeichnen und zu verwahren. Die Mindestanlagesumme beträgt 5.000 Euro. Bereits ab dieser sehr geringen Summe können Sie direkt am Standort Liechtenstein Ihre Fondsanteile verwahren, ohne dass ein Wertpapierdepot benötigt wird. Dazu wären nach meinen Erfahrungen in Liechtenstein mindestens 50.000 Euro als Mindestanlage notwendig.

Das Umfeld für strategische Metalle ist außerordentlich günstig

Überraschenderweise kennen sich Privatinvestoren mit der Anlageklasse der strategischen Metalle kaum aus. Dabei sind diese Technologiemetalle entscheidend für den Fortschritt unserer Wirtschaft und Gesellschaft. Was mich so positiv stimmt, ist vor allem die Tatsache, dass es sich bei Investitionen in physische strategische Metalle nicht um eine Kapitalanlage in virtuelle Finanzprodukte oder Derivate handelt, sondern um Investitionen in realwirtschaftliche Entwicklungen. In den nächsten Jahren und Jahrzehnten werden wir viele neue Technologien kennenlernen. Die Weltbevölkerung wächst weiter sehr stark, ebenso wie aktuell die Schuldenlast zahlreicher Staaten. Das sind hervorragende Voraussetzungen für Investitionen in strategische Metalle.

Ich habe bereits vor zwei Jahren als einer der Ersten derartige Investitionsmöglichkeiten vorgestellt und die Schweizerische Metallhandels AG empfohlen. Der SafePort Strategic Metals & Energy Fund ist ein weiterer Baustein, um in dieses Segment zu investieren. Da der SafePort Strategic Metals & Energy Fund ganz bewusst sehr hoch in Rhenium gewichtet ist, empfehle ich Ihnen, die detaillierte und hochinformative Sonderstudie zu diesem Technologie-Metall zu lesen, die Sie direkt bei SafePort erhalten.

6
Minen-Aktien: So investieren Sie direkt in fünf ausgesuchte Minenunternehmen aus den USA, Australien, China und Kanada

Der in Deutschland sehr bekannte Index-Berechner Structured Solutions AG (www.structured-solutions.de) hat gemeinsam mit dem Schweizer Unternehmen EFG Financial Products einen neuen Index konzipiert, der seit Juni 2011 gilt und die Entwicklung von Aktiengesellschaften abbildet, die im Bereich der Seltenen Erden beziehungsweise der strategischen Metalle tätig sind. EFG Financial Products befindet sich im Mehrheitsbesitz der EFG International AG, einer Schweizer Bank unter Kontrolle der Schweizer Finanzmarktaufsicht FINMA mit Hauptschwerpunkt Private Banking und Vermögensverwaltung. Der Solactive Rare Earth Performance-Index enthält etablierte Unternehmen aus dem Segment Minen und Bergbau. Im Index sind die 15 weltweit größten Unternehmen enthalten, die schwerpunktmäßig in der Förderung und Exploration der strategischen Metalle beziehungsweise Seltenen Erden tätig sind. Der Schwerpunkt liegt dabei auf Werten aus Nordamerika und Australien. Die Zertifikate auf den Index sind nach Schweizer Recht aufgelegt und notieren an der Börse Zürich. Sie können diese auch währungsgesichert in Euro oder in Schweizer Franken zusätzlich zu der US-Dollar-Tranche erwerben.

Die Auswahl der Unternehmen im Index beruht auf folgenden Kriterien:

- Hauptgeschäftstätigkeit im Bereich der Seltenen Erden
- Marktkapitalisierung (Unternehmenswert) von mindestens 70 Millionen US-Dollar
- Handelsvolumen von mindestens 200 Tsd. US-Dollar pro Tag
- Die maximale Gewichtung je Einzeltitel ist auf 25 Prozent begrenzt. Es erfolgt eine vierteljährliche Indexüberprüfung, die Sie auf der Internetseite des Unternehmens **www.efgfp.ch** nachvollziehen können.

Zertifikate auf den Solactive Rare Earth Performance-Index		
Name	ISIN	Währung
Rare Earth Index (CHF)	CH0112278558	Schweizer Franken
Rare Earth Index (EUR)	CH0112278566	Euro
Rare Earth Index (USD)	CH0112278574	US-Dollar

Zertifikate auf den Solactive Rare Earth Performance-Index

Das Interessante dabei ist, dass Sie nicht zwingend die Indexzertifikate der EFG kaufen müssen, sondern Sie können auch direkt in die enthaltenen Aktien investieren. Dadurch sparen Sie Kosten und umgehen das Emittentenrisiko des Zertifikates. Die enthaltenen Aktien sind in diesem Index unterschiedlich hoch gewichtet. Ich empfehle Ihnen, sich auf die fünf größten und etabliertesten zu konzentrieren. Das ist vollkommen ausreichend. Sie erhalten dadurch eine breite Streuung auf die Länder USA, Australien, China und Kanada.

Tipp: Website für Bergbau- und Minenaktien bietet umfangreiche Informationen

Wenn Sie sich intensiv mit dem Anlagesegment Minen und Bergbauunternehmen beschäftigen möchten, empfehle ich Ihnen die Website **www.minenportal.de**. Hier erhalten Sie umfassende Informationen und Recherchemöglichkeiten zu einer Vielzahl von Bergbauunternehmen weltweit.

Die ausgesuchten Bergbau- und Minen-Aktien im Detail			
Unternehmen	ISIN	Herkunftsland	Index-Gewichtung
Molycorp Minerals Inc.	US6087531090	USA	28,80%
Lynas Corporation Ltd.	AU000000LYC6	Australien	24,66%
Avalon Rare Metals Inc.	CA0534701002	Kanada	7,86%
China Rare Earth Holdings Ltd.	KYG210891001	China	6,88%
Alkane Resources	AU000000ALK9	Australien	6,20%

Die ausgesuchten Bergbau- und Minen-Aktien im Detail

7
Recycling-Aktien – Investieren Sie in acht vielversprechende Metall-Recycler

In jedem elektronischen Produkt, das weggeworfen wird, sind zahlreiche strategische Metalle enthalten. Dadurch werden täglich Tonnen an Metallen einfach im Müll entsorgt. Begrenzte Rohstoffvorkommen, steigende Metallpreise und neue technologische Möglichkeiten bringen daher eine immer effizientere Wiederaufarbeitung von Elektroschrott mit sich. Das ist vor allem mittelfristig unabdingbar, selbst in unserer Konsum- und Wegwerfgesellschaft.

Vom Einkaufswagen bis zum Gullydeckel – Metalle sind wertvoll

Mir wird die Wichtigkeit dieser Thematik immer wieder bewusst, wenn ich in der Zeitung lese, dass beispielsweise Verkehrsschilder, Leitplanken, Gullydeckel, Einkaufswagen oder Eisenbahnschienen gestohlen werden, um diese auf dem Schrottmarkt zu verkaufen. Derartige Entwicklungen sind für mich die besten Marktrecherchen. Die Recyclingbranche ist absolut attraktiv und wird zunehmend noch mehr Bedeutung bekommen.

Wie können Sie davon profitieren?

Die Metallrecycling-Branche gliedert sich in die Bereiche Alteisen, Nichteisen, Altmetall und Elektroschrott. Als Alteisen werden Eisen und Stahl bezeichnet, die vor allem aus Automobilen, Schiffen und Brücken gewonnen werden. Eisenfreie Altmetalle, wie Aluminium, Kupfer, Blei, Zink oder auch Edelmetalle, finden über Scheideanstalten, Schmelzereien und Raffinerien den Weg zurück in den Metallkreislauf. Strategische Metalle lassen sich zunehmend auch aus ausgedienten elektronischen und medizinischen Geräten gewinnen. Um Ihnen die Dimensionen einmal aufzuzeigen: Allein in den USA wurde bereits im Jahr 2009 Alteisen im Wert von schätzungsweise 17 Milliarden US-Dollar wiederaufbereitet.

Das entspricht einem Güterzug von Alaska bis Frankreich und wieder zurück. Die EFG Financial Products AG (**www.efgfp.ch**) aus der Schweiz hat auch hier auf einen Korb von acht Recycling-Unternehmen ein Index-Zertifikat emittiert. Auch diese Finanzprodukte sind nach Schweizer Recht konzipiert. Das Interessante ist dabei, dass diese Zertifikate in US-Dollar notieren, aber auch als Euro-Tranchen und Schweizer-Franken-Tranchen erhältlich sind. Dadurch können Sie das Währungsrisiko ausschließen.

Die Auswahl der Unternehmen im Index beruht auf zwei Top-Kriterien:

1. Substanzielle Geschäftstätigkeit im Bereich des Metall-Recycling
2. Ausreichendes tägliches Handelsvolumen und Marktkapitalisierung

Zertifikate auf den Metal Recycling Basket		
Name	ISIN	Währung
Metal Recycling Basket (CHF)	CH0122850107	Schweizer Franken
Metal Recycling Basket (EUR)	CH0122850115	Euro
Metal Recycling Basket (USD)	CH0122580099	US-Dollar

Zertifikate auf den Metal Recycling Basket

Der Aktienkorb enthält acht innovative Unternehmen aus den Regionen Nordamerika, Europa, Asien und Australien. Sollten Sie einem Zertifikat aufgrund seiner Eigenschaft als Inhaberschuldverschreibung misstrauen, können Sie wieder direkt in die Aktien investieren und diese einzeln über Ihr Wertpapierdepot erwerben. Sie haben hier zusätzlich den Vorteil, dass keine Kosten für das Zertifikat anfallen. Ebenso werden Ihnen die Dividenden voll angerechnet.

Auch hier rate ich zu einem Kauf in Liechtenstein oder der Schweiz. Auch sollten die Schweizer Zertifikate ebenfalls bei einer Bank oder einem Discountbroker vor Ort erworben werden. Alle Aktien sind im Zertifikat gleich gewichtet, mit einer Verteilung von 12,5 Prozent.

Die ausgesuchten Metall-Recycling Aktien im Detail		
Unternehmen	ISIN	Herkunftsland
Chiho-Tiande Group	KYG4465A1004	China
China Metal Recycling	KYG211311009	China
Commercial Metals	US2017231034	USA
Metalico	US5911761022	USA
Schnitzer Steel Industries	US8068821060	USA
Sims Metal Management	AU000000SGM7	Australien
Steel Dynamics	US8581191009	USA
Umicore	E0003884047	Belgien

8
Der empfehlenswerte Anbieter aus Deutschland für strategische Metalle

Gold, Silber, Platin und Palladium sind nach wie vor eine attraktive Anlageklasse für Privatanleger. Diese Edelmetalle, allen voran Gold und Silber in physischer Form, sind der Grundbaustein für Ihren aktiven Kapitalschutz – gerade vor dem Hintergrund der Instabilität der rein virtuellen Währungs- und Finanzsysteme. Viele Kapitalanleger sind derzeit in diesem Sachwertbereich auf der Suche nach Möglichkeiten, ihre Vermögenswerte noch weiter und breiter zu diversifizieren. Eine Möglichkeit sind Finanzprodukte, beispielsweise ETFs auf Industriemetalle. Ich stelle vor allem aber fest, dass die Anleger auf der Suche nach direkten Erwerbsmöglichkeiten von physischen Rohstoffen sind.

Bei meinen Recherchen bin ich nun auf einen weiteren Anbieter gestoßen, der mit Abstand die besten Konditionen und flexibelsten Dienstleistungen in diesem Segment anbietet. Der einzige Wermutstropfen ist, dass der Zugang zu diesen einzigartigen Dienstleistungen aus administrativen und organisatorischen Gründen eine Mindestanlagesumme von 50.000 Euro erfordert.

Über Tradium handelbare Sondermetalle und Seltene Erden	
Sondermetalle	Seltene Erden
+ Gallium	+ Neodym
+ Indium	+ Europium
+Germanium	+ Dysprosium
+ Rhenium	+ Praseodym
+ Selen	+ Terbium

Nutzen Sie das Rohstoff-Netzwerk von Tradium

Das Unternehmen Tradium hebt sich von anderen Anbietern vor allem durch die internationale Vernetzung mit Rohstofffirmen deutlich ab. Tradium verfügt über Beziehungen zu namhaften Lieferanten von Rohstoffen weltweit. Ein Netzwerkpartner ist beispielsweise das chinesische Unternehmen Beijing Jiya (www.bj-jiya.com), das als größter Gallium-Hersteller weltweit gilt. Tradium ist ein offizieller Vertreter von Beijing Jiya. Durch diese Kontakte ist das Frankfurter Unternehmen stets in der Lage, auf aktuelle Marktsituationen zu reagieren, und gewährleistet dadurch seinen Kunden wiederum einen direkten Zugang zu sehr günstigen Einkaufskonditionen.

Tradium bietet Ihnen umfassende Dienstleistungen – von der kompetenten Beratung bis hin zur Einlagerung der Metalle als Sondervermögen in einem Zolllager mit höchstem Sicherheitsstandard. Bei Tradium lagern die wertvollen Sondermetalle und Seltenen Erden der Investoren ausschließlich in einem abgesicherten Bunker im Rhein-Main-Gebiet.

Als Privatinvestor haben Sie bei Tradium die Möglichkeit, in physische Sondermetalle und Seltene Erden direkt zu investieren. Der Mindestanlagebetrag, ab dem bei Tradium diese Rohstoffe erworben werden können, beträgt 50.000 Euro. Die Konditionen sind absolut günstig und empfehlenswert. Ebenso sind die Servicedienstleistungen sowie die Auftragsabwicklung sehr professionell.

Vorteile von Tradium auf einen Blick

⑥ + Direktinvestition in zukunftsweisende Technologiemetalle

⑥ + Inflationsschutz und Sicherheit in Krisenzeiten

⑥ + Kein Ausgabeaufschlag, keine Abgeltungsteuer

⑥ + Steuerfreie Gewinne nach Ablauf der Jahresfrist

⑥ + Hohe Sicherheit durch physischen Erwerb, kein Ausfallrisiko

⑥ + Keine Mehrwertsteuer durch Zollfreilager

⑥ + Sichere Einlagerung

⑥ + Sehr kostengünstige administrative Kosten von 2 Prozent pro Jahr

⑥ + Kompetente, individuelle und kostenlose Kundenbetreuung

Tipp: Broschüre für Investoren zum Thema Sondermetalle und Seltene Erden

Ich empfehle Ihnen, die Broschüre »Was Investoren über Sondermetalle und Seltene Erden wissen sollten« bei Tradium kostenlos anzufordern. Hier erfahren Sie Wissenswertes zu aktuellen Rahmenbedingungen an den Rohstoffmärkten – vor allem aber, welche Metalle im Einzelnen für Sie als Privatanleger infrage kommen. Hintergrundinformationen zu diesen Sondermetallen und Seltenen Erden finden Sie detailliert in den ausführlichen »Metall-Porträts« dieser Broschüre.

Kontaktdaten

Tradium GmbH
Gerauer Straße 18
60528 Frankfurt am Main
Tel.: 069 5050250-0
www.tradium.com

9 Wissenswerte Hintergrundinformationen zu ausgesuchten strategischen Metallen[1]

Ohne sie würde die Menschheit in die erste Hälfte des 20. Jahrhunderts zurückgeworfen werden. Das Handy als Rückgrat unserer modernen Informationsgesellschaft, Internet, Displays und Navigationssysteme sind nur ein Bruchteil der technischen Errungenschaften, die uns allen das Leben erleichtern. Nachfolgend finden Sie interessante Hintergrundinformationen zu ausgesuchten strategischen Metallen.

Wissenswertes zu Indium

Wir schreiben das Jahr 1863: In der Schlacht um Gettysburg stehen sich die Truppen der Nord- und Südstaaten erbittert gegenüber. Es sollte die vielleicht entscheidendste Auseinandersetzung des Amerikanischen Bürgerkrieges werden, ganz sicher war es die blutigste: Nach drei Tagen Pulverdampf, Kanonendonner und Säbelrasseln bleiben 44.000 Männer kampfunfähig zurück, insgesamt beklagen beide Seiten rund 5.500 Tote.

1 Die Beschreibungen der Metalle in diesem Kapitel sowie die zugehörigen Bilder stammen von der Website der Schweizerischen Metallhandels AG www.schweizerische-metallhandelsag.ch, http://www.schweizerische-metallhandelsag.ch/index.php?option=com_content&view=article&id=355&Itemid=116&lang=de. Der Autor bedankt sich für die freundliche Genehmigung zur Veröffentlichung in diesem Buch. Herzlichen Dank außerdem für die detaillierten Auskünfte und Hintergrundinformationen.

Abb. 3: Indium

Auf der anderen Seite des Atlantiks, im beschaulichen Freiberg, bekommen die beiden deutschen Chemiker Ferdinand Reich und Theodor Richter von den Kämpfen nur wenig mit. Sie suchen in einer Probe nach Spuren von Thallium und stoßen dabei auf eine indigofarbene Spektrallinie. Schon bald ist ihnen klar: Sie haben ein neues Element entdeckt. Ein Element, dem die Farbe der Spektrallinie später seinen Namen verdankt: Indium. In größeren Mengen wird es der Öffentlichkeit erstmals 1867 auf der Weltausstellung in Paris präsentiert, im Zweiten Weltkrieg begann dann die kommerzielle Nutzung als Beschichtung von Lagern in Flugzeugmotoren. Und Indium schickt sich an, die Welt zu erobern: Es findet sich heute in allen Displays, im iPhone wie im Flachbildschirm, im Handy wie am Computer – Dinge, nach denen das 21. Jahrhundert förmlich giert.

Bereits 2006 werden alleine für die Herstellung von Displays schon 230 Tonnen der gesamten Weltjahresförderung von 600 Tonnen benötigt; bis 2030 sagt das renommierte Fraunhofer-Institut einen Jahresbedarf von gigantischen 1.580 Tonnen voraus. Dabei gilt China als der größte Lieferant, mehr als 50 Prozent der Produktion stammen aus dem Reich der Mitte. Und dort sind auch die größten Vorkommen der weltweiten Reserven zu finden – geschätzt 8.000 von insgesamt noch 11.000 Tonnen.

Das silbrig glänzende Indium ist in Reinform sehr weich: Man könnte Figuren daraus schnitzen oder ihm mit dem Fingernagel eine Kerbe verpassen. Doch wenn man es biegt, wehrt es sich: Die Kristalle brechen, sammeln sich neu und erzeugen dabei ein quietschendes Geräusch – sie schreien förmlich. Genau wie einst die tausenden Verletzten bei Gettysburg.

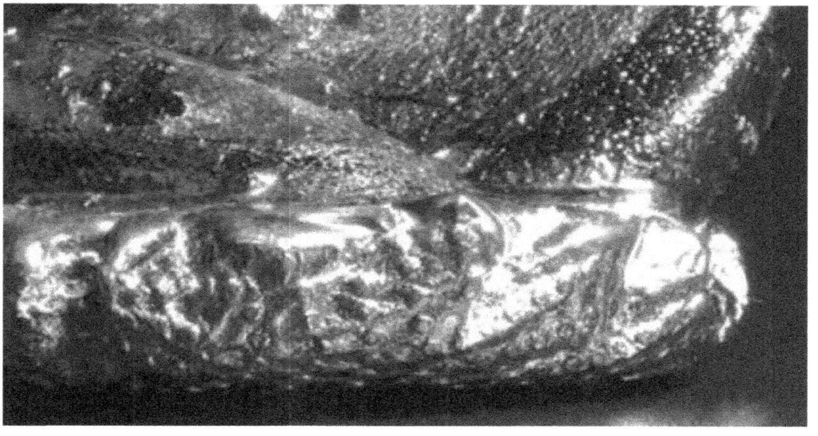

Abb. 4: Gallium

Wissenswertes zu Gallium

Wir schreiben das Jahr 1875. Das kleine Städtchen Cognac im Westen Frankreichs, rund 120 Kilometer nördlich von Bordeaux gelegen, gilt als Zentrum der Alkoholproduktion. Edle Weine stammen von hier, einem populären Weinbrand aus Weißweinen verlieh die Stadt bereits ihren Namen.

In einem kleinen Privatlabor unweit der Stadtmitte arbeitet der Chemiker Paul Émile Lecoq de Boisbaudran beim flackernden Schein von Petroleumlampen. Der Mann ist völlig vertieft in seine Experimente: Er hört nicht das Geklapper von Pferdedroschken, nicht die Rufe von Menschen, nicht das Verladen von Weinfässern.

Seine gesamte Konzentration gilt der Suche nach einem neuen Element, dessen Existenz er nach langen Bemühungen endlich in einer Spektrallinie nachweisen kann: Gallium. De Boisbaudran reibt sich die übermüdeten Augen: Er weiß, dass sein Name ab heute in den Geschichtsbüchern seiner Heimatstadt verewigt sein wird. Das neu entdeckte Element hat interessante Eigenschaften: Es schmilzt bereits bei 29,76 Grad und zieht sich dabei zusammen – was es zusammen mit Indium und Stannum, dem lateinischen Namen für Zinn, zu einer Legierung namens Galinstan werden lässt, die nach dem Verbot von Quecksilber häufig in Thermometern verwendet wird. Doch sein Haupteinsatzgebiet ist heute ein anderes: Gallium wird mittlerweile überwiegend in der Halbleitertechnik verwendet.

Silicium-Halbleiter verweigern schon bei wenigen Gigahertz die Arbeit; ihre Gegenstücke aus Galliumarsenid funktionieren dagegen auch noch bei bis zu 250 Gigahertz. Auch in fast allen Leuchtdioden, sogenannten LEDs, findet man den Rohstoff in zahlreichen Verbindungen. Gallium ist selten: Lediglich 100 Tonnen Rohgallium werden weltweit produziert, weit über die Hälfte davon stammt aus China, Deutschland und Japan. Man findet es hauptsächlich in Aluminium-, Zink- und Germaniumerzen, wobei die Konzentration maximal 0,01 Prozent beträgt. Edel, gut und wertvoll – dies zumindest hat Gallium mit einem Glas erlesenen Cognacs gemeinsam.

Abb. 5: Silber

Wissenswertes zu Silber

Schon seit rund siebentausend Jahren ist der Menschheit klar: Silber ist ein Metall mit einer im wahrsten Sinne des Wortes glänzenden Zukunft! Doch während es früher vor allen Dingen in der Münzprägung sowie als Schmuck begehrt war, hat Silber in den letzten Jahrzehnten als Industriemetall eine Bedeutung erlangt, die es für viele Wirtschaftszweige nahezu unverzichtbar macht. Denn anders als das teurere Gold, welches streng genommen außer der schönen Optik keinerlei herausragende Fähigkeiten besitzt, ist Silber ein Element mit direkt zwei Alleinstellungsmerkmalen: Kein anderes Metall reflektiert das Licht besser, kein anderes Metall leitet Strom effektiver – also ein zweifacher Champion!

Moderne Elektronik in Fahrzeugen, Industrie oder der Unterhaltungsbranche? Ohne Silber kaum vorstellbar. Hochleistungsspiegel? Ohne Silber nicht machbar. Optik- und Wärmereflektoren? Nicht annähernd so effektiv, würde ihnen das Silber fehlen.

Oder viele Legierungen und Lote: Enthielten sie kein Silber, würden sie qualitativ oftmals deutlich schlechter ausfallen. Dazu kommt noch ein riesiges Feld von weiteren Anwendungen, angefangen bei Katalysatoren bis hin zu Dentaltechnologien – wen wundert es da noch, dass Silber zu den begehrtesten Anlagemetallen überhaupt gehört? Durch all diese Verwendungsmöglichkeiten steigt auch die weltweite Nachfrage stark an und wird zum Teil nur dadurch gedeckt, dass Länder wie die Volksrepublik China ihre Silberreserven gerade teilweise veräußern.

Denn mehr als 20.800 Tonnen wurden 2008 nicht gefördert; als die drei größten Produzenten gelten Peru, Mexiko und China. Sowohl das Fraunhofer-Institut wie auch das Rheinisch-Westfälische Institut für Wirtschaftsforschung gehen deswegen auch davon aus, dass in den nächsten Jahrzehnten mit einer Verknappung von Silber zu rechnen ist. Silber ist eines der begehrtesten und vielseitigsten Metalle überhaupt: Viel zu schade eigentlich, um in Form von Tafelbesteck in einer Schublade zu liegen oder das Dekolleté von Damen zu zieren.

Abb. 6: Kobalt

Wissenswertes zu Kobalt

Als Sir Robert Walpole, Großbritanniens erster Premierminister, seinen neuen Amtssitz bezog, konnte er noch nicht ahnen, dass die Adresse bis heute zum Synonym für britische Regierungsmacht wurde: 10 Downing Street. Man schrieb den 22. September 1735 – ein Jahr, welches auch für den weltweiten Rohstoffhandel von enormer Bedeutung war. In der schwedischen Hauptstadt Stockholm gelang es dem Chemiker Georg Brand, ein neues Element zu entdecken und zu benennen, das bis heute als sehr selten gilt: Kobalt, welches überwiegend aus Kupfer- oder Nickelerzen gewonnen wird.

Der Name leitet sich übrigens vom Kobold ab, jenem Hausgeist, der dazu neigt, die Menschen zu ärgern: Kobolde haben in frühzeitlichen Erzählungen häufig erst Silber gefuttert und dann silberfarbene Erze ausgeschieden, die komplett wertlos waren. Über den Wert des Rohstoffes gibt es dagegen keine zwei Meinungen: Kobaltstahl ist eine der härtesten Legierungen überhaupt und wird unter anderem für Bohraufsätze und Fräsen verwendet.

Aber auch für hoch beanspruchte Teile im Maschinenbau kommt es zum Einsatz; so beispielsweise in Schiffsschrauben oder Flugzeugturbinen. Seine mögliche Verwendung als Legierungselement und in Kobaltverbindungen lässt den Rohstoff zu einem strategisch äußerst wichtigen Metall werden. Es wird in manchen Katalysatoren ebenso benötigt wie in Li-Ionen Akkus; als Pigment dient es der Färbung von Porzellan oder Keramik.

In keinen Bergwerken weltweit wird so viel Kobalt produziert wie in der Demokratischen Republik Kongo, die mit 25.000 Tonnen alleine bereits über 40 Prozent des Weltmarktes abdeckt. Wenn es dagegen um die Raffinerien geht, liegt China weit vorne – von hier werden 18.200 Tonnen geliefert, die über 31 Prozent des Bedarfs abdecken. Damit ist dem Element eine deutlich erfolgreichere Karriere beschieden als Sir Robert Walpole, der nach einer fehlgeschlagenen Abstimmung 1742 seinen Hut nehmen und 10 Downing Street für seinen Nachfolger räumte musste.

Abb. 7: Molybdän

Wissenswertes zu Molybdän

Es ist ein ebenso kriegerisches wie sensibles Element, das der schwedische Chemiker und Mineraloge Peter Jacob Hjelm 1781 entdeckte: Die größte Nachfrage erfuhr es in der Zeit der beiden Weltkriege, als Molybdän-Legierungen den Panzerrohren eine höchstmögliche Stabilität und Temperaturfestigkeit verliehen. Auf der anderen Seite jedoch gilt das Element als sehr launisch – bereits Verunreinigungen von einem zehntausendstel Prozent Sauerstoff lassen reines Molybdän schon stark verspröden.

Dies jedoch tat der Beliebtheit des Elements keinen Abbruch: Seine herausragenden Eigenschaften finden in einer industrialisierten Welt vielfältige Anwendungen. Denn auch rund 230 Jahre nach seiner Entdeckung gilt Molybdän immer noch als Industriemetall durch und durch.

Der hohe Schmelzpunkt, die gute Hitzefestigkeit sowie seine ausgezeichnete Leitfähigkeit sind perfekt geeignet für Superlegierungen und bei der Herstellung von hartem, hitzebeständigem Stahl. Man findet es in Ventilen und Turbinenschaufeln der Luft- und Raumfahrt ebenso wie in der chemischen Industrie; bei Bohrern und Fräsen wie in Katalysatoren für die erdölverarbeitenden Betriebe. Darüber hinaus ist das Metall unempfindlich gegenüber den Angriffen reduzierender Säuren. Also ein echter »Härtefall«? Nicht nur: In Pulverform oder als Beimischung mit Öl widersteht der Rohstoff extremen Drücken und Temperaturen, was ihn zu einem Hochleistungsschmierstoff der Extraklasse werden lässt.

Dies dürfte insbesondere die Volksrepublik China freuen: Sie beherbergt 38 Prozent der Reserven und den gleichen Prozentsatz der gesamten Produktion, was sie auf beiden Gebieten zum globalen Marktführer macht. Weitere größere Reservemengen sind in den USA und in Chile zu finden, die auch bei den Produktionszahlen auf den Plätzen eins und zwei liegen. Insgesamt werden weltweit rund 200.000 Tonnen erzeugt, knapp 30 Prozent des Bedarfs mittlerweile durch Recycling gedeckt – kein Grund also, weitere Kanonenrohre zu bauen.

Abb. 8: Tantal

Wissenswertes zu Tantal

Eine Figur aus der griechischen Mythologie musste als Namensgeber für den seltenen Rohstoff herhalten: Tantalus. Tantalus speiste einst mit den Göttern und klaute ihnen Nektar und Ambrosia; er stahl einen goldenen Hund aus dem Tempel des Zeus und wurde für seine Sünden mit »ewigen Qualen« bestraft. Für Anders Gustaf Ekeberg, der Tantal 1801 in finnischem Columbit-Erz entdeckte, ein passender Namenspatron, weil das sehr beständige Metall »schmachten muss und seinen Durst nicht löschen kann, wie Tantalus in der Unterwelt«. Schmachten müsste auch die moderne Welt, wenn es Tantal nicht geben würde.

Es brachte früher sogar ganze Städte zum Leuchten: Tantal war der Stoff, aus dem die Drähte in Glühbirnen hergestellt wurden, bevor Wolfram hier die Vorherrschaft übernahm. Heute findet sich das Metall in vielen Bereichen wieder, ohne die das Leben im 21. Jahrhundert kaum vorstellbar ist: Kondensatoren aus Tantal sind klein, leistungsstark und eignen sich für hohe Frequenzbereiche. Dies macht sie fast unersetzlich und vielseitig einsetzbar, beispielsweise in Mobiltelefonen, Computern und Spielekonsolen, medizinischen Geräten oder Radios: Dinge, auf die heute kaum ein Mensch in der westlichen Welt verzichten mag.

Darüber hinaus wird das Element aufgrund seines sehr hohen Schmelzpunktes auch als Hochtemperatur-Legierung eingesetzt, unter anderem bei Flugzeugturbinen. Selbst in der Medizin ist Tantal zu finden: Da es ungiftig ist und mit Körperflüssigkeiten nicht reagiert, wird es gerne als Implantat verwendet. Doch bereits die Anwendungen als Kondensatoren verschlingen 551 der weltweit produzierten 1.160 Tonnen Tantal – bis zum Jahr 2030 soll die Menge hierfür gar auf geschätzte 1.410 Tonnen steigen.

Jede zweite Tonne davon wird in Australien produziert, Brasilien und Kanada liegen mit deutlichem Abstand auf den Plätzen zwei und drei. Bei all der Beliebtheit kann man nur hoffen, dass Tantal das Schicksal seines Namensgebers erspart bleibt: Eine Verbannung in die Unterwelt hätte das grau schimmernde Metall auch nicht verdient.

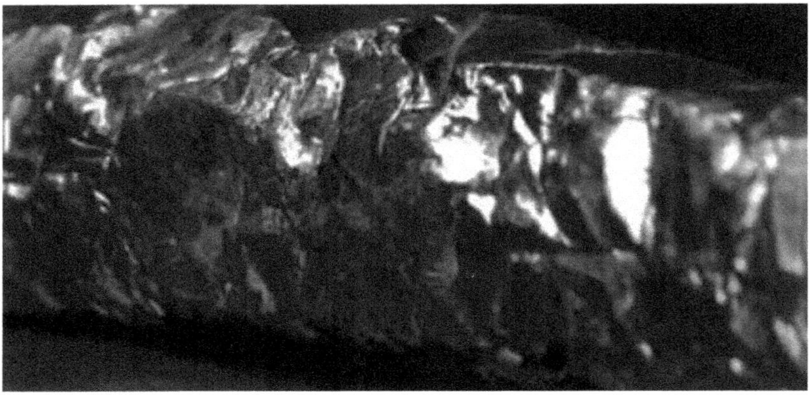

Abb. 9: Hafnium

Wissenswertes zu Hafnium

Für die kleine Meerjungfrau dürften der niederländische Physiker Dirk Coster und der ungarische Chemiker George de Hevesy kein Auge gehabt haben, als sie 1923 in Kopenhagen Hafnium mittels einer Röntgenspektroskopie in norwegischem Zirkon entdeckten. Was sie dabei fanden, war ein Element, welches heute als Spezialist für ganz besondere Aufgaben gilt. »Hafnia«, der lateinische Name Kopenhagens, verhalf dem neuen Rohstoff auch zu seinem Namen.

Dabei ist Hafnium schwer zu gewinnen – um an den begehrten Rohstoff zu gelangen, muss dieses erst vom Zirkonium aufwendig getrennt werden. Dies ist nicht während des Herstellungsprozesses möglich, sondern erfolgt in einem getrennten Verfahren. Es stammt größtenteils aus Australien und Südamerika, das stahlgraue Metall von hoher Dichte; die weltweiten Vorkommen werden auf rund eine Million Tonnen geschätzt. Tonnen, die auch gebraucht werden: Stahl wird heute meist mittels eines Plasmabrenners geschnitten, der kein gefährliches Gas mehr benötigt, sondern lediglich Luft und Strom.

In seiner Kupferelektrode ist ein kleiner Knopf aus reinem Hafnium enthalten. Das Metall ist nicht nur extrem korrosionsbeständig und hat einen hohen Schmelzpunkt, sondern auch eine weitere Eigenschaft, die es einmalig macht: Die Fähigkeit, Elektronen in die Luft abzugeben.

Bei Hafnium genügt dafür bereits eine geringe Energiemenge, weshalb der Elektrodenkopf mit Hafnium kühler arbeitet und der Plasmabrenner gleichzeitig heißer brennt.

Ein weiteres Haupteinsatzgebiet ist die Atomtechnik, in der Hafnium in Kernreaktoren eingesetzt wird, sowie die Verwendung in Computerchips, die ohne das außergewöhnliche Element bei Weitem nicht ihre heutige Leistungsfähigkeit erzielen würden. »Das ist eine der wichtigsten Veränderungen der vergangenen 40 Jahre«, so David Perlmutter, Senior Vice President und General Manager der Mobility Group beim Chiphersteller Intel. Die Produktion mit Hafnium anstelle des bislang meist verwendeten Silizium verspricht weniger Leckströme, mehr Geschwindigkeit und niedrigere Produktionskosten.

Abb. 10: Wismut

Wissenswertes zu Wismut

Sollten Elemente jemals Göttern zugeordnet werden, dann wäre Janus, der doppelköpfige Gott aus der römischen Mythologie, der ideale Partner für Wismut. Schon bei dem Namen des Metalls gehen die Meinungen auseinander: Die einen nennen es Wismut, die anderen sprechen von Bismut. Bereits 1390 tauchte »Wesemut« im deutschsprachigen Raum auf, um 1530 herum nannten es die Lateiner »bisemutum«. Lange Zeit jedoch galt Wismut lediglich als Abart von Blei, Zinn oder Antimon, bevor es 1830 durch die Chemiker Claude François Geoffroy, Johann Heinrich Pott, Carl Wilhelm Scheele und Torbern Olof Bergman als eigenständiges Element nachgewiesen wurde.

Auch heute noch ist die Wismutproduktion abhängig von Blei oder Wolfram, aus dessen Erzen es überwiegend gewonnen wird. So verworren seine Geschichte auch ist, so klar sind die heutigen Einsatzgebiete von Wismut umrissen: Das Element wird zum Großteil für Legierungen in der Metallurgie sowie in der Pharmaindustrie eingesetzt, unter anderem im Magenmittel »Pepto-Bismol«, wo es einen Gewichtsanteil von 57 Prozent aufweist. Erstaunlich, wenn man bedenkt, dass im Periodensystem Blei und Polonium die direkten Nachbarn sind: Das eine hochgiftig, das andere tödlich radioaktiv.

Hier liegt auch eine der großen Stärken von Wismut – es hat ähnliche Eigenschaften wie Blei und andere Schwermetalle, ist aber im Gegensatz zu diesen nach bisherigem Wissensstand vollkommen ungiftig und dient immer häufiger als Bleiersatzstoff. Auch in den schnellsten jemals in Serie gefertigten U-Booten, den knapp 45 Knoten schnellen Booten der sowjetischen Alfa-Klasse, kam es in einer Blei-Wismut-Legierung zum Einsatz: als Kühlmittel für den bordeigenen Atomreaktor.

Etwa 7.500 Tonnen Wismut wurden 2009 produziert, über 60 Prozent davon in China, wo mit 240.000 Tonnen auch die größten Reserven vermutet werden. Es ist ein Element mit zwei gebräuchlichen Namen, selber harmlos, jedoch mit äußert gefährlichen Nachbarn: Janus würde es lieben!

Abb. 11: Tellur

Wissenswertes zu Tellur

Es ist ein wunderschönes Wort, vielleicht das schönste, welches man einem Element geben kann: Tellur, abgeleitet vom lateinischen »Erde«. Und so schön es klingt, so selten ist es auch: Nur neun andere Elemente sind ähnlich selten wie das silbrig-weiße, metallisch glänzende Halbmetall. Tellur ist einerseits weich, andererseits ausgesprochen spröde; es lässt sich somit perfekt zu Pulver verarbeiten. Entdeckt wurde es 1782 von dem österreichischen Chemiker und Mineralogen Franz Joseph Müller von Reichenstein, der es jedoch zunächst für »geschwefelten Wismut« hielt.

Erst 1797 konnte der Berliner Chemiker Martin Heinrich Klaproth die Entdeckung verifizieren. Klaproth war eine ausgewiesene Koryphäe, ein Mann, der auch Uran, Zirkonium und Cer entdeckte und für den von Müller von Reichenstein entdeckten Rohstoff den Namen Tellur vergab. Er schrieb: »Zur Ausfüllung dieser bisherigen Lücke in der chemischen Mineralogie lege ich hier meine mit diesen kostbaren Erzen angestellten Versuche und Erfahrungen dar, deren Hauptresultat in der Auffindung und Bestätigung eines neuen eigenthümlichen Metalls besteht, welchem ich den von der alten Mutter Erde entlehnten Nahmen Tellurium beylege.«

Bis heute haben sich vier wichtige Produktionsstätten für Tellur herausgebildet, die gemeinsam zwei Drittel des Marktes bedienen: die USA, Kanada, Japan und Peru. Geschätzt liegt die weltweite Produktion insgesamt bei rund 180 Tonnen pro Jahr. Doch wofür benötigt man Tellur überhaupt? Traditionell wichtig ist es als Legierungselement für die Kabelindustrie und die Stahlherstellung. Es kommt in Beschichtungen für DVDs und Blu-ray-Discs ebenso vor wie in Halbleitern; hier bevorzugt im Bereich der Fotovoltaik, also in der Umwandlung von Sonnenenergie in Strom: in Solaranlagen.

Sogar in manchen Feuerwerken kann man es bestaunen, wenn die Salze des Tellurs für eine grasgrüne Farbgebung sorgen. Doch so zukunftssicher die Anwendungsmethoden auch sein mögen, so prächtig ein Feuerwerk auf seine Betrachter auch wirken mag: Alleine schon wegen seines wunderschönen Namens hat das Element 1782 die Entdeckung verdient: Tellur.

Abb. 12: Chrom

Wissenswertes zu Chrom

Er war Apotheker und Chemiker: Louis-Nicolas Vauquelin, ein 1763 in der Normandie geborener Franzose. Ohne ihn wären in der Mitte des 20. Jahrhunderts amerikanische Autos nicht das geworden, was sie waren – chromblitzende Straßenkreuzer. 1797 gewann Louis-Nicolas Vauquelin Chrom(III)-oxid Cr2O3 aus Krokoit und Salzsäure, ein Jahr später erhielt er verunreinigtes, elementares Chrom, indem er das Chrom(III)-oxid mit Holzkohle reduzierte. Und die Farbenpracht der enthaltenen Salze muss ihn umgehauen haben: Warum sonst sollte der Name Chrom vom griechischen »Chroma« – also »Farbe« – abgeleitet sein?

Anfangs wurde das Element vor allem als Farbpigment und in der Chromgerberei eingesetzt, wo es bis heute die wichtigste Gerbmethode geblieben ist: Ohne Chrom würde es die Lederproduktion in der jetzigen Form nicht geben. Deutlich bekannter jedoch ist sein Einsatz in der Verchromung: Als Hartverchromung mit bis zu einem Millimeter Dicke auf Stahl, Gusseisen und Kupfer, als dünne Dekorverchromung auf Stoßstangen, Alufelgen oder Armaturen.

Gemeinsam mit Vanadium kennt es wohl auch jeder Handwerker: Chrom-Vanadium-Stahl gilt als besonders fest und langlebig. Doch die mit Abstand größte Menge des weltweit produzierten Chroms fließt als wesentlicher Bestandteil in die Herstellung von rostfreiem Stahl ein, dem es zu rund 20 Prozent beigesetzt wird. Bei all den Einsatzgebieten und dem jährlichen Bedarf kann man froh sein, dass die weltweiten Vorkommen an Chrom als nicht problematisch und für mehrere Jahrzehnte als gesichert gelten. Schon heute liegen die Reserven an Chromit bei rund 350 Millionen Tonnen, werden die Ressourcen auf gut 12 Milliarden Tonnen taxiert.

Hauptlieferanten des glänzenden und sehr korrosionssicheren Elements sind Kasachstan und Südafrika, die laut einer USGS-Schätzung gemeinsam fast 90 Prozent der Rohstoffe besitzen. Und so hat Chrom, über 200 Jahre nach seiner Entdeckung, immer noch eine glänzende Zukunft: Auch wenn die amerikanischen Straßenkreuzer mittlerweile weitestgehend der Vergangenheit angehören.

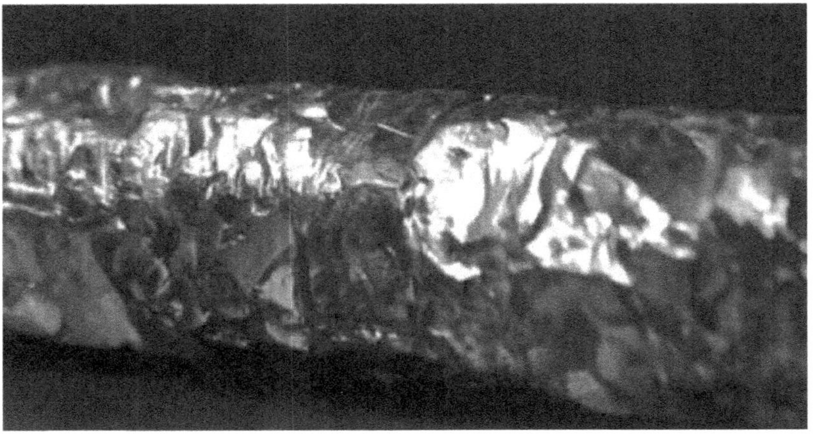

Abb. 13: Zirkonium

Wissenswertes zu Zirkonium

Eine hohe Stirn, sanft geschwungene Augenbrauen, darunter ein wacher Blick aus hellblauen Augen: Der 1743 geborene Martin Heinrich Klaproth war einer der bedeutendsten deutschen Chemiker. Geboren im Harz als Sohn eines armen Schneiders, startete er seine Karriere in einer kleinen Ratsapotheke, die ihn später auf den Vorschlag Alexander von

Humboldts zu einer Professur in Chemie bis an die Berliner Universität führen sollte.

Klaproth entdeckte Uran, das chemische Element Cer und im Jahre 1789 – Zirkonium. Benannt wurde es nach dem Mineral Zirkon, ein bereits in der Antike bekannter Schmuckstein, in dessen aus Ceylon stammender Probe der Chemiker erstmals das Element Zirkonium nachweisen konnte. Und obwohl Zirkonium der Allgemeinheit kaum ein Begriff ist, ist es gar nicht mal selten – es kommt beispielsweise häufiger vor als das viel bekanntere Kupfer.

Vielleicht liegt der geringere Popularitätsgrad auch einfach an dem sperrigen Namen, denn die Eigenschaften des überwiegend in den USA, Australien und Südamerika vorkommenden Metalls sind bemerkenswert: So bindet es zwar einerseits Gase wie Sauerstoff, Stickstoff und Kohlendioxid, hat andererseits jedoch eine hohe Durchlässigkeit für Neutronen.

Dies macht es ideal als Hüllrohrmaterial für Brennelemente in Atomkraftwerken, wo es auch die höllischen Bedingungen im Kern eines laufenden Atomreaktors klaglos übersteht. Weitere Einsatzmöglichkeiten sind bei der Desoxidation und Entschwefelung von Stählen oder als Gettermaterial für Vakuumpumpen zu finden. Drei Firmen gelten dabei als wichtigste Produzenten: Areva in Frankreich, Toshiba in Japan und Wah Chang in den USA.

Doch auch in Schmuckläden findet man es als Zirkoniumdioxid, auch Zirkonia genannt: Es ist das beliebteste Imitat von Diamanten, denen es in puncto Strahlkraft in nichts nachsteht. Man kann es auch anders sehen: Diamanten sind nichts anderes als überteuertes Zirkonia! Und wer weiß – vielleicht hat Klaproth bei seiner Hochzeit 1780 ja schon unwissentlich Ringe aus Zirkonia gekauft?

Wissenswertes zu Germanium

Dunkle Wälder, unwirkliches Land, die Einwohner lediglich »primitive Barbaren« – eine besonders hohe Meinung hatte der römische Geschichtsschreiber Tacitus nicht gerade über Germania, das Land »östlich des Rheins und nördlich der Donau«. Doch immerhin wurde danach ein Metall benannt: eine Ehre, die den Römern verweigert blieb.

Abb. 14: Germanium

Zu verdanken ist dies dem deutschen Entdecker Clemens Winkler, der 1886 als Chemiker für die Bergakademie Freiberg tätig war. Winkler erfüllte damit eine Vorhersage des russischen Chemikers Dimitri Mendelejew, der 1871 das Periodensystem entwickelte und dabei auf eine Lücke unterhalb des Siliciums stieß. Germanium ist weit verbreitet, kommt aber nur in geringen Konzentrationen vor, zumeist als Nebenprodukt bei der Kupfer- und Zinkherstellung, zunehmend auch durch Extraktion aus Flugaschen von germaniumhaltiger Steinkohle.

Lediglich 140 Tonnen werden weltweit jährlich produziert, davon stammen alleine 100 Tonnen aus China. Dies ist mit ein Grund dafür, dass Germanium mittlerweile eine Recyclingquote von rund 30 Prozent aufweist, obwohl das Verfahren als sehr aufwendig gilt. Ähnlich beschränkt wie die Vorkommen sind auch die Einsatzmöglichkeiten des spröden Elements. Bis es vom Silizium verdrängt wurde, galt Germanium als führendes Material in der Elektronik, wo es als Halbleiter eingesetzt wurde.

Heute wird es meist in der Glasfaser- und Infrarotoptik verwendet: Linsen aus Germanium lassen das sichtbare Licht zwar nicht durch, wohl aber Infrarotlicht – beispielsweise bei Nachtsichtgeräten. In der Polyesterchemie kommt Germaniumdioxid als Katalysator bei der Herstellung von bestimmten Polyesterfasern und -granulaten zum Einsatz, insbesondere für recyclingfähige PET-Flaschen.

Und in Japan erlebt Germanium gerade einen regelrechten Boom: Obwohl eine biologische Funktion nicht bekannt ist, verwenden es die Töchter und Söhne Nippons häufig als Badezusatz oder Nahrungsergänzungsmittel.

Abb. 15: Wolfram

Wissenswertes zu Wolfram

Am Anfang war der Dreck – zumindest das, was daran erinnerte. Entdeckt in sächsischen Zinnerzen, nannte der Freiberger Mineraloge Georgius Agricola im 16. Jahrhundert das neue Metall »Wolfräm«: Wolf, weil das neue Mineral den Zinnerz »wie ein Wolf fraß«, und »räm« (mittelhochdeutsch für »Ruß, Dreck«), da es – zwischen den Fingern zerrieben – optisch stark an Ruß erinnert.

Heute verbindet man mit Wolfram am ehesten die Glühbirne vergangener Tage. Kein anderes Metall ist bei hohen Temperaturen stabiler als Wolfram: der ideale Glühdraht. Dabei ist es in der Gesamtkonstruktion »Glühlampe« eher schlecht zur Lichterzeugung geeignet: Nur 10 Prozent der Energie werden in Licht verwandelt, der Rest lediglich in Wärme – und so ist die gute, alte Glühbirne eher eine Heizlampe, die nebenbei auch ein wenig

Licht abgibt. Dabei sind andere Eigenschaften viel faszinierender: Nur wenige Metalle haben eine höhere Dichte als Wolfram. Gold, Osmium und Iridium, die gegenüber Wolfram jedoch allesamt einen entscheidenden Nachteil haben – sie sind um ein Vielfaches teurer.

So wird das Metall heute zu den unterschiedlichsten Zwecken eingesetzt; angefangen bei der Produktion von Hartmetallen über die Munitionsherstellung bis hin zur Eisenmetallurgie. Selbst in der Formel 1 fährt es mit: Hier werden Platten aus Wolfram benutzt, um die Wagen an das vorgeschriebene Mindestgewicht von 620 Kilogramm zu bringen. Für hochpräzise Schneidewerkzeuge ist Wolframcarbid nahezu unersetzlich: Es ist bruchfester als Diamanten und um Welten härter als der beste Stahl.

Die größten Reserven an Wolfram befinden sich in China und Russland, von denen auch der mit Abstand größte Anteil der Weltproduktion (insgesamt: gut 73.000 Tonnen) stammt; es ist in kleineren Mengen aber auch in Europa zu finden, beispielsweise im österreichischen Felbertal. Mittlerweile gewinnt auch das Recycling immer mehr an Bedeutung: Die USA decken heute bereits über 30 Prozent ihres Bedarfs aus wiedergewonnenem Metall. Wolfram – alles andere als Dreck.

Risikomanagement: Was Sie bei strategischen Metallinvestitionen unbedingt beachten müssen

Vor dem Hintergrund der aktuellen Rahmenbedingungen sollten gezielte Investitionen in die Anlageklasse der strategischen Metalle ein Grundbaustein Ihrer aktiven und umfassenden Krisenvorsorge sein – vor allem wegen des labilen Finanz-, Wirtschafts- und Währungssystems, das möglicherweise durch politische Eingriffe zulasten von Vermögensinhabern gerettet werden muss. Aber auch die spezifischen Risiken von Investitionen in strategische Metalle sollten Ihnen bewusst sein. Diese gilt es, entsprechend Ihren persönlichen Bedürfnissen abzuwägen und in Ihre Anlageentscheidungen mit einzubeziehen. Einige Risiken sind sicherlich sehr unwahrscheinlich, dennoch müssen sie berücksichtigt werden. Vor wenigen Jahren war auch eine mögliche Währungsreform, ein Staatsbankrott oder eine Lehman-Brothers-Bankpleite absolut unwahrscheinlich. Dies hat sich sehr schnell und gravierend geändert.

Die Hauptrisiken

- Privatbesitz von Edelmetallen – vor allem von Gold – könnte verboten werden.
- Strategische Metalle könnten durch den Staat eingezogen werden, wenn beispielsweise der Industrie durch die private »Hortung« strategischer Metalle Engpässe drohen würden.
- Es gibt grundsätzlich ein US-Dollar-Wechselkursrisiko, da Rohstoffe in US-Dollar gehandelt werden.
- Es können Zeiten kommen und Situationen entstehen, in denen es – aus welchen Gründen auch immer – keine Käufer für strategische Metalle gibt. Ihr Kapital wäre dadurch gebunden, was einen negativen Einfluss auf Ihre Liquidität hätte.
- Einzelne strategische Metalle könnten durch den technologischen Fortschritt oder Marktveränderungen in der Zukunft ersetzbar werden. Beispielsweise können neue Elemente oder Alternativrohstoffe genutzt werden, die dieselben Eigenschaften haben wie der Ursprungsrohstoff. Dadurch könnte dieser im Preis deutlich fallen.
- Sachwerte können grundsätzlich erheblichen Preisschwankungen unterliegen. Die generelle Nachfrage nach strategischen Metallen könnte sogar massiv einbrechen. Ein gutes Beispiel hierfür sehen Sie an der Rhodium-Preisentwicklung.
- Die Preise für strategische Metalle sind in der Vergangenheit stark angestiegen, weil China als größter Exporteur Auslieferungseinschränkungen durchgesetzt hat. Denn China selbst will Teile seiner Devisenreserven hier veranlagen. Diese politische Maßnahme könnte durch Druck anderer Staaten auf China (allen voran der USA) auch wieder aufgehoben werden.
- Neue Recyclingtechniken und höhere Recyclingquoten könnten sich negativ auf den Preisanstieg auswirken. Dies wäre jedoch zugleich eine Chance, gezielt in die Recyclingbranche zu investieren.
- Die Preisfindung von strategischen Metallen ist oft sehr intransparent und für Privatanleger nur sehr schwer vergleichbar.
- Bei indirekten Investitionen in strategische Metalle wie Minenaktien besteht ein unternehmerisches Risiko. Trotz steigender Metallpreise kann ein Aktienkurs fallen oder ein Unternehmen gar in Insolvenz gehen, beispielsweise bei Missmanagement. Die einfache Lösung lautet auch hier: Breite Streuung auf mehrere Unternehmen in unterschiedlichen Regionen.

⑥ Bei indirekten Investitionen über Zertifikate tragen Sie zusätzlich das Emittentenrisiko. Das bedeutet: Sollte der Emittent in Insolvenz gehen, besteht kein Sondervermögen, das Ihnen zugerechnet wird. Um dieses Risiko zu umgehen, können Sie die Aktien, die im Zertifikat enthalten sind, auch direkt erwerben.

Fazit: Strategische Metalle bieten ein optimales Chancen-/Risikoprofil

Risiken sind immer mit Chancen verbunden und umgekehrt. Für mich bieten Investitionen in strategische Metalle eines der besten Chancen-/Risikoprofile, das Sie als Kapitalanleger nutzen können – sowohl in absoluten Krisenzeiten als auch in einem Wirtschaftsboom. Streuen und verteilen Sie jedoch Ihre Kapitalanlagen in diesem Segment nach Liechtenstein und in die Schweiz. Mit diesen Strategien haben Sie in diesem Anlagesegment für Ihre persönliche Umsetzung eine perfekte Anleitung und Gebrauchsanweisung zur Hand. Ich möchte übrigens ganz bewusst keine starre oder statische Strategie-Verteilungsempfehlung in Prozent machen. Weil sich diese an Ihren Bedürfnissen orientieren muss, Rahmenbedingungen und individuelle Bedürfnisse und Ziele aber bei jedem Leser anders sind. Allerdings: Die Strategien 1 und 2 sollten die Grundlagen bilden für Ihre Investitionen mit einem Strategie-Anteil von zusammen mindesten 50 Prozent. Die Strategien 3 und 4 sollten darauf aufbauen – als zusätzliche Diversifikationsmöglichkeit. Oder auch zur gezielten taktischen Spekulation (flexibler aktiver Handel) auf entsprechende Marktentwicklungen.

Teil IV

Ausgesuchte Praxistipps: Die besten Strategien zu Edelmetallanlagen und Real-Wert-Investments

Mittlerweile hat bei mir annähernd jede zweite Anfrage einen direkten Bezug zum Themenbereich Edelmetalle. Keine Frage: Gerade die Edelmetalle Gold und Silber sind strategisch wichtige Sachwertinvestitionen zum Vermögensschutz – insbesondere angesichts des drohenden Damoklesschwerts steigender Inflationsraten. Bankenrettungen und staatliche Konjunktur- und Rettungsprogramme verschlingen allein in Europa Hunderte Milliarden von Euro. Dadurch baut sich natürlich eine enorm gefährliche Staatsverschuldung auf.

Es widerspricht der geschichtlichen Erfahrung, dass Regierungen Schulden dieses enormen Ausmaßes mit dem gleichen »harten Geld« zurückzahlen können, das sie sich geliehen haben. Geld auf Papier zu drucken ist keine Kunst, aber die dadurch entstehenden Gefahren im Griff zu behalten sehr wohl. Und genau das ist meine Hauptsorge. Weit mehr als die Hälfte der Bevölkerung befürchtet mittlerweile eine Inflation oder gar Währungsreform und macht sich Sorgen um den Wert und die Sicherheit ihrer Ersparnisse.

Um diese Schulden bezahlen zu können, müssen Staaten immer mehr Kredite aufnehmen. Sie müssen sich bewusst sein, dass Sie bei Investitionen in Staatsanleihen Schulden eines Staates kaufen, der immer weiter Schulden macht. Seien Sie doch mal ehrlich: Sie kaufen doch auch keine Anleihen eines Unternehmens, dessen Schuldenbelastung ständig nur steigt. Durch die steigende Kreditaufnahme gelangt immer mehr Geld in den Kreislauf, wodurch sich der Wert des bereits vorhandenen Geldes durch Inflation weiter reduziert. Der Gewinner der Inflation ist immer der Schuldner, also der Staat. Der Verlierer sind Sie als Anleger, dessen Vermögen nun entwertet wird. Das betrifft nicht nur Deutschland, sondern weltweit auch andere Länder mit hoch defizitären Staatshaushalten. Die Flucht in Fremdwährungen bringt daher aus meiner Sicht keine richtige Lösung dieses Problems.

1
Investieren Sie auch in Sachwerte oder besser gesagt reale Werte!

Die Geschichte hat immer wieder gezeigt, dass sich Staaten mithilfe der Inflation und anschließender Währungsreform ihrer Schulden entledigt haben. Dadurch wurde allerdings das (Geld-)Vermögen der Bürger vernichtet. Darum: Investieren Sie auch in Sachwerte! Dazu zählen Substanzaktien, Immobilien, Grundstücke, Wälder, Rohstoffe und natürlich auch die Edelmetalle. Setzen Sie nicht alles auf eine Karte und streuen Sie. Wenn Sie also 10.000 Euro in Gold investieren möchten, kaufen Sie beispielsweise mit einem Teilbetrag den Xetra-Gold-ETF. Kaufen Sie mit einem weiteren Teilbetrag einige physische Münzen für den »Notfall«, die Sie zu Hause oder im Bankschließfach aufbewahren können und die als Zahlungsmittel weltweit akzeptiert werden – auch im Fall des Super-GAUs, in dem das Papiergeld nichts mehr wert sein könnte.

Die Vorteile von Anlagen in physische Edelmetalle:

- ⑥ + Steuerfrei nach Ablauf der Spekulationsfrist von einem Jahr
- ⑥ + Edelmetalle unterliegen keiner Inflation, da sie nicht künstlich vermehrt werden können
- ⑥ + Edelmetalle dienen seit Jahrtausenden als Wertaufbewahrungsmittel, sind krisensicher und wertstabil
- ⑥ + Edelmetalle werden von Banken überall auf der Welt als Zahlungsmittel und Tauschwährung akzeptiert

Geprägtes Gold statt gedrucktes Geld

Investieren Sie also zumindest einen Teil Ihres Vermögens in Edelmetalle. Nicht unbedingt taktisch, also im Hinblick auf eine Renditeoptimierung. Vielmehr ist dieses Kapital strategisch einzusetzen, nämlich für den Fall steigender Inflationsraten oder schlimmerer Ereignisse wie Systemzusammenbrüche, Staatsbankrotte oder Währungsreformen.

Wenn es ganz schlimm kommt, bleiben nur physische Edelmetalle. Im schlimmsten Fall, wenn also beispielsweise eine Enteignung oder ein Goldverbot eintritt, sind sogar diese Produkte nicht empfehlenswert. Dann bleibt nur eines: Sie müssen Ihr Gold physisch lagern und anonym beziehungsweise diskret erwerben. Auch hierfür kann ich Ihnen einige gute Adressen empfehlen.

Legen Sie sich Ihre Bi-Metallstrategie zurecht

Kaufen Sie aber nicht nur Gold, sondern fahren Sie zumindest zweigleisig mit einer Bi-Metallstrategie. Nutzen Sie also Gold und Silberinvestments gleichermaßen für Ihr Sachwert- und Vermögensmanagement. Neben den grundlegenden Edelmetallen sind auch Platin und Palladium interessant. Nichts spricht meines Erachtens gegen eine Tri- und Tetra-Metallstrategie. Beachten Sie vor allem auch das gigantische Marktsegment der strategischen Metalle. Ich empfehle Ihnen, grundsätzlich breit zu streuen und als Beimischung für den Edelmetallanteil in Ihrem Vermögensmanagement auch in Platin und Palladium zu investieren.

Langfristig ist Gold ein sicherer Hafen, wie uns die Geschichte lehrt. Vor allem in Krisenzeiten interessieren sich Anleger für das Edelmetall. Für viele ist die derzeitige Situation eine solche Krise: Die Weltwirtschaft ist in einer schwierigen Phase und die politisch instabile Situation in verschiedenen Regionen belastet uns täglich. Hier liegt die Grundlage für die nächste Goldrallye. Aber auch Silber erlebt derzeit wieder eine Renaissance. Silber avanciert immer mehr zu einem hochattraktiven Edelmetall für Investitionen und für eine strategische Kapitalanlage zur Krisenvorsorge. Silber besitzt natürlich nicht den Status von Gold und wird – noch – nicht als Krisenwährung angesehen. Genau hier liegt aber die große Chance für Silber.

Prognosen für Gold und Silber!

Gold: Ich persönlich bin der Meinung, dass wir mittelfristig (auf Sicht von zwei bis fünf Jahren) Goldpreise um 2.000 US-Dollar sehen werden. Bei einer weiteren dramatischen Verschärfung der Krise glaube ich zudem, dass der Goldpreis (in US-Dollar) auch den DAX (in Indexpunkten) überholen kann! Bei einer Währungsreform – die so unwahrscheinlich nicht mehr ist – werden die Edelmetalle nach meiner Überzeugung deutlich zulegen und sind daher ein ideales Absicherungsinstrument.

Silber: Im November 2008 notierte das zweitwichtigste Edelmetall auf einem vorläufigen Tief von knapp 9 US-Dollar; seitdem lässt sich jedoch ein klarer Aufwärtstrend beobachten, der von hohen Schwankungen begleitet wird. Der Weg nach oben ist aus meiner Sicht frei – vor allem im Hinblick auf das gesamtwirtschaftliche Umfeld und die Gefahr des Kollapses unserer Banken- und Währungssysteme.

Gold, Silber, Palladium und Platin als Barren oder Münzen

Wenn Sie sich im Edelmetallmarkt engagieren möchten, bietet sich Ihnen eine große Auswahl. Sie reicht von einem Metallkonto (Achtung! Einige sind nicht physisch hinterlegt!) über Optionsscheine oder im Allgemeinen derivative Instrumente auf Edelmetalle, Zertifikate beziehungsweise Edelmetallfonds oder Goldminenaktien bis hin zu physischem Gold, Silber, Palladium oder Platin in Form von Barren oder Münzen. Alle – nicht physisch hinterlegten – Papiergoldprodukte wie Zertifikate sind nicht empfehlenswert. Das klassische Gold-Investment ist der Kauf von Goldbarren oder Münzen. Goldbarren werden entweder in Gramm oder in Unzen gemessen.

Die gebräuchlichste internationale Einheit bei Barren ist die Feinunze. Das sind 31,1 Gramm. In Deutschland werden die Barren häufig in Gramm angeboten. Hier reicht das Angebot von 5 bis 1.000 Gramm. Bei Goldbarren, die in Unzen gemessen werden, geht die Stückelung von einer viertel Unze bis zu 100 Unzen. Physisches Gold kann beispielsweise in einem Bankschließfach aufbewahrt werden.

Physische Edelmetalle sind abgeltungsteuerfrei!

Nach meiner Einschätzung und der derzeitigen Steuergesetzgebung sind alle Wertpapierprodukte auf Edelmetalle – auch wenn diese physisch hinterlegt sind – bei einem Kauf nach dem 31.12.2008 nicht mehr abgeltungsteuerfrei. Alle physisch erworbenen Edelmetalle, die nicht über Wertpapiere (Zertifikate, Fonds, ETFs, ETCs) verbrieft sind, bleiben jedoch nach Ablauf der Spekulationsfrist von einem Jahr steuerfrei. Allerdings halte ich hier eine steuerliche Änderung für sehr wahrscheinlich.

Gerade in der Schweiz gibt es Banken, bei denen Sie sich Edelmetalle – physisch – in Form von Barren oder Münzen in Ihr Wertpapierdepot einbuchen lassen können. Dadurch, dass diese physischen Werte keine Wertpapiere sind, fallen Münzen und Barren auch bei einer Anschaffung nach dem 31.12.2008 nicht unter die Abgeltungsteuer. Nach Ablauf der Spekulationsfrist von einem Jahr sind Kursgewinne mit physischen Edelmetallen weiterhin steuerfrei.

Anlagegold ist in Deutschland, Österreich und natürlich auch in der Schweiz mehrwertsteuerfrei. Auch die gängigen Anlagegoldmünzen wie Krügerrand, Maple Leaf, Britannia, Wiener Philharmoniker, American Eagle usw. sind mehrwertsteuerfrei. Bei historischen Goldmünzen trifft dies nicht unbedingt zu; hier sollten Sie sich im Einzelfall informieren.

Tipp: www.goldseiten.de

Für weiterführende Informationen rund um das Thema Edelmetalle/Rohstoffe mit vielen kostenlosen Nutzungsmöglichkeiten empfehle ich Ihnen das umfangreiche und fachlich sehr fundierte Internetportal von www.goldseiten.de

2
Kauf und Lagerung Ihrer Edelmetalle in Eigenverwahrung

Empfehlenswerte Goldmünzen

Deutsche Gold-Euros sind nur sehr bedingt für Ihre Sachwert-Anlage geeignet, da diese mehr Sammler- als Anlagemünzen sind. Meine Favoriten sind schon allein wegen der weltweiten Akzeptanz der Krügerrand und der Maple Leaf. Auch hier gilt: Je nach Höhe Ihres Kapitalbudgets, das Sie in physischen Edelmetallen veranlagen möchten, sollten Sie unterschiedliche Edelmetallwerte kaufen. Details zu den empfehlenswertesten Anlagemünzen, auf die Sie sich bei Ihren Investitionen konzentrieren sollten, finden Sie im Teil Numismatik/Münzen.

Mein Top-Tipp für Sie

Aktuelle An- und Verkaufspreise der unterschiedlichsten Edelmetallhändler finden Sie auf der Website www.bullionpage.de. Auf dieser sehr empfehlenswerten Internetseite finden Sie über 3.000 tagesaktuelle Edelmetall-Schalterkurse für Münzen und Barren.

Eigenverwahrung

Wenn wirklich eine dramatische Krise kommen sollte, bringt es natürlich wenig, wenn Sie dann all Ihre Edelmetalle an einem sicheren Ort in Kilobarrenform verwahrt haben. Diese Lagerorte sind geeignet für die Zeit nach der Krise; wenn eine mögliche Währungsreform vorüber ist und die politischen und wirtschaftlichen Systeme wieder stabil sind.

Dann können Sie Ihre mobilen Edelmetalle in die neue Währung zurücktauschen, wie immer diese auch lauten mag. Aber für die Zeit in der Krise rate ich Ihnen, auch einen »Handbestand« an Edelmetallen als Tauschwährung bereitzuhalten: einige Silbermünzen beispielsweise und vor allem in der ganzen Welt bekannte und akzeptierte Goldmünzen wie beispielsweise den Krügerrand.

Sie sollten Ihre Edelmetalle an mehreren Orten lagern!

Einen kleinen Teil beispielsweise zu Hause im Safe, einen weiteren Teil im Bankschließfach (durchaus auch bei Banken in unterschiedlichen Ländern), einen Teil über Anbieter wie BullionVault oder GoldMoney, einen weiteren Teil über das Xetra-Gold-Modell, die Schweizer Edelmetall-ETFs oder auch in einem Zollfreilager in der Schweiz.

Der Edelmetallkauf über **www.proaurum.de** ist aufgrund der guten Konditionen sehr zu empfehlen. Ebenso halte ich die physische Lagerung im Zollfreilager in der Schweiz für eine ideale Ergänzung sicherheitsbewusster Anleger in ihrem persönlichen Krisenvorsorgemanagement.

pro aurum

pro aurum ist ein privates Handelshaus für Edelmetalle und hat als erstes Handelsunternehmen in Deutschland im April 2005 einen Onlineshop für physisches Gold eröffnet. Es folgte im Mai 2005 die Eröffnung des Handelshauses in Berlin und zu Beginn des Jahres 2008 die Eröffnung weiterer Handelshäuser in Bad Homburg, Wien und Zürich. Im Elitereport »Die Elite der Goldexperten« (für den ich übrigens auch als Korrespondent und Bankentester tätig bin) zählt das Unternehmen in den deutschsprachigen Ländern zu den führenden Edelmetallhändlern. Ob Verkauf oder Ankauf von Edelmetallen, numismatische Fragestellungen und Münzbewertungen, ob Zollfreilager oder modernste Tradingtools im Internet – dem Edelmetallhandel stehen alle Wege offen. Mit dem innovativen Online-Portal **www.proaurum.de** handelt das Unternehmen Gold, Silber und weitere edle Metalle in allen gängigen Gattungen und Stückelungen. pro aurum bietet zudem eine der umfassendsten Produktpaletten des Edelmetallhandels im deutschsprachigen Raum an.

Das Zollfreilager in der Schweiz

pro aurum bietet auch über das Zollfreilager in Zürich die steuerfreie Lagerung Ihrer Edelmetalle. Dieses Zollfreilager ist praktisch Ihr legales, sicheres Steuerparadies in der Schweiz. Die Steuerfreiheit bezieht sich dabei sowohl auf den Zoll, die Mehrwertsteuer als auch auf die Abgeltungsteuer.

Die Einlagerung besteht so lange, wie Sie es wünschen. Allerdings beträgt der Mindesteinlagerungswert für Gold 30.000 Euro. Auf Wunsch haben Sie sofortigen Zugriff auf Ihre eingelagerten Edelmetalle. Eine Auslieferung ist jederzeit nach Terminvereinbarung möglich. Auch eine Auslieferung per Werttransport können Sie veranlassen. Ein halbjährlicher Depotauszug hält Sie über den aktuellen Bestand auf dem Laufenden. Die von Ihnen gekauften Edelmetalle sind als physische Barren und Münzen stets zu 100 Prozent real vorhanden. Dies bestätigt Ihnen ein jährliches Testat durch einen unabhängigen Schweizer Wirtschaftsprüfer. Das Gute ist, dass Ihre Werte während der gesamten Lagerzeit versichert sind. Die Lagerpreise orientieren sich am Einlagerungswert Ihrer Edelmetalle. Beim Gold zahlen Sie beispielsweise auf einen Sachwert zwischen 30.000 und 60.000 Euro jährlich 0,75 Prozent an Lagergebühren. Für Silber, Platin und Palladium werden in dieser Größenordnung 2 Prozent Lagerkosten fällig. Je höher der Einlagerungswert ist, desto niedriger werden die prozentualen Gebühren. So betragen die Lagerkosten bei Goldwerten von über 600.001 Euro jährlich nur noch 0,4 Prozent. Die Berechnung erfolgt mit dem durchschnittlichen Tageskurs im Abrechnungszeitraum. Die Rechnung erfolgt halbjährlich per Ende Juni und Ende Dezember.

Kontaktdaten

pro aurum GmbH & Co. KG
Josef-Wild-Straße 12
81829 München
Telefon: 089 444584-0
E-Mail: info@proaurum.de
www.proaurum.de

Hamburger Sparkasse

Wo es sinnvoll ist, berücksichtige ich immer auch regionale Aspekte. So halte ich in Norddeutschland den Edelmetallservice der Hamburger Sparkasse (Haspa) für sehr empfehlenswert. Die Haspa ist die marktführende Bank in der Metropolregion Hamburg (Tel.: 040 3579-3743) und bietet auch umfangreiche Dienst- und Serviceleistungen im Bereich der Edelmetalle. Auf der Internetseite oder per Faxabruf unter Fax-Nr. 040-3579-37 94 können Sie täglich eine aktuelle Preisliste von Barren und Goldmünzen einsehen. Weiterführende Informationen finden Sie unter **www.haspa.de**.

Einkaufsgemeinschaft für Gold und Silber GbR

Die Einkaufsgemeinschaft für Gold und Silber GbR ist eine private Vermögensverwaltung in Gerstetten (Tel.: 07323 9201392). Gesellschaftszweck ist der gemeinsame Ein- und Verkauf von physisch existierenden Gold-, Silber-, Platin- und Palladiumbarren sowie deren Verwaltung und Verwahrung. Der Gesellschaftsvertrag lehnt sich an die Mustersatzung an, die von der Deutschen Schutzvereinigung für Wertpapierbesitz e. V. (DSW) empfohlen wird. Die GbR stellt eine sinnvolle Alternative für Investoren dar, die kostengünstig in physischem Gold, Silber, Platin und Palladium anlegen möchten. Da die interne Abrechnung zwischen den Metallen getrennt ist, erscheint mir die Aufteilung der Investments auf die Gesellschafter sehr gut organisiert. Alle weiterführenden Informationen finden Sie unter **www.goldsilber.org**.

Ich halte dieses Modell vor allem für weit geeigneter als viele »Gold- oder Silbersparpläne«, die häufig hohe Kosten verursachen oder deren Anbieter teilweise sehr fragwürdig sind. Hier wird lediglich eine jährliche Administrationsgebühr von 1,5 Prozent (seit Juni 2009) erhoben. Das ist absolut fair. Die Rechtsform der deutschen GbR beurteile ich durchaus kritisch, aber als zusätzliche Diversifikationsmöglichkeit ist dieses Konzept durchaus geeignet. Mittlerweile werden auch Technologie-Metalle (strategische Metalle) unter: www.technologiemetalle.org angeboten.

Westgold

Geschäftsführer der Westgold GmbH & Co. KG in Lindhorst ist Martin Siegel (Tel.: 05725-706855), ein ausgewiesener Goldmarktexperte. Zwischen 1993 und 1998 verfasste er acht Bücher über den Goldmarkt und über Goldminenaktien. Er war zwischen 1988 und 2008 Herausgeber der Zeitschrift »Der Goldmarkt«, wurde mehrfach als Berater des PEH-QGoldmines Fonds ausgezeichnet und ist bekannt durch zahlreiche Vorträge, Artikel in Zeitschriften und TV-Interviews. Heute berät er den Stabilitas Pacific Gold + Metals Fonds. Vor allem die Kombination aus Expertenwissen, Research und Goldhandel unterscheidet diesen Anbieter von reinen Online-Edelmetall-Händlern. Sein Tagesbericht auf seiner Internetseite: www.goldhotline.de ist empfehlenswert. Weiterführendes unter **www.westgold.de**.

Bullion Art

Bullion Art in München (Tel.: 089-335501) kombiniert die Bereiche Kunst und Edelmetalle. Diesen Anbieter empfehle ich nicht unbedingt für den strategischen Kauf von Silber oder Edelmetallen – aber natürlich hat Kunst als Kapitalanlage eine Berechtigung. Wer weiß, vielleicht steigen die Sammlerwerte für diese Edelmetall-Skulpturen eines Tages weit mehr als die reinen Materialpreise. Ihre Gewinne daraus sind steuerfrei, sofern Sie die Skulptur länger als ein Jahr besitzen. Weiterführendes finden Sie unter: **www.bullion-art.com.**

Meine weiteren Top Empfehlungen für seriöse Edelmetallhändler in aller Kürze

⑥ www.mp-edelmetalle.de

⑥ www.geiger-edelmetalle.de

⑥ www.coininvestdirect.com

⑥ www.castellgold.de

⑥ www.anlagegold24.de

⑥ www.ophirum.de

⑥ www.gold-super-markt.de

In nachfolgenden Beiträgen folgen zu einzelnen Edelmetallhändlern noch weiterführende Berichte und Empfehlungen.

3
Wie groß sollte der Edelmetall-Notvorrat im Direktzugriff sein?

Bei der klassischen Kapitalanlage unterscheidet man ganz grundlegend zum einen zwischen der sogenannten strategischen Asset Allocation, was die Verteilung Ihres Vermögens auf unterschiedliche Anlageklassen bedeutet – zum Beispiel Aktien, Anleihen, Rohstoffe oder Immobilien. Zum anderen gibt es die taktische Asset Allocation, mit der die Kauf- und Verkaufszeitpunkte der einzelnen Anlageklassen oder die gezielte Einzeltitelauswahl gemeint sind. Abgeleitet davon, rate ich Ihnen, ganz bewusst in der Anlageklasse der physischen Edelmetalle eine derartige Aufteilung vorzunehmen.

Ich lese täglich unzählige Empfehlungen im Bereich der Edelmetallmärkte. Fast alle »Experten«, die beispielsweise von einer dramatischen Krise ausgehen, raten, Edelmetalle im direkten Zugriffsbereich zu halten, also im Keller oder gar im Garten zu vergraben.

Ich empfehle Ihnen das genaue Gegenteil. Wenn eine wirklich schlimme Krise kommen sollte, was ich nicht hoffe, dann sollten Sie froh sein, die wesentlichen und großen Teile Ihrer Edelmetallanlagen an einem entfernten, sicheren Ort verwahrt zu wissen – am besten natürlich an mehreren Orten.

Einen gewissen Handbestand oder Notvorrat können Sie natürlich direkt bei sich zu Hause oder in Ihrem nahen Umfeld verwahren. Das ist auch psychologisch wichtig. Je nach Höhe Ihres Vermögens beziehungsweise Ihrer Edelmetallanlagen rate ich Ihnen jedoch, nicht mehr als 10 bis 20 Prozent Ihrer Edelmetall-Vermögenswerte direkt zu Hause zu verwahren.

Strategische physische Edelmetalle als Wertaufbewahrungsmittel	**Taktische physische Edelmetalle als Tauschmittel**
Edelmetallinvestitionen über Schließfächer im Ausland, indirekte Lagerstellen im Ausland wie Schweizer Edelmetall-ETFs, Liechtensteiner Edelmetall-Fonds oder die Kapitalschutz Real-Wert Police für die Zeit NACH einer schweren Krise.	Barren und Anlagemünzen in Eigenverwahrung als Handbestand mit einer direkten, unmittelbaren Zugriffsmöglichkeit im Bedarfsfall als Notvorrat in der Umgebung des Wohnortes und Lebensmittelpunktes für die Zeit IN einer schweren Krise.
Rund 80–90 Prozent Ihres Edelmetall-Vermögens	Rund 10–20 Prozent Ihres Edelmetall-Vermögens

Die physische Edelmetall-Verteilung

4
Lagerungen bei einer Bank: Das Edelmetalldepot ist eine perfekte Alternative

Wenn Sie sich nicht mit Barren oder Münzen in Ihrem Bankschließfach oder Ihrem Haus belasten wollen, gibt es Alternativen für Sie. Eine davon ist das sogenannte Gold- oder Edelmetalldepot. Hier zahlen Sie als Investor auf Ihr Konto ein und können dann Barren oder Münzen direkt in Ihr Depot einbuchen lassen. In diesem Fall wird Ihnen das Gold also nicht ausgehändigt, sondern Ihr Edelmetalldepot funktioniert dabei ähnlich wie ein Fremdwährungskonto. Die Bank, bei der das Depot geführt wird, erwirbt den Goldbestand für Sie als Kunden. Auf Wunsch können Sie sich natürlich die erworbenen Münzen oder Barren auch ausliefern lassen. Haben Sie Barren oder Münzen schon physisch zu Hause oder in einem Schließfach, können Sie diese auch von den Banken ankaufen und dann in Ihr Depot einbuchen lassen.

Mein Tipp: Lassen Sie sich Anlagemünzen in Ihr Depot buchen!

Anlagemünzen sind im Prinzip Barren in Münzform. Die erste erschien im Jahre 1967, drei Jahre später begann die Massenprägung des Krügerrands in großen Stückzahlen. In den 1980er-Jahren folgten andere Länder, die zudem einen Nennwert aufprägten. Mit einem Gesamtanteil von circa 50 Prozent ist der Krügerrand Marktführer. Der Krügerrand hat einen minimalen Preisabschlag, der aus der Historie her begründet ist, der Panda (chinesische Anlagemünze) einen kleinen Aufschlag. Sind andere Metalle (zum Beispiel Kupfer) dem Gold als Legierung beigemischt, erhält die Münze ihre charakteristische Färbung (beispielsweise Krügerrand, Britannia, American Eagle). Legierungen erhöhen aber auch die Festigkeit einer Goldmünze. Sie ist daher weniger anfällig gegen Kratzer. Gängige Größen sind ¼ Unze, ½ Unze und 1 Unze, wobei generell gilt: Je kleiner eine Münze, desto höher ist der Aufpreis zum Gold, also kaufen Sie am besten große Einheiten beim Gold ab einer Unze und beim Silber ab einem Kilo. Ich rate ebenso dazu, die Edelmetalldepots bei unterschiedlichen Banken, gerade auch im Ausland, zum Beispiel in der Schweiz oder Liechtenstein zu führen!

Viele Liechtensteiner und Schweizer Banken bieten physische Edelmetall-Einbuchungen in Wertpapierdepots an.

Bankhaus Jungholz

Mein Favorit ist das Genossenschaftliche Bankhaus Jungholz in St. Gallen in der Schweiz (www.bankhaus-jungholz.ch). Nachfolgende Produkte können Sie hier beispielsweise absolut sicher und abgeltungsteuerfrei in Ihr Wertpapierdepot einbuchen lassen:

Gold-, Silber-, Platin- und Palladium-Barren

⑥ Goldbarren 250 Gramm

⑥ Goldbarren 1.000 Gramm

⑥ Silberbarren 1.000 Gramm

⑥ Platinbarren 100 Gramm

⑥ Platinbarren 500 Gramm

⑥ Palladiumbarren 500 Gramm

⑥ Palladiumbarren 1.000 Gramm

Anlagemünzen Gold

- 1 Unze Känguru/Nugget
- 1 Unze Maple Leaf
- 1 Unze Britannia
- 1 Unze Philharmoniker
- 1 Unze Krügerrand
- 1 Unze American Eagle
- 1 Unze Panda

Silber

- 1 Kilogramm Lunar (30 Australische Dollar Drache, Schwein, Hund oder Pferd)
- 1 Kilogramm Kookaburra
- 1 Kilogramm Panda (300 Yuan)

Sammlermünzen (historische Münzen):

- 100 Österreichische Kronen (Gold)
- 20 Österreichische Kronen (Gold)
- 2000 Schilling (Gold)
- 20 Schweizer Franken Vreneli (Gold)
- 4er Dukaten Österreich (Gold)
- 1er Dukaten Österreich (Gold)

Weitere Edelmetall-Gattungen auf Anfrage bei der Bank!

Das attraktive Gold-Depot in Österreich mit Sparplanmöglichkeit: das »Partner Bank GOLD DEPOT«

Ein weiterer empfehlenswerter Anbieter von Edelmetall-Depots ist die Partner Bank aus Österreich. Bei der Partner Bank können Sie Goldbarren der höchsten Qualität 999,9 Fine Gold, 24 Karat, mit »Good Delivery«-Qualitätsgarantie erwerben. Da der Wert des Goldes Schwankungen unterliegt, bietet die Partner Bank Anlegern auch die Möglichkeit, durch regelmäßigen Kauf kleinerer Goldmengen über einen längeren Zeitraum hinweg ein Golddepot aufzubauen. Mit diesem Gold-Sparplan können Sie als Anleger einfach und bequem physisches Gold erwerben und profitieren dabei von einem möglichen Cost-Average-Effekt: Bei niedrigen Kursen wird mehr Gold angekauft und bei hohen Kursen weniger.

Tipp

Ihr physisches Gold wird sicher in Tresoren in Österreich verwahrt. Als Anleger können Sie Ihr Gold ab einer Menge von 100 Gramm abholen. Ein versicherter Versand ist möglich. Das »Partner Bank GOLD DEPOT« zeichnet sich auch durch seine Transparenz aus. Den Wert Ihres Goldes können Sie als Depotinhaber online täglich aktuell einsehen. Als Anleger können Sie Ihr Gold jederzeit ganz oder teilweise verkaufen und sich den Erlös überweisen lassen.

Die Vorteile des »Partner Bank GOLD DEPOT« auf einen Blick

- + Physisches Gold als Sachwert für unsichere Zeiten
- + Kein Insolvenzrisiko bei Konkurs der Bank
- + Gold ist zu 100 Prozent physisch im Banksafe in Österreich verwahrt
- + Inflationsschutz
- + Gold höchster Qualität: 999,9 Fine Gold, 24 Karat
- + Gold-Sparplan ab 50 Euro monatlich
- + Einmalanlage ab 2.500 Euro
- + Kurzfristig verfügbar durch Verkauf oder Auslieferung (ab 250 g oder einem Vielfachen davon)
- + Mehrwertsteuerfrei
- + Wertsteigerungen ab einer Haltefrist von einem Jahr steuerfrei im Hinblick auf die Einkommen- beziehungsweise Abgeltungsteuer

Wer ist die Partner Bank?

Die 1992 gegründete österreichische Bank sieht sich – wie es der Name ausdrücken soll – als Partner für Anleger und Finanzdienstleister. Die

Partner Bank positioniert sich dadurch als Wertpapierspezialbank. Sie bietet Vermögensverwaltung für das breite Anlegerpublikum, und das schon mit geringeren Anlagebeträgen als bei anderen Banken üblich. Zusätzlich zur Funktion einer Depotbank hat sich die Partner Bank auf Vermögensverwaltungen für bereits geringe Anlagebeträge (10.000 Euro) in Form konzentrierter Portfolios – Aktien-, Fonds- und Anleihenkörbe – spezialisiert. Sie offeriert den Marktzugang, um Wertpapiere, wie Fondsanteile, Aktien, Anleihen und alternative Investments, zu handeln. Es können auch bestehende Depots übertragen werden.

Alle Wertpapiere können in einem Depot verwahrt und somit effizient und kostengünstig verwaltet werden. Die Partner Bank untersteht der österreichischen Bankenaufsicht FMA (Finanzmarktaufsicht) und hat circa 50 Mitarbeiter, die 15.000 Kunden betreuen. Mein persönlicher Eindruck von Service, Qualität und Kosten ist dabei sehr positiv.

Kostenübersicht des »Partner Bank GOLD DEPOT«

1. Verrechnungskonto Sollzinsen: 0 Prozent

Habenzinsen: 0 Prozent

Kontogebühr: keine

Versand-Pauschale 5 Euro p.a. (entfällt, wenn der Kunde den Online-Kundenservice nutzt: gesondert zu beantragen)

Online-Kundenservice: kostenlos

2. Depotkonto

Depotgebühr: 0,25 Prozent vom Kurswert per Quartalsultimo, zuzüglich Grundgebühr 5 Euro pro Quartal, zzgl. 20 Prozent Umsatzsteuer

Ankauf/Verkauf und Herausgabe von Gold

Kaufgebühren: 5 Prozent vom Kurswert

Verkaufsgebühren: 1,25 Prozent vom Kurswert

Herausgabe/Auslieferung: 1,25 Prozent vom Kurswert zzgl. Fremdspesen für Versand und Versicherung. Es gilt eine Mindestauslieferungsmenge von 100g und eine Auslieferungsstückelung von einem Vielfachen davon.

Fazit

Gerade beim Kauf kleinerer Mengen Gold (1-Gramm-Goldbarren) betragen die Aufschläge teilweise deutlich mehr als 30 Prozent auf den reinen Materialpreis. Auch Münzen von einer Unze haben noch Aufschläge von rund 10 Prozent auf den Materialpreis. Für mich ist das Angebot der Partner Bank vor allem wegen der Sparpläne sehr attraktiv, aber auch für den Kauf und die Lagerung kleinerer Mengen Gold.

Mit den Kosten von BullionVault oder GoldMoney kann die Partner Bank natürlich bei Weitem nicht mithalten, allerdings haben Sie dafür ein weiteres »System« und einen weiteren Anbieter, bei dem Sie einen Teil Ihrer Goldvorräte lagern können. Sollten Sie planen, größere Mengen Gold bei der Partner Bank zu kaufen, sollten Sie natürlich bei den Gebühren verhandeln. Für einen 1-Kilo-Goldbarren sollten Sie beispielsweise deutlich unter 2 Prozent Kaufgebühren bekommen.

Kontaktdaten

ÖSTERREICH
Zentrale Linz
Goethestraße 1 a
A-4020 Linz
Tel.: +43 732 6965-0
Fax: +43 732 6667-67
www.partnerbank.at

Goldhandel in Österreich bei der direktanlage.at

Die österreichische Wertpapieranlagebank direktanlage.at bietet ebenfalls den Kauf von Goldbarren an. Kunden können Barren im Feingewicht zwischen 50 und 1.000 Gramm erwerben. Das von den Anlegern gekaufte Gold wird dabei direkt und physisch in das Wertpapierdepot bei direktanlage.at eingebucht und erscheint tagesaktuell als eigene Position im Depotauszug.

Vorteile:

+ Attraktiv: niedrige Einstiegseinheit ab 50 Gramm
+ Täglicher Kurs erscheint auch im Anlagedepot
+ Sicher und physisch!
+ Abgeltungsteuerfrei nach Ablauf der Spekulationsfrist von einem Jahr

Tipp

Diese Dienstleistung, die nun auch von der direktanlage.at angeboten wird, halte ich für eine weitere hervorragende und sichere Lagermöglichkeit von Gold im Ausland. Für viele Anleger ist die niedrige Einstiegseinheit von 50 Gramm bei direktanlage.at sehr attraktiv. Bei direktanlage.at werden Barren mit 50, 100, 250, 500 und 1.000 Gramm angeboten. Alle Barren weisen den garantierten, eingeprägten Feingehalt von 999,9 Promille auf.

Kombination von Depotführung in Österreich und Lagerung in der Schweiz

Im Vergleich zu Münzen haben Goldbarren geringe Handelsspannen und preiswerte Präge- beziehungsweise Gusskosten. Auch hier gilt: Je größer der Barren, desto geringer wird die Handelsspanne! Kauf und Verkauf der Goldbarren können per Fax, Telefon oder in einer der sieben direktanlage.at-Filialen in Österreich erfolgen. Auf Wunsch können die Goldbarren dort auch ausgehändigt werden, dabei fallen jedoch Auslieferungsspesen an. Ansonsten erfolgt die physische Verwahrung als Sondervermögen bei einer Schweizer Großbank. Die von direktanlage.at gestellten Kurse, die auf www.direktanlage.at ersichtlich sind, sind tagesaktuelle Preise inklusive aller Kauf- und Verkaufspesen.

5 Physische Edelmetalle gegen Bargeld vor Ort oder online kaufen – Die besten Anbieter

Kaufen Sie Gold und Silber in Paketen

Beim Kauf von physischen Edelmetallen sollten Sie aus meiner Erfahrung nach wie vor spezialisierte Edelmetallhändler den Banken vorziehen. Diese haben meist Handelshäuser vor Ort und zudem einen Direktvertrieb über das Internet. Diese Synergieeffekte ermöglichen Ihnen in Kombination mit hohen Mengen deutliche Kostenvorteile. Ganz zu schweigen davon, dass die Produktpalette gegenüber der von Banken gebotenen meistens weitaus umfangreicher ist.

Einige Edelmetall-Shops haben fortlaufend sogenannte Investment-Pakete und attraktive Sonderaktionen in ihrem Angebot, die ich für sehr empfehlenswert halte. Hierbei handelt es sich meist um ein Sortiment von Anlagemünzen oder Barren, das mit einem attraktiven Mengenrabatt verbunden ist. Aktionsangebote aus diesem Bereich gibt es regelmäßig vor allem bei den sehr empfehlenswerten Internet-Anbietern: Anlagegold24 (www.anlagegold24.de) offeriert regelmäßig Gold & Silber-Investmentpakete, die oftmals erheblich günstiger sind als vergleichbare Angebote von Edelmetallhändlern oder Banken.

Gehen auch Sie auf Schnäppchenjagd!

Ich rate Ihnen, bei größeren Investitionsvorhaben in physische Edelmetalle, wie Gold und Silber, die Investmentpakete der Anbieter fortlaufend zu überprüfen und zu vergleichen.

Kaufen Sie Edelmetalle anonym!

Zudem ist es besser, wenn Sie physisches Gold und Silber anonym erwerben – vollkommen legal natürlich. Sie wissen ja: Reden ist Silber und Schweigen ist Gold. Diskretion ist in diesem Bereich absolut empfehlenswert. Vor allem dann, wenn Sie Gold oder Edelmetalle als strategische Krisenvorsorge vor möglichen Systemrisiken oder staatlichen Enteignungstendenzen in der Zukunft betrachten. Bis zu einem Betrag von 15.000 Euro Gegenwert ist im Rahmen des Geldwäschegesetzes ein anonymer Barverkauf europaweit und somit natürlich auch in Deutschland möglich. Diesen Kauf können Sie auch in Tranchen mehrmals wiederholen oder auf nahestehende Personen (Ehefrau, Kinder) verteilt durchführen.

Gerade bei Anlagegold24 habe ich hierbei sehr positive Erfahrungen gemacht. Beispielsweise ist dort ab einem Bestellwert von 5.000 Euro eine Abholung der Ware (Gifhorn bei Wolfsburg) nach vorangegangener Terminabstimmung problemlos möglich.

Am flexibelsten ist aus meiner Sicht jedoch pro aurum (www.proaurum.de) mit Niederlassungen in München, Berlin, Dresden, Bad Homburg, Wien und Zürich. Dort finden Sie alles für den anonymen Erwerb von Edelmetallen – oder besser gesagt: den Tausch von Papiergeld in Hartgeld vor Ort – vollkommen diskret und anonym bis 15.000 Euro, ohne dass Sie einen Ausweis vorlegen müssen. Auch pro aurum bietet fortlaufende, ausgewählte und meist immer zeitlich begrenzte Sonderaktionen von unterschiedlichen Edelmetall-Produkten.

Die Hauptvorteile des physischen Online-Goldhandels ohne Auslieferung

- Wenn Sie Goldbarren aus einem professionellen Tresor entnehmen, verlieren diese gleich einen Teil ihres Weiterverkaufspreises, da ihre Integrität (Echtheit der Goldbarren, Zertifizierung) nicht mehr garantiert werden kann.
- Außerhalb dieser zertifizierten Sicherheitsstruktur können Sie keine Goldbarren in Ihren physischen Besitz nehmen oder weiterverkaufen und sicher sein, dass Ihre Goldbarren unfrisiert (nicht bearbeitet) sind. Obwohl es nicht oft der Fall ist, werden manche Goldbarren im Pri-

vatbesitz »umbearbeitet«. Bei BullionVault haben Sie die Sicherheit, dass dies nicht der Fall ist.

- Das häufigste Gewicht von Goldbarren auf dem professionellen Goldmarkt ist 400 Feinunzen (circa 12,5 Kilo). Wenn eine Feinunze 1200 Euro kostet, ist solch ein Barren 480.000 Euro wert. Die Fabrikationskosten steigen erheblich bei kleineren Einheiten und reduzieren den Weiterverkaufswert.
- Die Goldzulieferung ist bei einem Mengenwert von weniger als 300.000 Euro nicht besonders rentabel.
- Die Versicherungskosten von Gold im Privatbesitz sind wesentlich höher.
- In Krisenzeiten sind Handel und Transport von Gold nicht immer leicht, wenn überhaupt möglich. Es ist viel gewinnbringender, im Ausland aufbewahrtes Gold zu verkaufen und, wenn nötig, den Ertrag (in welcher Währung dann auch immer) zurückzuführen. Eventuell auch erst nach der Krise. Gold ist für mich nämlich vor allem ein Wertspeicher in einer möglichen dramatischen Krise.

Online-Anbieter von physischem Gold

1. BullionVault

Mein Top-Favorit Nr. 1 für Gold und Silber in London, New York oder Zürich. Der Anbieter BullionVault ermöglicht es Ihnen, Gold und Silber zu den allerniedrigsten Preisen zu handeln und international zu verwahren. Ich habe nun BullionVault seit langer Zeit mit realem Geld getestet und bin von dem Service, den Funktionen, den Kosten und dem Gesamtpaket absolut beeindruckt. Meine praktische Erfahrung mit diesem Anbieter hat bei mir übrigens mit dazu beigetragen, dieses Segment des physischen Edelmetallhandels überhaupt mit in meine Empfehlungen aufzunehmen. Ich habe vor nicht allzu langer Zeit beispielsweise immer noch eher davon abgeraten, physische Edelmetall-Investitionen auf diese Art umzusetzen – mittlerweile bin ich aber ein Befürworter dieser Strategie geworden.

Worum geht es bei Bullion Vault?

Nach wie vor ist es gerade für Privatanleger oftmals sehr schwer, Gold einfach, sicher und preiswert zu kaufen, zu verwahren und auch wieder zu verkaufen. Das Hauptproblem liegt in der Höhe der nötigen Investition, um die besten Preise ohne enorm hohe Aufschläge von teilweise mehr als 40 Prozent auf den reinen Materialpreis zu bekommen. Hier bietet BullionVault den optimalen Service. Ihr Gold wird in professionellen Tresoren in London, New York oder Zürich von der Schweizer Firma ViaMat aufbewahrt. Ihre Kosten (inklusive Versicherung) sind dabei sehr gering – und Sie müssen keine Extrakosten für Barrenfabrikation und Versand bezahlen. Das Gold ist gänzlich Ihr Eigentum. Ihr Gold wird nicht als Haftung in einem Goldkonto aufbewahrt und es gibt keine Vermittler. Das von Ihnen angekaufte Gold kann bei einer Insolvenz von BullionVault nicht zur Zahlung der Gläubiger benutzt werden. Die Preise sind transparent.

Garantierte Qualität

Das Gold, das Sie über BullionVault kaufen, ist von garantierter Qualität, da es in autorisierten Tresoren gelagert wird. Bevor BullionVault die Barren kauft, wird von einem sogenannten autorisierten Veredler der Reinheitsstandard (> 99,5 Prozent) geprüft. Dies ist ein formeller Prozess, mit dem das Gewicht und die Feinheit eines Goldbarrens festgestellt werden. Jeder Goldbarren wurde von zertifizierten Mitgliedern des Goldmarkts gekauft und geliefert und wird in zertifizierten Tresoren für Edelmetalle gelagert. Dank der Zustimmung zu diesen strengen Marktprozeduren behalten die Barren ihren »Good Delivery«-Status bei.

Tipp

Dies bedeutet, dass professionelle Marktkäufer, die die besten Preise bezahlen, diese Barren annehmen werden, was bei aus dem Privatbesitz stammenden Barren nicht der Fall ist.

Abb. 16: Ein Londoner „Good Delivery"-Goldbarren / Quelle: www.bullionvault.de

Die öffentliche Ordermaske im Internet (Auftragspaneel) BullionVault (BV) kauft Ihre Goldbarren direkt auf dem professionellen Goldmarkt. Sobald von ViaMat die Bestätigung kommt, dass sich die Goldbarren im Tresor befinden, addiert BV das Feingewicht der neuen Goldbarren zum Bestand. Danach verteilt BV das Eigentum des Goldes an seine Kunden, indem die aktuellen Preise auf dem öffentlichen Auftragspaneel übersichtlich und transparent angezeigt werden. Sowohl die Kunden als auch BV selbst haben direkten Zugang zu dieser Ordermaske. Hier handeln Sie somit Gold im offenen und fairen Wettbewerb. Dies ist ein sehr wichtiger Teil der Website und für mich einzigartig.

Vorteile dieser Vorgehensweise

- Wenn andere Kunden zu einem Preis verkaufen möchten, der niedriger als der BullionVaults ist, werden Sie als Käufer automatisch zu deren Angebot weitergeleitet.
- Wenn niemand zu Ihrem angegebenen Ankaufspreis verkaufen möchte, können Sie einen höheren Ankaufspreis anbieten, damit die Spanne zwischen den Ankaufs- und den Verkaufspreisen kleiner wird. Sie

können durch Ihr Angebot diese Spanne aller anderen Kunden auch verkleinern.

- Wenn Ihr Verkaufspreis niedriger ist als der von anderen Kunden, werden Sie der billigste Goldanbieter. Andere Käufer werden direkt von Ihnen kaufen: So fällt der Vermittler (Edelmetallhändler, Bank) aus und Ihre Kosten werden nochmals reduziert.
- Wenn Sie direkt von einem anderen Kunden Gold kaufen, brauchen Sie sich um dessen Qualität keine Sorgen zu machen, da Ihr Gold niemals die Tresore von ViaMat verlassen hat. Die Qualität ist immer noch garantiert.
- Sie können auch gleichzeitig An- und Verkaufsangebote auf dem Auftragspaneel (Ordermaske) angeben und dadurch in der Praxis ein professioneller Kleinhändler ohne Unkosten sein.

Währungen

BullionVault ist ein Multiwährungssystem. Sie können beliebig eine der drei verfügbaren Währungen (US-Dollar, Euro und Pfund) benutzen und damit handeln.

Einzigartige Serviceleistungen und Vorteile:

- Chart: Sie haben einen freien Zugang zum interaktiven Chart der Goldpreise in Echtzeit!
- Kontrolle: Sie haben Zugang zur Abgleichung des Kundeneigentums, das online verfügbar ist. Durch diesen einzigartigen Teil des Systems können Sie nachprüfen, dass BV präzise, übersichtliche und aktuelle Belege zum Gold- und Geldeigentum aller Kunden führt. Das ganze Eigentum von Gold und Geld wird anonym entsprechend den gewählten Kurznamen angezeigt. Hier können Sie kontrollieren, dass Ihr Eigentum als Teil aller Konten bei BV dem Bruttoauszug entspricht, den BV täglich von seinen Banken und Tresorverwaltern bekommt
- Orderlimits: Nach der Anmeldung wird auf der rechten Seite Ihr persönliches Auftragspaneel angezeigt. Hier können Sie Ihre eigenen An- und Verkaufspreise für Gold angeben und Ihre noch nicht ausgeführten Aufträge verwalten. Sie können hier den kompletten Verlauf Ihrer Aufträge anzeigen lassen, ebenso Ihren aktuellen Kontoauszug.

Ein Konto bei BullionVault zu eröffnen ist sehr einfach. Dazu brauchen Sie sich nur auf der Website **www.bullionvault.de** zu registrieren. Dafür bekommen Sie gratis und unverbindlich 1 Gramm Gold gutgeschrieben. Nachdem Sie sich registriert und angemeldet haben, können Sie zu den Seiten navigieren, um Ihren Saldo, Ihre Transaktionen und Ihre Einstellungen zu überprüfen, und Sie können die Systeme bereits ausgiebig testen.

- Sie sind keinem Kredit- oder Emittentenrisiko ausgeliefert. Im Normalfall wird das Gold jedoch nicht den Käufern geliefert, was nachfolgende Vorteile mit sich bringt:

Sicherheit und Versicherung

Das Personal von BullionVault hat keinen physischen Zugriff auf Ihr Gold. Es wird kontinuierlich in zugriffbeschränkten und namentlich genannten BullionVault-Fächern in einem von ViaMat verwalteten Tresor aufbewahrt. Die Barrenlisten, die von ViaMat ausgestellt sind, werden jeden Werktag mit dem Saldo der Kunden BullionVaults (anonym) abgeglichen und gleich auf BullionVaults Website veröffentlicht. Sie können die Listen jederzeit abrufen und kontrollieren, dass Ihr persönliches Eigentum sicher in dem von Ihnen gewählten Tresor gelagert ist. Ihr Gold ist versichert und die entsprechenden Kosten sind in den Lagerungskosten inbegriffen. Ihr Konto hat einen eigenen »Diebstahlalarm«: Wenn dieser aktiviert ist, wird Ihnen bei bestimmten Operationen wie Anmelden, Kaufen und Verkaufen eine SMS-Nachricht gesendet.

Tipp

Ihr Geld kann nur von Ihrem Original-Bankkonto abgebucht werden, von dem Sie Geld in Ihr Konto bei BullionVault einbezahlt haben. Dieser Verfahrensablauf garantiert Ihnen eine wesentlich höhere Sicherheit, als Ihre Bank Ihnen garantieren könnte. Im Gegensatz zu Ihrer Bank überweist BullionVault Dritten kein Geld in Ihrem Namen.

Kosten

Bei BullionVault zahlen Sie eine Kommission und Lagerungskosten. Die Kommission fängt bei 0,8 Prozent an und wird bei höheren Beträgen bis auf 0,02 Prozent reduziert. Je mehr Sie handeln, desto mehr wird die Kommission reduziert. Das System zählt, wie oft Sie jedes Kalenderjahr gehandelt haben, angefangen von dem Tag und der Uhrzeit, an denen Sie sich bei BullionVault registriert haben. Sowohl Verkäufe als auch Käufe reduzieren die Kommission wie folgt:

Transaktionen	Summe aller Käufe oder aller Verkäufe bis jetzt pro Jahr	Kommissionsraten
Bis zu	30.000 $	0,8%
Danach bis	30.000 $	0,4%
Danach bis	540.000 $	0,1%
Danach		0,02%

Kostenstaffel bei BullionVault

Es gibt keine Mindestkommission. Wenn Sie es möchten, können Sie bei jeder Transaktion 1 Gramm Gold kaufen. Sie zahlen auch eine Lagerungsgebühr: Sie beträgt 0,12 Prozent und mindestens 4 US-Dollar im Monat (oder das Entsprechende in Euro oder Pfund). BullionVault erreicht diese enorme Kosteneffizienz durch Automation und nur wenige Angestellte.

Tipp

Wenn Sie also Gold im Wert von 40.000 US-Doller haben, zahlen Sie eine Lagerungsgebühr von nur 48 US-Dollar im Jahr inklusive Versicherung. 0,12 Prozent ist etwas mehr als die Lagerungskosten im Großhandel und wesentlich weniger, als alle ähnlichen Anbieter verlangen. Dies sind die wesentlichen Argumente, die meiner Begeisterung für BullionVault zugrunde liegen.

Der physische Silber-Handel bei BullionVault

Silber ist nicht nur ein Anlagemetall, sondern spielt als Industriemetall für viele Zukunftstechnologien eine wichtige Rolle. BullionVault als sichere und benutzerfreundliche Website für den professionellen, privaten, physischen Goldhandel bietet auch hier einzigartige Vorteile. Neukunden bekommen 1 Gramm Gold umsonst, das direkt in ihr Depot eingebucht wird. Für den Silberhandel brauchen Sie dazu kein zweites, getrenntes Konto zu eröffnen, außer wenn Sie ein Konto auf einen anderen Namen haben möchten, zum Beispiel im Namen einer Firma oder eines Vereins. Genauso wie das Gold ist das über BullionVault gekaufte Silber zugewiesen und Ihr Eigentum ab dem Augenblick, in dem Sie es kaufen. Der Handel wird sofort im Londoner Tresor durchgeführt (Zürich ist derzeit noch nicht möglich). Ihr Silbereigentum wird wie bei Gold am folgenden Werktag in der Tagesbilanz nachgewiesen.

Fünf wichtige Grundlagen für den physischen Silber-Handel bei BullionVault

Seit Jahresanfang 2010 bietet BullionVault nicht nur den Handel und die Lagerung von Gold an, sondern auch das Edelmetall Silber ist nun verfügbar. Für den physischen Silberhandel und die Verwahrung auf diese Art und Weise spricht zusätzlich die Befreiung von der Mehrwertsteuer.

1. **Bruttogewicht, nicht Feingewicht**

⑥ Das Londoner Silber ist in der Form von »Good Delivery«-Barren, die 1.000 Feinunzen wiegen. Der Feingehalt beträgt 999/1000. Nach den Standards des Gold- und Silbermarktes wird Silber nicht nach seinem Nettogewicht, sondern nach seinem Bruttogewicht gehandelt.

2. **Handelskommission für Silber**

⑥ Die Kommission für Silber und Gold wird getrennt berechnet; sie beträgt jedoch den gleichen Prozentsatz. Sie werden also 0,8 Prozent auf die ersten 30.000 US-Dollar zahlen, 0,4 Prozent auf die folgenden 30.000 US-Dollar usw.

3. **Lagerungskosten**

⑥ Auch diese werden unabhängig von Ihrem Goldbesitz berechnet. Sie sind jedoch etwas höher, da Silber mehr Platz im Tresor benötigt. Die Lagerungskosten betragen 0,48 Prozent/Jahr, d. h. 0,04 Prozent/Monat, wobei der Mindestbetrag bei 8 US-Dollar pro Monat liegt.

4. **Erwerb großer Silbermengen**

⑥ Große Silberkäufe und -verkäufe von einer Tonne oder mehr (500.000 US-Dollar oder mehr) können direkt über Makler abgewickelt werden. Dies sollten Sie jedoch telefonisch veranlassen.

5. **Silberentnahme aus dem Tresor**

⑥ So wie bei Gold ist die Entnahme von Silber aus dem Tresor möglich, aber nicht empfehlenswert. Eine Entnahme kann nur in Form von ganzen Barren (je 1.000 Feinunzen) erfolgen und die Mehrwertsteuer von 10 Prozent oder mehr wird hinzugerechnet (aktuell beträgt sie in England 17,5 Prozent). Die Kosten, eine Tonne Silber zu entnehmen, betragen 12,5 Prozent plus Mehrwertsteuer.

Fazit

Beim Kauf ohne Auslieferung fällt keine Mehrwertsteuer an und nach derzeitigem deutschem Steuerrecht sind Kursgewinne nach Ablauf eines Jahres komplett steuerfrei! Die Kombination von Sicherheit, Zugänglichkeit, Transparenz und Service hat es BullionVault in Kürze erlaubt, über 30.000 Kunden in über 83 Ländern zu gewinnen. BullionVault ist heute der bekannteste Weg auf der ganzen Welt, direkt physisches Gold und nun auch physisches Silber zu erwerben. BullionVault ist vor allem einer der effizientesten – bankenunabhängigen Anbieter –, weil alles professionell, kostengünstig und sicher durchgeführt wird.

Kontakt

Alle weiterführenden Informationen, eine Einstiegsanleitung oder auch »Häufig gestellte Fragen« finden Sie im Internet unter **www.bullionvault.de.**

2. GoldMoney

Auf der Edelmetall- und Rohstoffmesse kann ich mich jedes Jahr ausführlich mit James Turk, dem Gründer von GoldMoney, unterhalten. Mein immer schon positiver Gesamteindruck bestätigt sich dabei immer wieder aufs Neue. Mittlerweile hat GoldMoney erfreulicherweise eine Website in deutscher Sprache und einen deutschsprachigen Kundenservice eingerichtet. Im Gegensatz zu BullionVault bietet GoldMoney neben Gold und Silber zusätzlich auch Platin zum Kauf und zur Lagerung an. Ergänzt wird das Angebot durch umfangreiche Zusatzdienstleistungen.

Wer ist GoldMoney?

Seit 2001 nutzen Tausende Privatpersonen und Firmen GoldMoney, um Edelmetalle zu kaufen und so ihr Vermögen vor finanziellen Risiken zu schützen. Viele halten das patentierte Verfahren von GoldMoney für Zahlungen in digitaler Goldwährung für eine ideale Zahlungsmethode im Online-Geschäft. GoldMoney wurde von Branchenexperten gegründet, die Gold als finanzielles Anlagegut verstehen und es als weltweit gültiges Zahlungsmittel schätzen. Zu den Investoren und Teilhabern von GoldMoney zählt unter anderem das öffentlich gehandelte Goldminenunternehmen IAMGOLD aus Kanada. Der Hauptsitz von GoldMoney liegt auf Jersey, der britischen Insel im Ärmelkanal nahe der nordwestlichen Spitze Frankreichs. Dort befinden sich ebenfalls das gesicherte Datenzentrum, das dem neuesten Stand der Technik entspricht, und die Datenbank-Server.

Wenn Sie Edelmetalle über GoldMoney kaufen, sind Sie der direkte und tatsächliche Eigentümer der Metalle, die in Ihrem Namen gelagert werden. GoldMoney ist kein »Papiergold«-Produkt. Das bedeutet, dass Ihr Eigentum nicht abhängig ist von der Fähigkeit eines börsengehandelten Fonds (ETFs), eines Zertifikate-Emittenten oder eines Betreibers von Pool-Accounts, für Sie Edelmetalle zu kaufen und, wenn Sie Ihre Positionen auflösen möchten, diese zu konvertieren.

Abb. 17: Goldmoney-Goldbarren / www.goldmoney.com

Das alternative Währungssystem: Gold- und Silber-Zahlungen über Ihr iPhone

Die Möglichkeiten der iPhone-Apps zur Durchführung von Zahlungen mit Edelmetallen, die bereits bestehenden Investitionsmöglichkeiten in Silber, Platin und Palladium sowie die Möglichkeit, Bestände in jede der von GoldMoney akzeptierten Währungen zu tauschen, sind in dieser Form absolut einzigartig!

US-Dollar (USD)	Kanadische Dollar (CAD)	Hongkong Dollar (HKD)
Britische Pfund (GBP)	Schweizer Franken (CHF)	Neuseeland Dollar (NZD)
Euro (EUR)	Australische Dollar (AUD)	Japanische Yen (JPY)

Die möglichen Tausch-Währungen neben den Edelmetallen

Fast alle »Papiermetall«-Produkte funktionieren auf Grundlage einer Mindestreserve. Sollte die Mehrheit der Kunden ihr Metall konvertieren wollen, wäre der Produktanbieter nicht in der Lage, alle Obligationen einzulösen. Mit anderen Worten: »Papiermetall« stellt lediglich das Versprechen dar, Metall auszuzahlen. Es sind jedoch keine Produkte, bei denen Sie der direkte Eigentümer des Metalls sind. Sie sind dem Kontrahentenrisiko ausgesetzt, da Sie davon abhängig sind, ob der Produktanbieter auch in der Lage ist, seine Obligationen einzulösen.

Im Gegensatz zu dem Mindestreserve-Prinzip entspricht die Menge der Edelmetalle der GoldMoney-Kunden immer der Menge der Edelmetalle, die in den Tresoren gelagert werden. Dieses Verhältnis eins zu eins ist der entscheidende Aspekt in der Geschäftspolitik von Gold-Money. Auch GoldMoney nutzt wie BULLIONVAULT den Anbieter Via Mat für die Lagerung der physischen Goldbestände in London oder Zürich.

Wenn Sie mit GoldMoney Edelmetalle kaufen, werden die Gold-, Silber- und Platinbarren sicher in den »Via Mat«-Tresoren in London und Zürich gelagert. Via Mat International ist Teil der Mat Securitas Express

AG in der Schweiz, eines der größten und ältesten Unternehmen für gepanzerte Transporte und Lagerung. Ihre Edelmetalle sind gegen Diebstahl aus den Tresoren versichert. Die Verwaltung von allen Metallen wird von einem unabhängigen Unternehmen übernommen (Andium Trust Company Limited), das sicherstellt, dass Gold, Silber, Platin und Palladium nur nach Anweisung der Eigentümer, also der GoldMoney-Kunden, aus den Tresoren entnommen werden.

Gold (XAU)	Silber (XAG)	Platin (XPT)	Palladium (XPD)

Die physisch handelbaren Edelmetalle

Ein renommiertes Wirtschaftsprüfungsunternehmen prüft jährlich die betrieblichen Abläufe von GoldMoney, die Menge der Edelmetalle in den Tresoren und die sich im elektronischen Umlauf des GoldMoney-Systems befindlichen Edelmetalle. GoldMoney-Kunden erhalten den aktuellsten Bericht jeweils auf Anfrage. GoldMoney führt für seine Kunden quartalsweise einen Abgleich zwischen den Tresorbeständen und den Edelmetallbeständen in der Datenbank durch. Lagermöglichkeiten bestehen in Zürich, London oder Hongkong.

Zürich (Schweiz)	London (United Kingdom)	Hongkong (China)

Die möglichen Lagerstätten

Die interessante Option: Sie haben beispielsweise bereits ETFs auf Gold oder Silber, Goldminenaktien oder physische Edelmetalle in Münz- oder Barrenform zu Hause oder im Bankschließfach. Aber wie können Sie in einer Not- oder Krisensituation dieses in Währungen umwandeln oder auch Zahlungen mit physischem Edelmetall vornehmen, das sich nicht in Ihrem tatsächlichen Besitz befindet, oder einen Goldbarren konvertieren, um ihn als Zahlungsmittel zu verwenden?

Mit GoldMoney können Edelmetalle und Währungen ganz bequem konvertiert werden, und Sie können den Wert Ihrer Edelmetalle oder

Währungen durch Tausch optimieren. Sie können Gold- und Silberzahlungen bequem von unterwegs über Ihr iPhone tätigen. Die GoldMoney-App für das iPhone ist die erste mobile Anwendung, die den direkten Tausch von Edelmetall-Barren zwischen Einzelpersonen und Firmen ermöglicht.

Kontakt

Weitere Informationen und Kontaktmöglichkeiten finden Sie auf der deutschen Seite von GoldMoney unter **www.goldmoney.com**.

3. GoldRepublic – Die Top Alternative zu GoldMoney und BullionVault aus den Niederlanden

Neben dem direkten Erwerb von Edelmetallen in Eigenverwahrung sind für mich der physische Erwerb und die Lagerung von Gold und Silber über spezialisierte Online-Plattformen ein ganz wesentlicher Baustein. In diesem Zusammenhang habe ich Ihnen bereits mehrfach meine beiden Favoriten in diesem Segment vorgestellt: BullionVault, www.bullionvault.de, mit Sitz in Großbritannien, sowie GoldMoney, www.goldmoney.com, mit Sitz auf der britischen Kanalinsel Jersey. Ich freue mich sehr, dass ich diese beiden bewährten Empfehlungen nunmehr ergänzen kann – und zwar um GoldRepublic **www.goldrepublic.de**, einen Anbieter aus den Niederlanden. Dieser ist am breiten Markt unter Kapitalanlegern noch vollkommen unbekannt. Ein wirklicher Geheimtipp.

Wer ist GoldRepublic und wie sicher ist dieser Anbieter?

GoldRepublic ist der erste und einzige Online-Dienstleister aus den Niederlanden, der anbietet, physisches Gold und Silber mehrwertsteuerfrei zu handeln und zu lagern. Alle bei GoldRepublic gekauften Edelmetalle werden von einer offiziell anerkannten LBMA-Gießerei geliefert. Das LBMA-Gütesiegel bürgt für garantierte Qualität. Ihr Gold und Silber werden sicher bei bankenunabhängigen, zertifizierten und professionellen Tresorverwaltern aufbewahrt. Einer dieser Partner ist wie bei BullionVault das Schweizer Sicherheitsunternehmen ViaMat.

Die frei wählbaren Lagermöglichkeiten befinden sich in Hochsicherheitstresoren in Amsterdam, Frankfurt und Zürich. In Amsterdam erfolgt die Einlagerung über das Sicherheitsunternehmen G4S, das wie Via Mat ebenfalls zu den weltweit führenden Unternehmen für Sicherung, Werttransport und Tresorverwaltung zählt. Ihre Edelmetalle werden somit durch modernste Sicherungsanlagen geschützt und sind vollständig versichert.

Interessant ist vor allem auch der zusätzliche Sicherheitsaspekt durch die Beaufsichtigung über die niederländische Finanzaufsichtsbehörde AFM (Autoriteit Financiële Markten). Darüber hinaus kontrolliert eine unabhängige Wirtschaftsprüfungsgesellschaft alle Prozesse von GoldRepublic sowie die physische Existenz der Edelmetalle.

Die Handelspreise sind empfehlenswert attraktiv und werden alle 30 Sekunden aktualisiert. Auch die Verwaltungskosten sind sehr niedrig. Solange Ihr Gold und Silber im Tresor aufbewahrt werden, fallen darüber hinaus keine Produktions- und Lieferkosten an. Die Preisgestaltung ist absolut transparent. Es gibt keinerlei verborgene Kostenblöcke. Auch steuerlich sprechen die Vorteile für sich: Nach Ablauf der Spekulationsfrist von einem Jahr sind alle Kursgewinne komplett steuerfrei. Für Silber fällt darüber hinaus keine Mehrwertsteuer an, solange keine physische Auslieferung erfolgt.

Einzigartig: Gold- und Silbersparpläne ab 50 Euro ohne feste Vertragslaufzeit

GoldRepublic macht es Anlegern über eine bedienerfreundliche Website zusätzlich möglich, professionell Gold- und Silber-Sparpläne einzurichten. Bereits ab 50 Euro können Sie physisches Gold und Silber besparen – ohne feste Vertragslaufzeiten. Sie können dadurch zu jedem gewünschten Zeitpunkt Ihren Sparplan stoppen. Sie profitieren dabei monatlich von einem günstigen Einkaufspreis, da Sie zur gleichen Zeit mit vielen anderen Anlegern Gold oder Silber einkaufen. Dieses verteilte Einkaufen in regelmäßigen Abständen ist eine einfache und ebenso bewährte Art und Weise, einen durchschnittlich günstigen Einkaufskurs zu erzielen. Sie haben darüber hinaus die Möglichkeit, selbst Gold und Silber zu kaufen und dieses Ihrem Sparkonto hinzuzufügen.

Die Vorteile des Edelmetall-Sparplans auf einen Blick

⑥+ Sparpläne auf physisches Gold oder Silber ab 50 Euro monatlich

⑥+ Absolut transparent

⑥+ Absolut kosteneffizient

⑥+ Bequeme Online-Verwaltung

⑥+ Steuerfreie Kursgewinne nach Ablauf der Jahresfrist

⑥+ Keine Mehrwertsteuer bei Silber

⑥+ Keinerlei Kündigungsfristen

⑥+ 100 Prozent direkt zugewiesenes Eigentum

⑥+ Versicherte Lagerung in bankenunabhängigen Hochsicherheitstresoren

⑥+ Frei wählbare Lagerorte in Zürich, Frankfurt oder Amsterdam

⑥+ Garantierte Qualität der Edelmetalle mit Rückkaufgarantie

⑥+ Physische Auslieferungsmöglichkeit

⑥+ Hohe Sicherheit durch Zulassung der Finanzaufsicht AFM

Fazit: Perfekte Kombination von Sicherheit und Flexibilität

Die Dienstleistungen von GoldRepublic bieten Ihnen die ideale Kombination aus der Sicherheit des Eigentums von realem Gold und Silber mit der Flexibilität der bequemen Online-Verwaltung bei einem seriösen Dienstleistungsunternehmen.

Über GoldRepublic investieren Sie online in Gold und Silber, ohne umständliche Verfahren oder versteckte Kosten, die oftmals erst nach dem Kauf von physischem Gold und Silber erkennbar werden. Die Anmeldung für ein Konto nimmt maximal fünf Minuten in Anspruch. Die sichere Umgebung Ihres Kontos bietet Ihnen auf einen Blick eine Übersicht über alle Aufträge sowie über Ihren Besitz an physischem Gold und Silber.

Aufbau und Funktionalitäten sind bei GoldRepublic ähnlich wie bei BullionVault. Mir gefällt vor allem, dass ich die gewohnten Vorteile von BullionVault bei GoldRepublic alle wiederfinde. Auch die mobilen Anwendungen, wie wir sie von GoldMoney kennen, sind vorhanden. Darüber hinaus sind für Sie als Anleger, der regelmäßig in einen Edelmetall-Sparplan einzahlen möchte, vor allem die Sparkonten eines innovativen und seriösen Unternehmens sehr attraktiv.

Daher ist GoldRepublic eine perfekte Alternative und Ergänzung zu GoldMoney und BullionVault. Das zeigen gerade auch die Lagerungsmöglichkeiten. GoldMoney bietet Lagerstellen in London, Zürich und Hongkong, BullionVault in Zürich, London und New York. Nun haben Sie die Möglichkeit, Ihre Edelmetalle über GoldRepublic zusätzlich in Zürich, Frankfurt und Amsterdam zu verteilen. Mehr Diversifikation sowie Handels- und Lagermöglichkeiten – das bedeutet für mich noch besseren Kapitalschutz.

Kontaktdaten

GoldRepublic BV
Holland Financial Centre
Gustav Mahlerplein 3 (25. Etage)
1070 AX, Amsterdam
Tel.: 030 220129-95
(Deutschsprachiger Kundenservice)
www.goldrepublic.de

4. Mida Trading GmbH

Mida ist ein Online-Händler mit einem sehr guten Gold- und Silberangebot sowie exklusiven Geschenk-Ideen aus Gold. Die Mida Trading GmbH betreibt seit dem Jahr 2008 ihren Onlineshop unter **www.shop.midainvest.net**. Neben Edelmetallen sind auch Fachpublikationen, Etuis sowie Geschenkartikel zum Thema Gold käuflich zu erwerben. Seit 2011 wird ebenfalls eine Großhandelsplattform für Edelmetalle betrieben. Die Mida Trading GmbH ist Distributor der IGR (Istanbul Gold Refinery) für den gesamten deutschsprachigen Raum.

Tipp

Vor allem die 1-Gramm-Goldbarren, die über Mida im Scheckkartenformat versiegelt lieferbar sind, sind von ihrer Preisgestaltung am Markt einzigartig günstig. Am Hauptsitz der Mida Trading GmbH ist während der Geschäftszeiten auch die Abwicklung von Tafelgeschäften (Barkauf) möglich.

Abb. 18: 1-Gramm-Goldbarren im Scheckkartenformat / www.midainvest.com

Das Edelmetallkonto

Das Edelmetallkonto der Commodity Mida Trading AG gibt Ihnen die Möglichkeit, Gold und Silber in Treuhandverwahrung und mit persönlichem Testat zu erwerben. Die Lagerstätte in der Schweiz zählt zu den sichersten in ganz Europa. Die transparente Kostenstruktur, schnelle und flexible Zukäufe, Teilverkäufe und Komplettauflösungen zeichnen dieses Edelmetallkonto aus.

Die Highlights des Edelmetallkontos

- ⑥ + Kontoeröffnung ab 1.000 Euro
- ⑥ + Zukäufe ab 250 Euro (Online-Zugang)
- ⑥ + Keine Laufzeitbindung
- ⑥ + Teil- beziehungsweise Vollverkäufe oder physische Auslieferung jederzeit möglich
- ⑥ + Die physisch hinterlegten Edelmetalle befinden sich in Treuhandverwahrung
- ⑥ + Jeder Kunde erhält ein persönliches Treuhandtestat als Eigentumsübertrag für Edelmetalle (Alleinstellungsmerkmal)
- ⑥ + Transparentes Kostenverzeichnis
- ⑥ + Garantierter Rückkauf der Edelmetalle
- ⑥ + Mehrwertsteuerfreier Einkauf von Silber
- ⑥ + Wertsteigerungen sind ab einem Jahr steuerfrei
- ⑥ + Wertstellungsberichte, Jahreskontoauszüge (6-stellig hinter dem Komma) dokumentieren stets den Kontostand sowie die genauen Mengen Ihres gelagerten Goldes und Silbers
- ⑥ + Hochsicherheits-Zollfreilager im Gotthardmassiv (Schweiz)
- ⑥ + Goldrente: Auszahlung ab 250 Euro monatlich oder Auszahlung der Metalle im Gegenwert

Zollfreilager – Gotthardmassiv

Das Hochsicherheitslager in Amsteg (Schweiz) ist mit der Sicherheitsstufe S12 eine der sichersten Lagerstätten für Edelmetalle und sonstige Sachwerte.

Leistungen - Hochsicherheitslager

- ⑥ + Kurz-, Mittel- und Langfristlagerung von Edelmetallen
- ⑥ + Zollfreilager mit Mehrwertsteuerbefreiung für Silber, Platin und Palladium
- ⑥ + Getrennte Verwahrung der einzelnen Metalle
- ⑥ + 100-prozentige Unabhängigkeit und Diskretion durch den privaten Besitz der Anlage

⑥ + Ganzjähriger, garantierter Zugang zum Tresor während der Bürozeiten

⑥ + Vollumfänglicher Versicherungsschutz (Lloyds London)

⑥ + Kein direkter Zugriff des Betreibers des Hochsicherheitslagers, streng bewachte Ein- und Auslagerung

⑥ + Permanente Revision der Metallbestände aller Kunden

⑥ + Keine Bankverwahrung

Ankauf – Recycling von Feingold – Legierungen (Altgold)

Im Sommer 2010 etablierte die Mida Trading GmbH ihr Recyclingkonzept für Privatkunden am Markt in Deutschland. Bis heute entstanden rund 200 Annahmestellen mit rund 150 Lizenznehmern. Bereits 2004 wurde in Rhede (Nordrhein Westfalen) eine Niederlassung der Mida Trading GmbH errichtet und eine Edelmetallschmelze etabliert. Juweliere, Dentallabore und andere Großhändler nutzen die Edelmetallschmelze für den Verkauf ihrer Ware.

Da es sich beim Recycling von Schmuck um ein sehr sensibles, aber auch stark umkämpftes Produkt handelt, sind eine transparente und absolut diskrete Vorgehensweise Grundvoraussetzung.

Die Vorteile von Mida Recycling auf einen Blick

- Anonyme Abwicklung für den Kunden
- Jedes Schmuckstück wird fotografiert und gewogen
- Einzelbewertung der Schmuckstücke für die Preisermittlung
- Ankaufsangebot mit sieben Tagen Preisgarantie
- Onlineüberweisung nach Angebotsannahme
- Kostenfreier Rückversand von Steinen, Perlen usw. nach Angebotsannahme
- Bei Nichtverkauf sofortige Rücksendung
- Sehr gute Preise für Gold, Silber und Palladium
- Kostenfreie Servicehotline
- Versicherter Versand

Kontaktdaten

DEUTSCHLAND
Mida Trading GmbH
Nuthedamm 15
14480 Potsdam
Tel.: 0331 600372-0

LIECHTENSTEIN

Commodity Mida Trading AG
Landstrasse 340
FL-9495 Triesen
Tel.: + 423 392 1040
www.midainvest.com

6
Werden Sie selbst zum Edelmetallhändler durch Partnerprogramme

Vermögensschutz und Krisenvorsorge bedeuten auch Sicherung Ihrer Einkommensquellen. Mein grundlegendes Ziel mit diesem Buch ist es natürlich, Ihnen weitere – vor allem bankenunabhängige! – Möglichkeiten an die Hand zu geben, Ihre Geldwerte durch Investitionen in Sachwerte, speziell in Edelmetalle und strategische Metalle, zu verteilen und somit vor möglichen Krisen (Inflationsgefahren, Konjunkturrisiken, Währungsreformen, Enteignungstendenzen) zu schützen.

Die meisten meiner Leser sind selbstständig, als Unternehmer oder Freiberufler tätig. Viele sind auch im Angestelltenverhältnis und ebenfalls sehr viele sind mittlerweile im Ruhestand und leben von ihren Renten oder ihren aufgebauten Kapitaleinkünften. Meine Einstellung in Bezug auf Krisen ist: Verteilen Sie Ihr Vermögen auf eine Vielzahl von Anlageklassen und Produkten, Banken und Länder, Rechtsräume und Anbieter! Je mehr Sie diversifiziert sind, desto besser sind Sie auf eine schwere Krise vorbereitet. Setzen Sie hingegen alles auf eine Karte oder nur wenige Karten, schaffen Sie enorme Klumpenrisiken. Das gilt auch für Ihre Einkünfte.

Mein Top-Tipp: Das Partnerprogramm von BullionVault

BullionVault ist eine der am schnellsten wachsenden Gesellschaften im Internet. Sie können daran teilnehmen und 25 Prozent der Bruttokommission von BullionVault verdienen, indem Sie BullionVault den Besuchern Ihrer eigenen Website (auch Besuchern alternativer Plattformen im Internet oder von Chats) oder auch anderen Internetnutzern per E-Mail vorstellen und verlinken. Sie brauchen nur wenige Minuten, um das

Programm einzustellen, und können dann jahrelang daran verdienen.

Tipp

Wenn Sie das Partnerprogramm einsetzen und BullionVault neuen Kunden empfehlen:

- Bekommen Sie 25 Prozent der von diesen Neukunden bezahlten Kommission;
- 6,25 Prozent der Kommission der Kunden, die über den von Ihnen empfohlenen Kunden zu BullionVault gekommen sind.
- Generieren Sie bei wiederholten Aufträgen zwei Jahre lang ein Kommissionseinkommen zu dem gleichen Prozentsatz. Viele Kunden von BullionVault handeln erfahrungsgemäß sehr oft.
- Wird die Kommission gleich auf Ihr Konto bei BullionVault einbezahlt. Sie generieren kein Papiergeldeinkommen, sondern Einkünfte in physischem Gold, durch den möglichen, sofortigen Tausch in Gold! Das Ganze ist für jeden von Ihnen umzusetzen durch:

– Eine einfache Verlinkung, die Sie auf Ihrer Website einfügen können
– Zugang zu sehr professionellen und empfehlenswerten Marktkommentaren von BullionVault, die ein leistungsfähiger Verkaufsgenerator sind
– Einen Online-Kontoauszug, in dem Ihre einzelnen Kommissionseinnahmen aufgelistet sind. Weiterführende Informationen, Hilfestellungen, Details und Allgemeine Geschäftsbedingungen finden Sie im Internet über: **www.bullionvault.de** unter: »Das Partnerprogramm«.

Fazit

Dieses Partnerprogramm von BullionVault ist wie der Anbieter selbst für den Goldhandel und die Lagerung meine absolute Top-Empfehlung – sowohl von den Konditionen her als auch was Abwicklungsmodalitäten, Mehrwert und Nutzen angeht.

7 Attraktiv, anonym und flexibel – Gold aus dem Automaten

In den vergangenen Wochen und Monaten habe ich zahlreiche Anfragen erhalten, bei welchen Edelmetallhändlern man persönlich und anonym in Wohnortnähe des jeweiligen Lesers Edelmetalle erwerben kann. Diese Fragen beantworte ich natürlich immer sehr gerne, weil ich mir auch hier eine fortlaufend wachsende Händler-Datenbank aufgebaut habe.

Eine sehr interessante Alternative möchte ich Ihnen dabei ans Herz legen: die Gold-to-go-Automaten, die standardmäßig mit Goldbarren sowie den Anlagemünzen Krügerrand, Kangaroo und Maple Leaf in unterschiedlichen Größen bestückt sind. Ich hatte hier einen Leser, der vor Kurzem noch mitten in der Nacht – nach einem negativen Fernsehbericht zu unserem Geldsystem – sein Bargeld am Automaten in Gold umgetauscht hat. Ich empfehle natürlich nicht, das jetzt unbedingt nachzumachen, aber diese flexiblen Möglichkeiten zu kennen und durchaus auch zu nutzen, halte ich für beachtenswert. Das Produktangebot ist zwar sehr eingeschränkt, das ist der Hauptnachteil der Automaten. Die Preisgestaltung aber ist transparent. Die Preise der angebotenen Gold-Produkte werden im Ein-Minuten-Takt (!) auf Basis des aktuellen Gold-Spot-Preises (London Fixing) aktualisiert. Auf diese Weise werden den Kunden stets faire Echtzeitpreise geboten, zudem wird auf Risikoaufschläge verzichtet. Teilweise sind die Preise für die 1-Unzen-Gold-Produkte niedriger als manche Bankschalterkurse der entsprechenden Edelmetalle.

Anonyme Goldkäufe bis 9.500 Euro möglich

An einem Gold-to-go-Automaten, der in einem dauerhaft mit Personal besetzten Raum (Juwelier, Bank, Finanzmakler) aufgestellt ist, wird der Schwellenbetrag auf Transaktionen von 9.500,– Euro oder mehr festgesetzt. Steht der Automat in einem nicht dauerhaft mit Personal besetzten Raum (Bahnhof, Flughafen, Einkaufszentrum usw.) wird die Identifizierungspflicht bereits ab einem Warenwert von 2.500,– Euro ausgelöst. Bei einem Edelmetallkauf mit einem höheren Warenwert müssen Sie Ihren Ausweis dem im Automaten befindlichen Ausweisscanner zeigen. Eine Software prüft dann die Echtheit des vorgelegten Ausweises. Käufe unter diesen Schwellen sind jedoch vollkommen anonym möglich. In Deutschland gibt es mittlerweile 23 Standorte, an denen diese anonymen, automatisierten Barkäufe möglich sind.[1]

Neben Bargeld akzeptieren die Automaten auch »Plastikgeld« in Form von MasterCard, Visa, Eurocard oder Girocard. Dies bedeutet allerdings eine Beeinträchtigung der Diskretion beziehungsweise der Anonymität.

Gold-to-go-Automaten in Deutschland, Stand März 2012

1. Augsburg, Augsburger Aktienbank
2. Berlin, Galeries Lafayette
3. Bocholt, Shopping Arkaden
4. Braunschweig, Schloss Arkaden
5. Bremen, Waterfront Bremen
6. Bretten, Pohl und Lawetzki GbR
7. Dortmund, Thier Galerie
8. Dresden, Altmarktgalerie
9. Essen, Einkaufszentrum Limbecker Platz
10. Frankfurt, Karstadt – Frankfurt Zeil
11. Frankfurt, The Ivory Club
12. Gütersloh, Volksbank Gütersloh (Bankery)
13. Hamburg, Alsterhaus
14. Leipzig/Halle, Flughafen, Terminal B – öffentlicher Bereich

[1] Die Standorte finden Sie auf folgender Website: http://www.gold-to-go.com/standorte/automaten-in-deutschland/

15. München, DAB Bank AG
16. München, Einkaufszentrum Olympia
17. Neunkirchen, Saarpark Center
18. Nürnberg, FONDS-ZENTRUM GmbH
19. Passau, Stadtgalerie
20. Pforzheim, Schmuckwelten Pforzheim
21. Reutlingen, Juwelier Depperich
22. Reutlingen, Müller Galerie
23. Wiesbaden-Schierstein, Deutsche Golf AG

Auch im Ausland sind die Gold-Automaten mittlerweile präsent. In London, Bergamo, Mailand, Las Vegas sowie an acht Standorten in den Vereinigten Arabischen Emiraten. Weiterführende Informationen zu Detailfragen beziehungsweise verfügbaren Münzen, Barren und auch Preisen an den unterschiedlichen Standorten erhalten Sie beim Betreiber der Gold-to-go-Automaten.

Kontaktdaten
»GOLD to go« Ex Oriente Lux AG
Hohbuchstr. 59
72762 Reutlingen
Tel.: 07121 9201-40
www.gold-to-go.com

8
Xetra-Gold: Physisches Gold als besichertes Wertpapier

Wenn Sie über ein Wertpapier in Gold investieren möchten, das Sie relativ sicher, weil physisch hinterlegt, in Ihrem Wertpapierdepot lagern können, kaufen Sie Xetra-Gold mit der ISIN DE000A0S9GB0. Auch wenn Sie physisches Gold kaufen möchten, können Sie das ebenfalls mittelbar über Xetra-Gold machen. Lassen Sie es sich über Ihre Hausbank einfach ausliefern. Das kostet zwar Spesen, ist aber oftmals sogar günstiger als bei vielen Goldhändlern. Vergleichen Sie einfach die Spesen und Aufschläge.

Was ist Xetra-Gold?

Xetra-Gold können Sie über Ihre Hausbank oder Ihren Discountbroker in Deutschland beziehungsweise auch in der Schweiz ganz einfach für Ihr Wertpapierdepot erwerben. Rechtlich ist Xetra-Gold zwar eine Anleihe, diese ist aber jederzeit zu 100 Prozent durch Gold gedeckt. Der größte Teil (95 Prozent) des Goldes wird in physischer Form in den Tresoren der Clearstream (dem deutschen Zentralverwahrer für Wertpapiere) eingelagert. Der restliche Teil des Goldes wird als Lieferanspruch auf Gold gegen die Umicore AG & Co. KG, Hanau, unterhalten. Das ist der Vorrat für jene Anleger, die sich ihr erworbenes Gold effektiv ausliefern lassen möchten. Der Preis von Xetra-Gold orientiert sich am Weltmarktpreis für Gold unter Berücksichtigung der aktuellen Wechselkurse. An den Weltmärkten wird Gold in der Regel in US-Dollar pro Feinunze quotiert, eine Feinunze entspricht dabei 31,1035 Gramm. Beim Kauf und Verkauf von Xetra-Gold entstehen Ihnen ausschließlich die für Wertpapier-Transaktionen an den Börsen üblichen Gebühren. Bei einer Order über Ihren kostengünstigen Discountbroker zahlen Sie also lediglich die dort geltenden Orderspesen. Ein Ausgabeaufschlag wird nicht erhoben, ebenso fallen keine Managementgebühren an.

Die Vorteile von Xetra-Gold

- + kostengünstig und einfach
- + liquide und physisch hinterlegt
- + transparent / in Euro und pro Gramm
- + stabiler Bestand und Einlösung gegen Gold möglich

Sichere Lagerung und Verwahrung im »Fort Knox« Deutschlands

Der physische Deckungsbestand hinter Xetra-Gold lagert nach hohen Sicherheitsstandards im deutschen Zentraltresor für Wertpapiere, in dem Werte über mehrere Billionen Euro verwahrt werden. Der physische Deckungsbestand hinter Xetra-Gold wird auch nicht verliehen. Diese Lagerung ist weit sicherer als bei Ihnen zu Hause unterm Bett, im Safe oder auch in einem Schließfach. Im Gegensatz zu anderen Gold-Produkten wie Zertifikaten oder auch Gold-ETFs knabbern bei Xetra-Gold die Verwahrungsgebühren nicht an Ihrem Goldbestand. Für die Verwahrung fallen Entgelte an, die von der Clearstream monatlich im Rahmen der Depotentgelt-Berechnung in Rechnung gestellt werden. Monatlich betragen diese 0,025 Prozent Ihres Bestandswerts, im Jahr demzufolge 0,3 Prozent zuzüglich der gesetzlichen Mehrwertsteuer.

Welche Spesen an Sie als Anleger weitergegeben werden, hängt von Ihrer depotführenden Bank ab. Fragen Sie hier also auf jeden Fall bei Ihrer Bank nach und verhandeln Sie gegebenenfalls. Als Anleger können Sie jederzeit Ihren in Xetra-Gold verbrieften Anspruch auf Lieferung von einem Gramm Gold je Schuldverschreibung geltend machen. Die Kosten hierfür schließen Formung von Goldbarren, Verpackung, Transport, Versicherung und ein Abwicklungsentgelt der Clearstream ein. Es macht nun natürlich keinen Sinn, sich ein paar Gramm ausliefern zu lassen. Diese können Sie genauso gut bei einem Goldhändler oder auch bei ebay erwerben. Die Kosten sind bereits bei der Lieferung eines Kilobarrens in etwa mit der Handelsspanne vergleichbar, die beim Direkterwerb eines Kilobarrens bei einer Bank oder einem Goldhändler anfällt. Ab circa 5-Kilo-

Barren ist die Auslieferung von Xetra-Gold in Goldbarren mit circa 300 Euro deutlich günstiger als der Direkterwerb, da dort für jeden einzelnen Goldbarren die Handelsspanne von circa 300 Euro zu tragen ist (Differenz zwischen Verkaufskurs und Mittelwert).

Als interessierter Anleger wenden Sie sich bezüglich der Auslieferung von Gold an Ihre Hausbank. Sie können Ihr Gold direkt bei Ihrer Hausbank abholen oder es in Ihr Bankschließfach legen. Aus operativen Gründen kann Gold nur an eine Geschäftsstelle einer Bank ausgeliefert werden. Ihr Kundenberater beantragt dann beim depotführenden Institut Ihrer Hausbank die Auslieferung. Xetra-Gold ist bei Verkauf wie alle Wertpapiere abgeltungsteuerpflichtig, allerdings haben zahlreiche Anleger bereits gegen diese Einstufung geklagt.

Wer in Xetra-Gold investieren sollte

Wenn Sie an den »Finanz-Weltuntergang« glauben, gehört Gold natürlich als Investment dazu. In diesem Fall sollten Sie sich Ihr Gold wirklich physisch ausliefern lassen und am besten an unterschiedlichsten Orten und in unterschiedlichsten Regionen platzieren. Dies ist auch eine Art Diversifikation, damit man beim Super-GAU wenigstens auf einen Lagerort zugreifen kann. Ich kenne mehrere Privatpersonen, die mittlerweile physisches Gold in Tresoren und Lagern in Deutschland, der Schweiz, Kanada und Dubai haben. Gerade für die Auslieferung großer Mengen (ab 5 Kilogramm Gold) halte ich Xetra-Gold für die beste Möglichkeit. In diesen kostengünstigen und einfachen Möglichkeiten der physischen Auslieferung liegt der einzige Vorteil von Xetra-Gold gegenüber den Edelmetall-ETFs aus der Schweiz.

9
Börsennotierte Edelmetalle: Entwicklungen bei Schweizer ETFs, Kanadischen ETRs und Xetra-Gold

Die Schweizer Silber-ETFs der ZKB gibt es nun auch währungsgesichert

Die Edelmetall-ETFs der Zürcher Kantonalbank (ZKB) waren gemeinsam mit Xetra-Gold die ersten physisch hinterlegten Edelmetallprodukte, die ich in meine Best-Buy-Strategie-Empfehlungsliste mit aufgenommen habe.

Leider hat es die ZKB versäumt, frühzeitig auch währungsgesicherte Tranchen anzubieten, sodass ich den Schweizer ETFs von Julius Bär den Vorzug gegeben habe. Ich weiß, dass zahlreiche Anleger unter meinen Lesern auch in die ETFs der ZKB investiert sind. Nachdem vor einiger Zeit währungsgesicherte Tranchen auf Gold neu aufgelegt worden sind, zieht diese solide Schweizer Bank nun endlich auch bei Silber mit Währungssicherungen in Euro und Schweizer Franken gegenüber dem US-Dollar nach.

Tipp: Nutzen Sie die Schweizer ETFs vor allem für den aktiven Handel

Grundsätzlich sind meine Edelmetall-Empfehlungen strategischer, langfristiger Natur. Dafür sollten Sie physische Direktinvestitionen bevorzugen. Diese haben vor allem den Vorteil, dass nach Ablauf eines Jahres die Steuerfreiheit zum Tragen kommt. Um Schwankungen der Edelmetall-Märkte auch aktiv zu nutzen, sind jedoch diese Schweizer ETF-Finanzprodukte neben den beiden physischen Edelmetall-Handelsplattformen **www.bullionvault.de** sowie **www.goldmoney.com** bestens geeignet.

Die Edelmetalle sind dadurch transparent, kostengünstig und sehr flexibel handelbar und es ist zusätzlich die Währungsabsicherung gegenüber dem US-Dollar möglich. Ebenso können mögliche Verluste steuerlich geltend gemacht werden. Auch der Sicherheitsaspekt spricht für die Schweizer Edelmetall-ETFs. Das gesamte Fondsvermögen ist in der Schweiz vollständig physisch hinterlegt. Es wird als Sondervermögen behandelt. Diese Fonds tätigen dabei keine Wertpapierleihe und setzen – außer zur Währungsabsicherung – keine derivativen Finanzinstrumente ein. Alle Detailinformationen zur Edelmetall-ETF-Palette der Zürcher Kantonalbank finden Sie unter **www.zkb.ch** oder telefonisch unter der Nummer +41(0)44-292-29-79.

Börsennotiertes Gold aus Kanada: Exchange Traded Receipts (ETRs)

Viele Anleger bevorzugen die Schweizer Exchange Traded Funds gegenüber Xetra-Gold, weil mit der Schweiz eine höhere Sicherheit verbunden wird. Diese Einschätzung teile ich. Investmentstrukturen wie Schweizer ETFs, Liechtensteiner Investmentfonds oder vor allem auch Liechtensteiner Versicherungspolicen betrachte ich als ideale Kapitalschutz-Häfen für Teile Ihrer Vermögenswerte.

Ein ebenso stabiles Land ist meines Erachtens Kanada. Auch hier gibt es eine neue Finanzinnovation, die von der kanadischen Münzprägeanstalt Royal Canadian Mint gemeinsam mit den beiden kanadischen Banken TD Securities und National Bank Financial entwickelt wurde. Das Ganze nennt sich Exchange Traded Receipt (ETR). ETRs verbriefen dabei physisches Gold, das in den Tresoren des Emittenten in Kanada gelagert wird. Dieses Gold wird über die ETRs in physisch hinterlegter Form an der Toronto Stock Exchange in Kanada notiert. Die Verwaltungskosten des ETRs betragen dabei 0,35 Prozent. Im Prinzip ist dieser ETR der Royal Canadian Mint von den grundlegenden Ausgestaltungen genau das kanadische Gegenstück zu Xetra-Gold der Deutschen Börse.

Ich rate Ihnen, die Schweizer Edelmetall-ETFs sowie Liechtensteiner Investmentlösungen, wie die Safeport Fonds, als Alternative zu Xetra-Gold zu bevorzugen. Für mich besteht kein Handlungsbedarf bei diesem neuen kanadischen Edelmetallinvestment – weder aus Sicherheitsüberlegungen noch von der Kostenseite her.

Allein für den Fall, dass Sie ein Wertpapierdepot in Nordamerika (USA oder Kanada) unterhalten, kann dieses börsennotierte Investment eine interessante Alternative zu US-Wertpapieren sein, die Gold verbriefen. Weiterführende Informationen zur Royal Canadian Mint finden Sie hierzu unter **www.mint.ca**.

Steuerchaos Xetra-Gold: Legen Sie gegen Ihren Steuerbescheid Einspruch ein!

Ursprünglich durften Kapitalanleger davon ausgehen, dass Investitionen in Xetra-Gold nach Ablauf der Spekulationsfrist von einem Jahr steuerfrei sind. Dies steht in einem Rechtsgutachten der Deutschen Börse, dem Emittenten von Xetra-Gold. Am 22.12.2009 hat das Bundesministerium der Finanzen (BMF) jedoch einen neuen Anwendungserlass zur Abgeltungsteuer veröffentlicht. Darin regelte die Behörde – zum Unmut vieler Investoren – auch die steuerliche Behandlung von Einnahmen, die Anleger mit Wertpapieren erzielen, die einen sogenannten Lieferanspruch auf Gold oder einen anderen Rohstoff verbriefen. Betroffen davon sind vor allem Wertpapiere, die durch Edelmetalle physisch gedeckt sind.

Der Fiskus geht in diesem Anwendungserlass davon aus, dass es sich bei dem verbrieften Lieferanspruch von Xetra-Gold um eine abgeltungsteuerpflichtige Kapitalforderung handelt. Das Rechtsgutachten der Deutschen Börse vertritt im Gegensatz dazu jedoch die Auffassung, dass es sich bei Xetra-Gold gerade nicht um eine Kapitalforderung handelt, sondern um einen verbrieften physischen Lieferanspruch. Der Kauf und Verkauf dieses Lieferanspruchs wären daher steuerlich wie ein direkter Kauf und Verkauf von physischem Gold in Münz- oder Barrenform zu behandeln. Seit Längerem sind bereits rechtliche Prüfungen gegen diesen Anwendungserlass im Gange.

Nach Auskunft des Wirtschaftsberatungsunternehmens KPMG haben mittlerweile zahlreiche Privatinvestoren erfolgreich Einspruch gegen ihre Steuerbescheide eingelegt.

Finanzämter vermeiden bislang die gerichtliche Klärung

Auch meine Erfahrung aus der Praxis mit Lesern und Kapitalanlegern zeigt, dass die Besteuerung von einzelnen Finanzämtern unterschiedlich gehandhabt wird. Einige deutsche Finanzämter behandeln Xetra-Gold bereits wie physisches Gold. Es kommt somit vor, dass ein Anleger in Hamburg Steuern auf sein Gold-Investment zahlen muss, in München aber nicht. Derartige Entwicklungen sind aus meiner Erfahrung immer sehr gute Vorlaufindikatoren dafür, dass das entsprechende Gesetz beziehungsweise der Anwendungserlass in der Zukunft von gerichtlicher Seite ad absurdum geführt wird.

Aufgrund dieser Entwicklungen und der Informationen von KPMG empfehle ich Ihnen im Zusammenhang mit Steuerzahlungen bei Ihren Xetra-Gold-Investments den Einspruch gegen Ihren Steuerbescheid. Fordern Sie die Abgeltungsteuer zurück, die von den Banken direkt abgeführt wurde. Eine endgültige Klärung erfährt diese Angelegenheit erst durch eine gerichtliche Entscheidung. Davon wären dann alle Finanzprodukte betroffen, die eine physische Auslieferung von Rohstoffen an den Kapitalanleger vorsehen.

Einsprüche lohnen sich – Die Erfolgsquote liegt bei 70 Prozent!

Bei rund zwei Dritteln aller erhobenen Einsprüche gewinnt der betroffene Steuerzahler gegen den Fiskus. Es lohnt sich somit in vielen Fällen, wenn Sie gegen Ihren Steuerbescheid vorgehen. Im vergangenen Jahr wurde sogar in mehr als 70 Prozent der Fälle zum Vorteil der Anleger entschieden. Berücksichtigt man noch die Teilerfolge, ist festzuhalten, dass lediglich 10 Prozent der Einsprüche komplett abgelehnt werden. Hier steht Ihnen als Steuerzahler dann der Rechtsweg für eine Klage beim jeweils zuständigen Finanzgericht offen. Im Gegensatz zu einem Einspruch, welcher vollkommen kostenlos ist, fallen hier aber Gerichtsgebühren an. Zusätzlich Rechtsanwaltskosten, falls Sie einen juristischen Beistand hinzuziehen. Auch hierzu gibt es eine Statistik: Ungefähr 50 Prozent der gerichtlich eingereichten Klagen führen zum Erfolg für die Steuerzahler.

Tipp: Hängen Sie sich an laufende Verfahren an!

Steuerstreitigkeiten rund um Kapitalanlagen landen aufgrund des komplexen deutschen Steuerrechts, unklarer Gesetze und unberechtigter Verwaltungsanweisungen immer häufiger vor den Finanzgerichten, beim Bundesfinanzhof (BFH) oder sogar beim Bundesverfassungsgericht. Nutzen Sie diese Entwicklung, indem Sie Ihre Steuerfälle durch einen Einspruch mit einem Verweis auf das jeweils anhängige Verfahren offenhalten. Ihr Steuerfall ruht dann, bis eine endgültige Entscheidung gefallen ist. Bei einem positiven Ausgang erhalten Sie eine Erstattung und zusätzlich Zinsen von jährlich 6 Prozent. Risiken oder Kosten für Sie sind mit dieser empfehlenswerten Vorgehensweise nicht verbunden. Eine Übersicht über alle derzeit offenen Verfahren, an die Sie sich anhängen können, finden Sie auf den Internetseiten des Bundes der Steuerzahler Deutschland e. V. unter **www.steuerzahler.de**.

So reichen Sie Ihren Einspruch beim Finanzamt richtig ein

Für einen Einspruch gegen einen Steuerbescheid gilt eine Frist von einem Monat. Die Frist beginnt mit Zustellung des Bescheides durch das Finanzamt. Auch bei noch nicht bestandskräftigen Bescheiden für vergangene Jahre ist dies noch möglich. Der Einspruch muss schriftlich beim Finanzamt eingehen. Am besten erheben Sie diesen per Einschreiben mit Rückschein. Das Einspruchschreiben können Sie dabei vollkommen frei formulieren.

Sollte in der Zukunft eine Klage gegen die steuerliche Handhabung von Xetra-Gold vor einem Gericht Erfolg haben, profitieren Sie als Steuerzahler von dieser Entscheidung automatisch. Ich halte eine Klage und eine gerichtliche Klärung bei Xetra-Gold in der nahen Zukunft für sehr wahrscheinlich. Bis dahin sollten Sie bei Verkäufen oder auch bei einer Auslieferung von Xetra-Gold mit einem damit verbundenen Steuerabzug außerhalb der Jahresfrist einen formlosen Einspruch gegen Ihren Steuerbescheid einlegen, mit nachfolgender kurzer Begründung:

> »Bei Xetra-Gold handelt es sich nicht um eine Kapitalforderung, sondern um einen verbrieften Lieferanspruch. Der Kauf und Verkauf des durch Gold physisch gedeckten Lieferanspruchs Xetra-

Gold ist daher steuerlich gleich zu behandeln wie ein Kauf und Verkauf von physischem Gold in Form von Münzen oder Barren im Direktvertrieb. Ich fordere daher die Erstattung der seitens meiner Bank zu Unrecht einbehaltenen Abgeltungsteuer.«

Legen Sie zusätzlich einen Emissionsprospekt von Xetra-Gold bei. Diesen erhalten Sie direkt bei der Deutschen Börse oder als PDF zum Herunterladen unter www.boerse-frankfurt.de.

Kontaktdaten
Deutsche Börse AG
60485 Frankfurt am Main
Tel.: 069 211116-70
www.deutsche-boerse.com

10
Edelmetall-ETFs: Schweizer Gold-ETFs bieten Ihnen die größte Sicherheit!

Die Hauptfrage – oder besser gesagt die Hauptsorge – bei Edelmetallanlagen ist vor allem der Sicherheitsaspekt bei physisch hinterlegten Gold-Wertpapieren und der Auslieferungsanspruch im Extremfall. Gemeint ist damit ein Systemkollaps, für den Sie als Anleger ja gerade durch den Erwerb physischer Edelmetalle Vorsorge treffen möchten. Xetra-Gold ist gut, aber Schweizer ETFs sind besser. Schweizer ETFs bieten aus meiner Sicht weit mehr Sicherheit als beispielsweise Xetra-Gold oder der Lyxor Gold ETF. Ich halte Xetra-Gold zwar nach wie vor für eines der besten, kostengünstigsten und sehr sicheren Goldprodukte. Trotzdem: Die Schweizer Produkte halte ich für noch sicherer – sie sind in ihrer vertragsrechtlichen Ausgestaltung einfach besser. Ein Beispiel für die besondere Ausgestaltung ist die 100-prozentige physische Hinterlegung der Schweizer ETFs, die im Fondsvertrag festgehalten wurde.

Das Fondsvermögen kann weder verpfändet, ausgeliehen noch sonst irgendwie belastet werden. Die Eidgenössische Finanzmarktaufsicht FINMA und eine externe Revisionsstelle überwachen die Einhaltung des Vertrags. Gerade diese volle physische Deckung sowie deren Unantastbarkeit sind bei den deutschen und französischen Konkurrenzprodukten eben nicht immer gegeben oder müssen zumindest angezweifelt werden.

Schutz vor einer Dollarabwertung mit währungsgesicherten Gold-ETFs

Die USA sind massiv davon abhängig, dass ausländische Investoren US-Staatspapiere erwerben. Diese halten sich nun aber in ihren Engagements vermehrt zurück. Das Hauptproblem ist, dass laut aktueller Statistiken die amerikanische Regierung – vor allem auch im Zuge ihrer Rettungspakete und Konjunkturprogramme – eine fast schon unglaubliche Finanzierungslücke zwischen 1 und 3 Milliarden US-Dollar pro Tag hat.

Der politische Wahnsinn!

Das Problem der Refinanzierung der US-Staatsausgaben und -Schulden bekommt derweil dramatische Züge. Die US-Notenbank hat längst begonnen, amerikanische Staatsanleihen mit selbst gedrucktem – oder besser gesagt: virtuell auf Knopfdruck geschaffenem – Geld zu kaufen. Denn die Nachfrage reicht im eigenen Land nicht aus, um die Neuverschuldung des Staates (durch den Verkauf von Staatsanleihen) abzudecken.

Dieses Problem wird aber mit dem virtuellen Geld aus dem Nichts gelöst, mit dem eigene US-Staatspapiere aufgekauft werden. Das führt langfristig zu zwei Effekten: zum einen zu steigender Inflation und zum anderen zu einer Abwertung des US-Dollars.

Was heißt das für Ihr Edelmetall-Depot?

Diese Entwicklung, die auch in anderen Staaten durchaus wahrscheinlich ist, hat auch im Bereich Ihrer Rohstoffinvestments einen Handlungsbedarf zur Folge. Die meisten Rohstoffe notieren in US-Dollar, so auch Gold und Silber. Wenn Sie nun physisches Gold kaufen oder gekauft haben, kann es sein, dass die Goldpreissteigerung in Zukunft durch den US-Dollarverfall kompensiert wird. Hier haben Sie nun zwei grundlegende und effiziente Möglichkeiten:

1. Sie sichern Ihre physischen Goldpositionen, die Sie beispielsweise in Schließfächern, in einem Edelmetalldepot oder in einem Zollfreilager unterhalten, durch entsprechende Short-Positionen (Futures, Mini-Futures, Optionen, Optionsscheine) auf den US-Dollar ab.
2. Sie kaufen währungsbesicherte, physisch hinterlegte Gold-ETFs. Eine professionelle Währungsabsicherung erfolgt zum Beispiel mit den »Julius Bär Physical Gold Funds«.

Die Grundlage Ihrer strategischen Edelmetallinvestments sollte stets physisches Gold oder auch Silber in Schließfächern, Edelmetall-Depots oder Hochsicherheitstresoren sein, das nach Ablauf eines Jahres komplett abgeltungsteuerfrei ist.

Als Beimischung sollten Sie währungsgesicherte Gold-ETFs kaufen. So investieren Sie direkt in physisches Gold, ohne dabei Emittenten- sowie Diebstahlrisiken oder die hohen Verwahrungs- und Versicherungskosten in Kauf nehmen zu müssen. Die SIX (Swiss Exchange) in Zürich ist dabei die weltweit einzige ETF-Handelsplattform, an der ETFs in vielen verschiedenen Währungen angeboten werden. Julius Bär bietet für seine Gold-Fonds in Euro und Schweizer Franken eine tagesaktuelle Währungsabsicherung gegenüber dem US-Dollar. Das Ziel dieser Absicherung ist eine maximale Partizipation an der reinen Wertentwicklung des Goldes, um Verzerrungen durch die Konvertierung des in US-Dollar bewerteten Goldes in die Depotwährung des Investors zu vermeiden.

Sachauszahlungen in Gold

Bei den Julius Bär Physical Gold Funds ist die Sachauszahlung Gold auf das gesamte Fondsvermögen garantiert. Eine Auslieferung bei Julius-Bär-ETFs ist allerdings erst ab einem Gegenwert von mindestens einem Standardbarren à 400 Unzen (circa 12,5 kg) möglich! Das physische Gold wird Ihnen als Anleger in Form dieser Standardbarren bei der Depotbank oder an einem Ort Ihrer Wahl innerhalb der Schweiz ausgeliefert. Im Gegensatz zum Xetra-Gold sind somit die Julius-Bär-Produkte nicht zur kostengünstigen Auslieferung von physischem Gold bereits ab kleineren Anlagevermögen geeignet. Bei Xetra-Gold macht dies schon ab circa 15.000 Euro Sinn, bei den Julius-Bär-Produkten ist dies überhaupt erst ab rund 275.000 Euro möglich.

Die Auslieferung ist in diesem Falle jedoch nicht ausschlaggebend, sondern die physische Hinterlegung in Kombination mit einer Währungsabsicherung. Kaufen können Sie die Julius-Bär-Produkte nämlich dennoch bereits ab einem Gegenwert von rund 1.000 Euro.

Tipp: Wählen Sie auf Euro denominierte ETFs

Ich rate Ihnen grundsätzlich zur Euro-Tranche der währungsgesicherten ETFs. Sie können aber natürlich auch den Schweizer Franken beimischen und somit weiter diversifizieren. Allerdings halte ich persönlich den Schweizer Franken nur sehr bedingt für einen »sicheren Hafen« der Zukunft. Ich nehme derzeit in meinen Modellen eine Aufteilung von 70 Prozent in der Euro-Tranche, 20 Prozent in der CHF-Tranche und 10 Prozent in der GBP-Tranche vor.

Steuerliche Handhabung währungsbesicherter Fonds

Diese Fonds fallen wie alle Wertpapiere für deutsche Anleger natürlich unter die Abgeltungsteuer. Ich bin im Übrigen nicht der Ansicht, dass ausländische Goldfonds in Deutschland strafbesteuert werden könnten. Es gibt keine »weißen« oder »schwarzen« Fonds mehr, sondern nur noch steuerlich transparente, semitransparente oder intransparente Fonds. Ein Fonds, der nur in Gold investiert (Gold schüttet weder Zinsen noch Dividenden aus), kann steuerlich gar nicht intransparent sein. Im Gegenteil: Transparenter geht es fast gar nicht mehr. Für mich sind diese »Gold-Produkte« somit eine weitere Diversifikationsmöglichkeit im Segment der Edelmetallinvestments, vor allem mit gleichzeitiger taktischer Währungsabsicherung.

Schweizer Banken geht langsam der Goldlagerplatz aus

Eine interessante Entwicklung zu den Edelmetall-ETFs aus der Schweiz möchte ich hier auch noch kurz ansprechen. Die Finanzmarkt- und Wirtschaftskrise trägt nämlich in der Schweiz auch sehr eigenartige Blüten. So wurde mittlerweile bekannt, dass viele Banken nicht mehr über ausreichend gesicherte Lagerstätten für Gold und Silber verfügen, um die Vermögensumschichtung vieler ihrer Kunden von traditionellen Geldanlageformen in physisches Gold adäquat zu bewerkstelligen. »Für unsere Kunden müssen wir immer mehr Gold einlagern, wir finden aber kaum mehr passenden Lagerraum«, erklärte beispielsweise ein Investmentbanker aus Zürich gegenüber einem Schweizer Pressedienst. Die Lagerengpässe bestehen vor allem für die Aufbewahrung von Goldbarren im Zusammenhang mit dem Verkauf von Anteilen an mit physischem Gold hinterlegten Fonds.

Hohe Standards für Schweizer Produkte

Bei der Goldlagerung müssen hohe Sicherheitsstandards erfüllt werden, die zusätzliche Kosten für die Schweizer Institute zur Folge haben. Positiv zu werten sind sie jedoch für Sie als Anleger. Bei der Aufbewahrung von Gold und Silber gibt es aufgrund des hohen Gewichts zudem hohe statische Anforderungen an die Tresore beziehungsweise die Bankgebäude. Die Zürcher Kantonalbank musste vor Kurzem aufgrund der hohen Goldmengen, die mittlerweile eingelagert werden, die Statik ihres Gebäudes überprüfen lassen. Das führt auch dazu, dass Institute derzeit Goldbestände verstärkt auslagern. Eine der größten Schweizer Lagerstätten für Edelmetalle wird von der Dienstleistungsgesellschaft SIX SIS verwaltet. Wo genau sich der Bunker des Unternehmens befindet, wird aus Sicherheitsgründen nicht bekannt gegeben. Eine Mitarbeiterin, die nicht genannt werden wollte, sagte in den Schweizer Medien: »Wir haben noch Platz, allerdings wird es langsam eng – wir haben zurzeit viele Anfragen.«

Auch für die Zürcher Kantonalbank (ZKB) entwickelt sich die große Nachfrage zu einem Lagerproblem, das man zunächst durch die Neuorganisation der eigenen Tresore löste. Teile des »Schatzes« mussten aber dennoch extern untergebracht werden.

Die Schweiz gehört neben Deutschland zu den größten Märkten für Anlagegold.

Tipp zum Nachlesen: Das ETF-Handbuch aus der Schweiz

Auf fast 100 informativen Seiten finden Sie hier umfangreiche und wertvolle Informationen rund um ETFs. Sie können sich das Handbuch kostenlos auf dem Postweg zusenden lassen oder einfach und schnell über das Internetangebot der SIX Swiss Exchange (www.swx.ch) unter dem Menüpunkt »ETFs & Fonds« als PDF-Dokument herunterladen.

11
Die besten währungsgesicherten Edelmetall-ETFs aus der Schweiz

1. **Julius Bär: Währungsgesicherte ETFs auf Gold, Silber, Platin und Palladium**
   Auch diese Schweizer ETFs verfolgen eine sehr restriktive und somit sichere Anlage- und Verwahrpolitik. Die Produkte enthalten nur physische Edelmetalle, vornehmlich in Standardbarren (London Bullion Market Association) von rund 12,5 Kilogramm bei Gold, 30 Kilogramm bei Silber, 5 Kilogramm bei Platin und 3 Kilogramm bei Palladium. Die physischen Edelmetalle sind ausgesondert (im Konkursfall der Bank als Emittentin) und werden exklusiv in der Schweiz in Tresoranlagen der höchsten Sicherheitsstufe verwahrt. Darüber hinaus verpflichtet sich Julius Bär als Anbieter der ETFs, das Fondsvermögen weder durch Kreditaufnahme noch durch andere Transaktionen zu Investitionszwecken (Lending, Borrowing usw.) mit Drittansprüchen zu belasten. Das ist bei einigen anderen Edelmetall-Produkten eben nicht so klar! Darum sind und bleiben die Schweizer Produkte meine absoluten Favoriten
   Um Anlegern auch bei Silber, Platin und Palladium eine maximale Partizipation an der Preisentwicklung des jeweiligen Edelmetalls zu ermöglichen, werden die neu erhältlichen ETFs – analog den Gold-ETFs – in Schweizer Franken, Euro und Britischem Pfund währungsgesichert. Auf Wunsch ist beim Verkauf der Anteile die Sachauszahlung (effektive Auslieferung) in Form der Standardbarren möglich.

Die Vorteile von »JB Physical Gold« auf einen Blick

- Vollständige Deckung mit Gold. Der Fonds investiert nur in physisches Gold, hauptsächlich in Standardbarren à 400 Unzen
- Andere »Gold-Anlagen«, beispielsweise via Derivate, sind dem Fonds nicht erlaubt
- Der Fonds ist jederzeit voll investiert
- Tägliche Liquidität und Kosteneffizienz
- Transparenter Handel durch Notierung an der SIX Swiss Exchange
- Lending und Borrowing (Leihgeschäfte) sind nicht erlaubt
- Kein Emittentenrisiko
- Liquidität darf nur im Umfang der Abwicklung von Ausgaben und Rücknahmen gehalten werden
- Das physische Gold ist ausgesondert und wird exklusiv in der Schweiz in Tresoranlagen der höchsten Sicherheitsstufe verwahrt
- Zutritt zu den Tresoranlagen haben nur Vertrauenspersonen, die von der Depotbank, der Fondsleitung und der Verwahrstelle gemeinsam autorisiert sind
- Garantierte Sachauszahlung auf das ganze Fondsvermögen
- Währungsabsicherung in CHF und EUR gegen US-Dollar möglich

Kosten

Die jährlich anfallenden Managementkosten werden beim neuen Julius Bär Physical Silver Fund mit 0,60 Prozent ausgewiesen, während beim neuen Julius Bär Physical Platinum Fund und beim Julius Bär Physical Palladium Fund nur 0,50 Prozent anfallen werden.

Edelmetall	ISIN	Währungssicherung gegen USD in:	Management Fee
Silber	CH0106405845	Keine (USD-Tranche)	0,6%
Silber	CH0106405860	EUR	0,6%
Silber	CH0106405894	CHF	0,6%

Silber	CH0106405928	GBP	0,6%
Palladium	CH0106407205	Keine (USD-Tranche)	0,5%
Palladium	CH0106407213	EUR	0,5%
Palladium	CH0106407239	CHF	0,5%
Palladium	CH0106407254	GBP	0,5%
Platin	CH0106406215	Keine (USD-Tranche)	0,5%
Platin	CH0106406231	EUR	0,5%
Platin	CH0106406280	CHF	0,5%
Platin	CH0106407049	GBP	0,5%

Übersicht: Die Julius-Bär-Edelmetall-ETFs

2. **ZKB: Gold-ETFs mit USD-Währungsabsicherung**
   Die Zürcher Kantonalbank bietet mittlerweile auch Gold-ETFs mit USD-Währungsabsicherung an. Die drei neuen Tranchen des »ZKB Gold ETF hedged« werden auf täglicher Basis mittels Termingeschäften oder Swaps währungsgesichert. Dank den zusätzlichen Anteilsklassen werden die Gold-ETFs der ZKB auch für jene Anleger interessant, die Kursschwankungen des US-Dollars gegenüber ihrer Referenzwährung absichern möchten. Die Edelmetall-ETFs der Zürcher Kantonalbank, allen voran die Gold-ETFs, waren von Beginn an meine Favoriten; leider gab es diese lange Zeit nur ohne Währungssicherung.
   Hier hat die Zürcher Kantonalbank erfreulicherweise auf die Anforderungen der Anleger in Bezug auf eine Reduktion des US-Dollar-Risikos reagiert und drei weitere, währungsgesicherte ETFs an der Börse Zürich gelistet. Vielen Anlegern ist auch die Zürcher Kantonalbank (vergleichbar mit den deutschen Sparkassen) sympathischer als die Privatbank Julius Bär oder die Großbank Credit Suisse oder die UBS – wobei die rechtlichen Ausgestaltungen und die Sicherheit als Sondervermögen bei allen Schweizer ETF-Produkten relativ identisch sind.

Tipp

Nutzen Sie diese neue Angebotsvielfalt und verteilen Sie Ihre Vermögenswerte aktiv auf die unterschiedlichen Anlage-Produkte der jeweiligen Anbieter. Sollten Sie derzeit die ungesicherten Tranchen der Zürcher Kantonalbank Gold-ETFs in Ihrem Depot haben, rate ich Ihnen dazu, zumindest Teile davon in die währungsgesicherten EUR- und CHF-Tranchen umzuschichten.

Name	ISIN	Management Fee
ZKB Gold ETF hedged (CHF)	CH0103326721	0,5%
ZKB Gold ETF hedged (EUR)	CH0103326762	0,5%
ZKB Gold ETF hedged (GBP)	CH0104493306	0,5%

Kennzahlen der währungsgesicherten Gold-ETFs der Zürcher Kantonalbank

3. **Credit Suisse: Günstiger als ZKB**
   Mit der Schweizer Großbank Credit Suisse ist mittlerweile ein weiterer Anbieter am Markt. Seit Anfang Oktober 2009 gibt es von der Credit Suisse drei neue Gold-ETFs. Diese notieren in den Währungen Schweizer Franken, Euro und Dollar. Die Schweizer-Franken- und Euro-Tranchen sind dabei – wie auch bei den Julius-Bär-Produkten – gegenüber dem Dollar währungsgesichert. Der Fonds investiert physisch in Gold, ohne Derivate-Instrumente einzusetzen. Durch diese vollständige Deckung mit physischem Gold besteht kein Emittenten- oder Ausfallrisiko im Hinblick auf die Abbildung des Goldpreises.

Basiswert	Währung	ISIN	Management Fee
Gold	USD	CH0104136236	0,30%
Gold (währungsgesichert)	CHF	CH0104136285	0,35%
Gold (währungsgesichert)	EUR	CH0104136319	0,35%

Währungsgesicherte Gold-ETFs der Credit Suisse

Tipp

Die Management Fee dieser Credit-Suisse-Produkte ist günstiger als die der Vergleichsprodukte der Zürcher Kantonalbank. Auch die Kosten für die Währungsabsicherung halte ich mit 0,05 Prozent für sehr attraktiv.

Weitere Informationen zu diesen sehr empfehlenswerten Produkten finden Sie auf der ETF-Internetseite der Credit Suisse unter **www.xmtchetf.com**.

12
Numismatik: Münzsammlungen sind etwas für Profis – So finden Sie verlässliche Experten

Das stark gestiegene Interesse an Edelmetallen führt vermehrt dazu, dass vergessene Schätze, die seit Jahrzehnten in Vitrinen, Schränken, im Keller oder auf dem Dachboden vor sich hinschlummern, wieder einen genauen Blick wert sind. Ich hatte in den vergangenen Monaten mehrere Fälle, in denen Leser Münzsammlungen geerbt hatten. Von einzelnen Gold- und Silbermünzen aus der Kaiserzeit bis hin zu kompletten Silbermünzsammlungen aus D-Mark-Zeiten. Da mit diesen Münzsammlungen meist Erinnerungen an die Erblasser verbunden sind, wurde diesen Vermögenswerten im Gegensatz zu Bankguthaben, Immobilien oder Wertpapierdepots oftmals wenig Beachtung geschenkt. Aktuell jedoch werden Anlagemünzen gerne erworben – aus Sorge um die Stabilität unseres Finanz- und Währungssystems, nicht wegen der Schönheit oder Vielfalt der Münzbilder.

Materialpreise sind gestiegen – Sammlerpreise aber auch!

Zwischen der Kapitalanlage in Anlagemünzen und der Kapitalanlage in Sammlermünzen gibt es einen gravierenden Unterschied. Anlagemünzen zielen vor allem auf Preissteigerungen des Materialwerts ab. Daher notieren diese relativ nahe am Kurswert des entsprechenden Edelmetalls. Sammlermünzen können hingegen deutlich vom reinen Materialpreis abweichen. Vor allem bei historischen Münzen ist dies der Fall – aber auch bei Münzprägungen neuerer Zeit mit relativ geringen Auflagen, beispielsweise bei den von mir empfohlenen 20-Euro-Goldmünzen »Buche« und »Eiche« der Bundesrepublik Deutschland.

Diese Münzen sind innerhalb kürzester Zeit deutlich im Wert gestiegen. Qualität, Nachfrage und Seltenheit bestimmen somit ebenfalls den Wert einer Münze – zusätzlich zum Materialpreis. Doch wie und wo lassen sich bestehende Münzsammlungen am besten bewerten?

Nach den mir vorliegenden Praxiserfahrungen von drei »Kapitalschutz vertraulich«-Lesern halte ich das Bewertungsangebot von pro aurum Numismatik für sehr empfehlenswert. Die Ankaufkonditionen waren in einem Fall um mehr als 20 Prozent besser als bei einer Bank mit Numismatikabteilung. Die Münzsammlung war in diesem Fall mit mehr als 300 Stücken sehr umfangreich und hatte einen Wert von rund 25.000 Euro.

Detaillierte Informationen zum Ablauf der Münzbewertungen und den Verkaufsmodalitäten mit zahlreichen weiterführenden Hintergrundinformationen und Empfehlungen finden Sie bei pro aurum Numismatik unter **www.proaurum-numismatik.de**.

Holen Sie mindestens zwei Bewertungsangebote ein!

Grundsätzlich sollten Sie auch in diesem Bereich mehrere Angebote einholen. Sie haben da viele Möglichkeiten: Sie können sich beispielsweise im Buchfachhandel einen aktuellen Münzkatalog besorgen und selbst den Wert bestimmen. Dies kann aber nur eine grobe Richtgröße sein, je nach Umfang Ihrer Sammlung mit viel Aufwand verbunden.

Eine weitere Möglichkeit sind Banken mit Numismatikabteilungen, die auch Schätzungen anbieten. Meine Erfahrungen sind hier bislang aber eher ernüchternd. Die Bewertungsangebote der Banken waren meist preislich unattraktiv. Aber ich schließe natürlich nicht aus, dass eine spezialisierte Bank mit Numismatikabteilung, zu der Sie bereits eine Kundenbeziehung haben, für Sie eine fundierte Bewertung und ein attraktives Ankaufsangebot erstellt. Je umfassender und größer eine Münzsammlung ist, desto wichtiger ist der Preisvergleich. Ich empfehle Ihnen daher, mindestens zwei Angebote einzuholen.

Das Bewertungsangebot von pro aurum Numismatik bildet für mich dabei eine Grundlage. Zusätzlich sollten Sie sich an einen spezialisierten Münzfachhändler aus Ihrer Umgebung wenden.

Nutzen Sie den Berufsverband des Deutschen Münzenfachhandels e. V.

Im Berufsverband des Deutschen Münzenfachhandels haben sich rund 200 seriöse Edelmetallhändler aus dem Bereich der Numismatik zusammengeschlossen. Neben dem An- und Verkauf von Münzen steht dabei die Beratung der Kunden im Vordergrund. Bei im Berufsverband des Deutschen Münzenfachhandels e. V. organisierten Unternehmen können Sie sich vertrauensvoll beraten lassen und zu fairen Preisen kaufen oder verkaufen. Auf der Internetseite **www.muenzenverband.de** finden Sie die Mitgliederliste zum Herunterladen. Auch telefonisch oder auf dem Postweg hilft man Ihnen natürlich sehr gerne weiter; beispielsweise mit der Empfehlung eines entsprechenden Münzhändlers in Ihrer Region.

Der wichtigste Tipp für bestehende Münzsammlungen!

Bedingt durch unsachgemäße Lagerung können ältere Münzen aufgrund von Umwelteinflüssen anlaufen oder eine Patina bekommen. Machen Sie auf keinen Fall den Fehler, die Münzen zu reinigen. Jeder unprofessionelle physikalische oder chemische Eingriff reduziert den Wert einer Münze drastisch. Geben Sie Ihre Münzen so, wie sie sind, zur Bewertung oder in den Verkauf.

Kontaktdaten

pro aurum Numismatik GmbH
Joseph-Wild-Str. 12
81829 München
Tel.: 089 444584-130
www.proaurum-numismatik.de

Berufsverband des Deutschen
Münzenfachhandels e.V,
Rechtsanwalt Thomas A. Brückel
Universitätsstraße 5
50937 Köln
Tel.: 0221 8014965-0
www.muenzenverband.de

13 Empfehlungen für Bewertung und Verkauf von Edelmetallen – von Schmuck über Tafelsilber bis hin zu Zahngold

Die hohen Goldpreise in Kombination mit der Wirtschaftskrise fördern mittlerweile seit circa drei Jahren auch massiv den Verkauf von Altschmuck (Eheringe, Familienerbstücke, intakter oder defekter Goldschmuck, beispielsweise alte Uhren, alte Münzen, aber auch Gold-, Silberbestecke und Tafelsilber) oder gerade auch Zahngold. Täglich lesen Sie in der Zeitung: »Ankauf von Alt-, Bruch- und Zahngold« oft zu »Höchstpreisen«. Auch im Fernsehen (www.briefgold.de oder www.altgold-verkaufen.de) habe ich mittlerweile des Öfteren Werbung für den Ankauf von Altgold gesehen. Es ist auch hier wie immer und überall: Einige Händler nutzen die Situation aus und bezahlen viel zu wenig für das angebotene Altgold.

Einer meiner Leser (ein Zahnarzt) hat relativ viel Altgold in seinem Besitz und fragte mich, ob ich eine Empfehlung hätte, wie und wo er dies am besten veräußern könne. Ich habe ein wenig recherchiert, mich in meinem Netzwerk erkundigt, selbst getestet und bin zu folgendem Ergebnis gekommen: Es gibt unglaublich viele Anbieter und Gold ist eben nicht gleich Gold. Vor allem nicht bei Zahngold. Es gilt – wie immer, bevor Sie eine monetäre Entscheidung treffen –, dass Sie sich im Vorfeld informieren und Vergleiche einholen sollten.

Wenn Sie nur einen einzelnen Goldzahn veräußern möchten, ist das sicherlich weniger wichtig, als wenn Sie den Familienschmuck verkaufen möchten. Ich rate Ihnen von den Internet-Altgoldhändlern auch nicht grundsätzlich ab. Aber Sie sollten zumindest nachfolgende Empfehlungen beachten:

Die 4 wichtigsten Empfehlungen bei Veräußerung von Altgold

1. **Wenden Sie sich an den Juwelier Ihres Vertrauens**
   Holen Sie sich – aus meiner Erfahrung immer kostenlos möglich – die Meinung eines renommierten, niedergelassenen Juweliers aus Ihrer unmittelbaren Umgebung ein. Meist hat dieser sehr gute Zugangswege zu Scheideanstalten und bekommt beste Preise, die er durchaus wieder an Sie als Kunden oder potenziellen Neukunden weitergeben kann. Am besten wenden Sie sich an einen Juwelier, dessen Kunde Sie bereits sind oder dessen Kunde Sie vielleicht werden möchten. Das erhöht deutlich Ihren erzielbaren Verkaufspreis.
2. **Vergleichen Sie die Anbieter, holen Sie mehrere Angebote ein**
   Machen Sie es zu Ihrem Vorteil, dass es so viele Anbieter im Edelmetallhandel gibt. Vergleichen Sie die unterschiedlichen Preisangebote für Ihr Altgold. Fragen Sie direkt, was Sie für Ihr Gold beim jeweiligen Edelmetallhändler oder Juwelier bekommen. Ich rate Ihnen, immer einen Juwelier einzubeziehen. Es kann beispielsweise sein, dass Sie in einem Nachlass vollkommen unbewusst ein wertvolles Erbstück vorfinden, das einen Wert hat, der deutlich über dem reinen Materialwert liegt. Ebenso macht dies auch dann Sinn, wenn beispielsweise zusätzlich zum Edelmetall noch Edelsteine in das Schmuckstück eingearbeitet sind. Auch Tafelsilber kann beispielsweise weit mehr wert sein als das reine Material.
3. **Achtung beim Zahngold**
   Platin- und Palladiumanteile erhöhen oft den Verkaufspreis, den Sie erzielen können. Am schwierigsten zu bewerten – und deswegen sind Vergleiche am wichtigsten – ist Zahngold. Es gibt Hunderte von

Zahnlegierungen mit verschiedenen Edelmetallanteilen. Hauptbestandteile sind meist Gold, Platin, Palladium und Silber. Alles sehr hochwertige Metalle, die Sie bei Ihrem Zahnarzt teuer bezahlen müssen. Reines Gold allein wäre zu weich, um es als Zahngold zu verarbeiten.
Man unterscheidet beispielsweise zwischen sogenannten Hochgoldlegierungen mit circa 75 Prozent Goldanteil, meist zu erkennen an der intensiv gelben Färbung, und Zahngold mit hohen Palladium- oder Platinanteilen, meist »weißes Zahngold« genannt. Aber nicht immer zeigt die Farbe, welche Edelmetalle enthalten sind. Nur ein wirklicher Fachmann kann dies unterscheiden, denn es gibt heute auch moderne Legierungen, die keine teuren Edelmetalle enthalten. Ich bin mir sicher, dass es in diesem Bereich die meisten schwarzen Schafe bei den Aufkäufern gibt. Es wird beispielsweise lediglich der Goldpreis (mit einem Abschlag auf den Silberanteil) bezahlt, obwohl natürlich der enthaltene Platin- und Palladiumanteil weit mehr wert ist.

Lassen Sie sich Ihr Zahngold aushändigen

Übrigens: Ihr Zahnarzt ist verpflichtet, Ihnen Ihr Zahngold auszuhändigen! Verzichten Sie also beispielsweise beim Wechsel von Gold auf Keramik (bei Ihrem Zahnersatz) nicht darauf, es ist nämlich bares Geld wert!

1. Nutzen Sie den Online-Goldrechner für unterschiedliche Legierungen
2. Gold ist meist punziert, also mit dem Feingehalt der Goldlegierung gestempelt. Heutzutage ist dies gesetzlich in Deutschland vorgeschrieben. Bei alten Schmuckstücken oder im Ausland erworbenem Schmuck muss dies nicht immer der Fall sein. Von Vorteil ist es, wenn Sie die Legierung Ihres Altgoldes kennen. Oft ist dies punziert (eingestanzt auf dem Schmuck) mit 333 / 585 / 750; dies entspricht dem Goldgehalt der Legierung. Achten Sie auch auf versteckte Kosten. Der Ankäufer sollte Ihnen den ausgemachten Betrag ohne Abzüge ausbezahlen.
3. Beispiele für Punzierungen
   Gängig sind die Werte 333 oder 8 k (Karat) entsprechend 33,3 Pro-

zent Goldanteil, 585 oder 14 k entsprechend 58,5 Prozent Goldanteil, 750 oder 18 k entsprechend 75 Prozent Goldanteil. Es sind auch Punzierungen wie 10 k, 21 k oder 22 k möglich. Im nichteuropäischen Ausland werden auch noch viele andere Punzen verwendet, beispielsweise aus Russland 583 entsprechend 58,3 Prozent Goldanteil. Anders als bei reinen Goldbarren oder Produkten aus Gold gilt es somit beim Altgold, nicht nur den Goldpreis zu beachten, sondern vor allem auch die spezifischen Unterschiede des jeweiligen Verkaufsstückes in Bezug auf den Goldgehalt oder die Anteile an Edelmetallen, beispielsweise beim Zahngold. Hier bin ich auf ein interessantes kostenloses Angebot gestoßen. Die Internetseite www.goldfixing.de bietet beispielsweise unter dem Menüpunkt »Service« einen vielseitigen, kostenlosen Goldrechner an, mit dem die aktuelle Preisbestimmung von unterschiedlichen Legierungen vereinfacht wird. Sie müssen dazu lediglich online die wichtigsten Daten wie Gewicht und Feinheit eingeben und erhalten somit den aktuellen Materialwert Ihres Goldes. Hierbei wird immer der aktuelle Goldkurs bei der Berechnung herangezogen, wodurch der Goldrechner ein sinnvolles Hilfsmittel bei der Suche nach einem geeigneten Ankäufer darstellt – ein guter Anhaltspunkt für den Preisvergleich. Auch **www.goldankauf**123.de ist sehr empfehlenswert.

Fazit

Es schlummern wohl in vielen Haushalten – teilweise vollkommen unentdeckt – enorme Werte in diesen »Alt-Edelmetallen«. Oft sind dabei natürlich auch Erinnerungsstücke oder ideelle Werte dabei, die mit dem reinen Materialwert nicht kompensierbar sind. Dennoch ist das ein interessanter Bereich für viele Menschen, gerade auch in wirtschaftlich schwierigen Zeiten. Auch, weil – leider muss man wohl sagen – Erben in diesem Bereich oft keine emotionale Bindung mehr zum physischen Nachlass haben. Hier sollten dann zumindest Vergleiche angestellt werden, um bestmögliche Verkaufspreise zu erzielen. Meine grundlegende Empfehlung an Sie ist der Vergleich der Angebote von unterschiedlichen Anbietern.

Natürlich kann es auch sein, dass Sie beispielsweise bei einem Verkauf über eBay (www.ebay.de) den besten Preis erzielen, da hier mittlerweile ein wirklich unglaublicher »Edelmetallhandelsmarkt« entstanden ist. In diesem Fall (bei Verkäufen) halte ich eBay sogar für sehr empfehlenswert, weil Sie eine weitere Alternative ohne Risiko einbeziehen können. Haben Sie beispielsweise ein Angebot von einem Juwelier oder einem Edelmetallhändler vorliegen, können Sie versuchen, Ihr »Altmetall« vorher noch bei eBay mit einem Mindestgebotsverkaufspreis einzustellen, der circa 5 bis 15 Prozent höher liegt als das Ihnen vorliegende Angebot des Juweliers oder Händlers. Funktioniert das und kommt ein Verkauf über eBay zustande, haben Sie Ihren Verkaufsprozess wirklich optimiert. Kommt ein Verkauf über eBay nicht zustande, können Sie immer noch das Angebot des Juweliers oder des entsprechenden Edelmetallhändlers annehmen. Haben Sie keinen Verkaufsdruck, können Sie auch über längere Zeiträume Ihr »Altedelmetall« bei eBay mit einem Limit (Mindestgebotsverkaufspreis) einstellen.

Grundsätzlich bin ich der Ansicht, dass Sie bei eBay sehr gute Verkaufspreise erzielen können – ebenso, wie Sie bei Ihrem Juwelier ein sehr attraktives und seriöses Angebot bekommen können. Ein weiterer Anbieter für die unterschiedlichen Segmente von Altmetallen ist die Edelmetall-Service GmbH & Co. KG (**www.scheideanstalt.de**). Hier finden Sie sogar Ankaufsangebote für Industriemetalle oder Diamanten. Das Wichtigste ist und bleibt aber: vergleichen, vergleichen, vergleichen!

Anbieter für Edelmetallankauf und -bewertung

ESG Edelmetall-Service GmbH & Co. KG
Gewerbering 29 b
D-76287 Rheinstetten
Tel.: 07242 5577
www.scheideanstalt.de

Trauringschmiede Drechsel GmbH
Hohenzollernring 12
50672 Köln
Tel.: 0221 258564-35
www.altgold-verkaufen.de

Moneygold.de
Julius-Ludowieg-Str. 88
D- 21073 Hamburg
Tel.: 040 76118501
www.moneygold.de

Postal Gold (Isle of Man) Limited
54-58 Athol Street, Douglas
Insel Man IM1 1JD
Tel.: 0800 007 7077 (kostenlos)
www.briefgold.de

Cronos Metallhandel GmbH
Joachimstaler Straße 15
10719 Berlin
Tel.: 030 60974928
www.altgold-kauf.de

14
Das Zollfreilager am Züricher Flughafen und das Edelmetallzentrum in Wien

Viele Edelmetall-Investoren vertrauen Banksystemen nicht und haben natürlich eine vollkommen berechtigte Grundskepsis gegenüber Bankschließfächern.

Lagerung im Zollfreilager oder im eigenen Schließfach am Züricher Flughafen

Die Firma Geiger Edelmetalle bietet an ihrem Firmensitz in Zürich-Niederglatt (nahe Flughafen Kloten) zum einen die Einlagerung in einem Zollfreilager (Sammelverwahrung), zum anderen aber auch die sehr interessante und preislich attraktive Möglichkeit, Ihre Edelmetalle in vollversicherten Schließfächern (Einzelverwahrung) zu lagern. Die Vermietung erfolgt nach Abschluss eines Vertrages und der Aushändigung Ihres Schlüsselexemplars. Damit haben Sie Zutritt zu Ihrem Schließfach während der regulären Geschäftszeiten oder nach individueller Vereinbarung.

Kontaktdaten

Geiger Edelmetalle AG Schweiz
Sonnenbergstrasse 1
CH-8172 Niederglatt
Tel.: +41 43 411201-0
www.geiger-edelmetalle.ch

Edelmetall-Lagerung in Wien

Das österreichische Unternehmen Van Goethem bietet eine Hochsicherheitsverwahrung von Edelmetallprodukten in Wien an. Die Verwahrung im dortigen Edelmetallzentrum erfolgt in Hochsicherheits-Tresorräumen getrennt von Handels- und Eigenware des Unternehmens. Trotz zeitlich unbeschränkter Lagerung ist die Entnahme Ihres Eigentums jederzeit zu den Schalteröffnungszeiten möglich.

Van Goethem bietet darüber hinaus noch viele weitere, sehr interessante Service- und Dienstleistungen an, beispielsweise Edelmetallbewertungen, Altgold- und Silberankauf, ein Limit-Auftrags-System oder auch einen Gratis-Verwahrservice unter gesonderten Bedingungen.

Kontaktdaten

Van Goethem Edelmetalle GmbH
Wiedner Hauptstrasse 100–102
A-1050 Wien
Tel.: 43 1 54408-99
www.vg-edelmetalle.com

Fazit: Bankenunabhängige Alternativen in Österreich und der Schweiz

Die beiden vorgestellten Anbieter kann ich nach meinen Erfahrungen und Recherchen auch als Edelmetallhändler sehr empfehlen. Daher nehme ich sie in meine Empfehlungsdatenbank für seriöse Edelmetallhändler und -dienstleister auf.

15
Kostengünstige Schließfächer in der Schweiz und in Liechtenstein

Ein Auslandsschließfach ist ein Grundbaustein für Ihren Kapitalschutz

Im Zuge neuer Anti-Terror-Gesetze besteht bei deutschen Behörden die Überlegung, eine zentrale Meldestelle für Bankschließfächer einzuführen. Was bei deutschen Bankkonten längst Praxis ist, würde dann auch für Schließfächer gelten: Bankgeheimnis ade – der Bankkunde wird gläsern!

Für mich sind dies Warnsignale in Bezug auf die weitere Einschränkung von Persönlichkeitsrechten. In Schließfächern werden neben Vermögenswerten wie Edelmetallen, Münzen, Schmuck oder effektiven Wertpapieren vor allem auch Dokumente, Datenträger oder höchstpersönliche und schützenswerte Wertgegenstände gelagert.

Die Schweiz: Land der Bank-Safes und Kundentresore

Wer hier nicht mitmachen will, der findet Lösungen im Ausland. Inhaber von Schweizer Bank-Safes müssen beispielsweise nicht befürchten, dass sie ihre Wertgegenstände offenlegen oder melden müssen. Kleinere bis mittlere Bankschließfächer in der Schweiz kosten pro Jahr 50 bis 200 Schweizer Franken. Das ist nicht wesentlich teurer als in Deutschland. Diskretion und Schutz der Privatsphäre werden jedoch in unserem politisch stabilen und freiheitlich orientierten Nachbarland weit höher bewertet. Die beiden größten Banken der Schweiz (UBS und Credit Suisse) stellen allein circa 350.000 Kundentresore zur Verfügung. Auch die Zürcher Kantonalbank hat circa 85.000 Bankschließfächer im Angebot.

Seit Beginn der Finanzkrise melden viele Schweizer Banken steigende Nutzungszahlen für ihre Kundentresore. Einige Banken, gerade kleinere Institute, haben sogar keine freien Schließfächer mehr aufgrund der starken Nachfrage. Sollte das gläserne Bankschließfach in Deutschland Gesetz werden, bin ich mir sicher, dass die Nachfrage nach ausländischen Bankschließfächern weiter massiv zunehmen wird. Ein ausländischer Bank-Safe ist für mich heute schon – neben einem Auslandskonto – ein wichtiger Baustein für Ihre Kapitalschutz-Strategie.

Kapitalformen wie Bargeld, Sorten, Edelmetalle, Wertpapiere, Dokumente, aber auch ideelle Werte, beispielsweise Erinnerungsstücke, werden berechtigterweise als etwas sehr Persönliches wahrgenommen. Diskretion ist für deutsche Bundesbürger – gerade auch bedingt durch die negativen Erfahrungen unserer jüngeren Vergangenheit während der NS-Diktatur oder des DDR-Regimes – ein Gut, das nicht nur Vermögensinhaber sehr hoch schätzen. Dennoch sind gerade Werte wie Privatsphäre, persönliche Freiheit, Datenschutz und Diskretion in vielen Bereichen unseres täglichen Lebens seit Langem auf dem Rückzug. Vor allem seit dem 11.09.2001 ist eine deutliche Einschränkung der Freiheits- und Persönlichkeitsrechte auch unbescholtener Staatsbürger zu beobachten.

Länder wie die Schweiz gewichten den Schutz dieser persönlichen Freiheit jedoch nach wie vor weit höher. Im Gegensatz zu den Entwicklungen in Deutschland zählt das Bankkundengeheimnis dort gerade auch in Bezug auf Schließfächer zu den strengsten der Welt. Einzelne Institute wie das Bankhaus Jungholz aus St. Gallen steigern diese gesetzliche Sicherheit zusätzlich, indem sie personenbezogene Kundendaten ausschließlich in einem separaten Sicherheitsbereich verwahren. Zugang hat hier nur ein eingeschränkter und besonders ausgewählter Personenkreis. Verbunden mit einem Nummerndepot oder einem Schließfach wird Ihre Privatsphäre dadurch noch deutlich besser respektiert und geschützt.

Tipp

Ich empfehle vor allem die Schweizer Raiffeisen- und Kantonalbanken für Schließfacheröffnungen. Eine regionale Übersicht finden Sie unter **www.raiffeisen.ch** sowie **www.kantonalbank.ch.**

Schließfächer in Liechtenstein

Vor Kurzem bat mich ein Leser um eine Empfehlung für die Eröffnung eines Schließfachs in Liechtenstein, ohne dass dafür zusätzlich ein Wertpapierdepot eröffnet werden muss. Die LGT Bank sowie die VP Bank bieten nach meinen Recherchen sehr günstige Miet-Tresorfächer in unterschiedlichen Größen an. Die kleinsten Schließfächer kosten sowohl bei der VP Bank als auch bei der LGT Bank rund 60 Schweizer Franken (derzeit 50 Euro) Jahresmiete. Ein für normale Zwecke ausreichend großes Schließfach mit 21 cm Höhe, 25 cm Breite und 44 cm Tiefe kostet beispielsweise bei der LGT Bank 160 Schweizer Franken (130 Euro) Jahresmiete. Die detaillierten Beschreibungen mit allen Größen und Preisen können Sie auf den Internetseiten der beiden Banken herunterladen.

Kontaktdaten

LGT Bank AG
Tel.: +423 235 11 22
www.lgt.com

VP Bank AG
Tel.: +423 235 66 55
www.vpbank.com

16
Geheimtipp Steuerrecht: Das Gold-Modell

Sie haben das gleiche Recht wie die Superreichen: Nutzen Sie die unterschiedlichen Einkunftsklassen – ganz legal!

Ich war kürzlich bei einem sehr etablierten und exklusiven Schweizer Vermögensverwalter zu Besuch, den ich seit vielen Jahren kenne. Ihm erzählte ich, dass ich das nachfolgende Modell in der Rubrik »Kapital und Steuern« vertraulich vorstellen werde. Er hat mich daraufhin sehr eindringlich darum gebeten, keinesfalls auf dieses Modell aufmerksam zu machen. Warum? Ganz einfach: Weil es eben wirklich ein Geheimtipp ist, den die breite Anlegermasse oder die auflagenstarken Finanzmedien nicht kennen. »Kapitalschutz vertraulich« dagegen ist ein sehr exklusives Fachmagazin. Keine Frage, dass ich mich trotz der Bedenken meines Freundes entschlossen habe, für meine Leser diesen Beitrag zu veröffentlichen. Die Bedenken der professionellen, auch der institutionellen Vermögensverwalter verstehe ich natürlich. Sollte dieser Trick – wobei das Wort Trick in diesem Fall positiv besetzt ist, weil die Steuergesetzgebung ihn ganz eindeutig zulässt – in die Breite getragen werden, bin ich mir sicher, dass das Bundesfinanzministerium dieses Steuerschlupfloch auf absehbare Zeit schließen wird.

Worum geht es in diesem Gestaltungsmodell?

Es geht darum, risikolos steuerfreie Kursgewinne zu erzielen oder, falls das nicht eintreten sollte, steuerliche Verlustvorträge für die Zukunft zu produzieren. Sei es im Bereich der Einkommensteuer mit Ihrem persönlichen Steuersatz oder im Bereich der Abgeltungsteuer. Steuerliche Verlustvorträge sind natürlich bares Geld wert, weil sie im Bereich der Abgeltungsbesteuerung unbegrenzt in die Zukunft vorgetragen werden können. Diese Verlustvorträge können dann für Zins- oder Dividendeneinnahmen oder Kursgewinne aus allen Kapitalanlageklassen genutzt werden.

Die außerordentlich positiven Auswirkungen für Sie

☺1. Sie erzielen risikolos steuerfreie Kursgewinne

☺2. Sie produzieren – ohne monetären Verlust – steuerlich nutzbare Verluste oder Verlustvorträge für die Zukunft

Warum und mit welchen Kapitalanlagen funktioniert dieses Modell?

Dieses Modell funktioniert deshalb, weil die deutsche Steuergesetzgebung für Devisen-Kassageschäfte (Fremdwährungskonten) sowie physische Edelmetalle (allen voran Gold) gesonderte steuerliche Regelungen anwendet. Kapitalanlagen in physische Edelmetalle und Devisen-Kassageschäfte fallen nämlich nicht unter die Abgeltungsbesteuerung (§ 32 d Einkommensteuergesetz), sondern hier kommen weiterhin die Vorschriften über die Besteuerung privater Veräußerungsgeschäfte (§ 23 EStG) zum Tragen. Dies besagt, dass Gewinne nach Ablauf der Spekulationsfrist von einem Jahr weiterhin steuerfrei sind. Bei der Realisierung von Gewinnen aus privaten Veräußerungsgeschäften innerhalb eines Jahres sind Gewinne jedoch steuerpflichtig und ebenso sind natürlich unterjährige Verluste ebenfalls steuerwirksam.

So viel zur Steuertheorie als Einführung in das Thema. Ich habe versucht, das Ganze auf die wesentlichen Aspekte zu reduzieren, um nun in die Beispiele aus der Praxis überzuleiten, die Ihnen die Funktionsweise verdeutlichen. Ich stelle Ihnen zwei Umsetzungsvarianten vor – eine auf die Anlageklasse Gold und eine auf die Anlageklasse der Währungen.

Diese Paragrafen sind die Basis des Modells

§ 23 EStG

Spekulationsgewinne von Einkünften, die unter diesen Paragrafen fallen, unterliegen der Einkommensteuer, sofern der Gewinn innerhalb eines Jahres (Spekulationsfrist) seit Anschaffung des Wirtschaftsgutes realisiert wird. Nach Ablauf der Spekulationsfrist sind Gewinne steuerfrei.

§ 32d EStG

Unter diesen Paragrafen fallen nur Einkünfte aus Kapitalvermögen im Zusammenhang mit der Abgeltungsteuer. Kursgewinne sind grundsätzlich steuerpflichtig mit 25 Prozent Abgeltungsteuer plus Solidaritätszuschlag und gegebenenfalls Kirchensteuer. Kursverluste sind grundsätzlich anrechenbar und können mit allen anderen Einkünften aus Kapitalvermögen, wie Zinsen, Dividenden, Gewinnen aus Währungen, Zertifikaten, Investmentfonds, ETFs oder Derivaten, verrechnet werden. Davon ausgenommen sind Kursverluste aus Aktien, die nur mit Kursgewinnen aus Aktien verrechnet werden können.

Das Gold-Modell

Physisches oder physisch hinterlegtes Gold wird aus steuerrechtlicher Sicht nicht gleich behandelt wie andere Goldarten. Xetra-Gold fällt beispielsweise unter die Abgeltungsteuer und den § 32d EStG. Ein Goldbarren, den Sie über einen Edelmetallhändler erwerben, fällt hingegen unter die Regelungen des § 23 EStG. Auch Gold-Investments bei meinem Favoriten BullionVault fallen beispielsweise unter den § 23 EStG und sind nach Ablauf eines Jahres steuerfrei. Bei einem Finanzprodukt auf fallende Goldkurse treffen hingegen die Regelungen für die Abgeltungsteuer und der § 32d EstG zu. Genau diese ungleiche Behandlung von unterschiedlichen Produkten auf eine Anlagegattung (Gold) können Sie nun über dieses Modell risikolos zu Ihrem Vorteil steuerlich nutzen.

Umsetzungs-Beispiel: Sie kaufen (long) für 10.000 Euro physisches Gold direkt über Münzen, Barren, Edelmetalldepots oder bei BullionVault. Gleichzeitig verkaufen Sie über ein Finanzprodukt (am besten einen CFD oder auch einen Gold-Short-ETF) für 10.000 Euro Gold. Rein anlagetechnisch sind Sie nun vollkommen neutral aufgestellt. Nach Ablauf von 364 Tagen (oder einige Tage vorher) können Sie nun schauen, wie sich Gold entwickelt hat. Und hier gibt es zwei grundlegende Möglichkeiten:

1. Der Goldpreis ist gestiegen: Dann warten Sie mit dem Verkauf des physisch erworbenen Goldes die Spekulationsfrist von 365 Tagen ab und verkaufen dann die Position steuerfrei. Gleichzeitig verkaufen Sie Ihr Finanzprodukt, mit dem Sie auf fallende Goldkurse gesetzt haben. Eine Frist müssen Sie hierbei nicht beachten, weil Finanzprodukte

generell abgeltungsteuerpflichtig sind. Sie haben hier einen Verlust gemacht, der steuerlich aber natürlich anrechenbar ist und für andere Kapitaleinnahmen genutzt werden kann.
Ergebnis: Sie haben risikolos einen steuerfreien Gewinn erzielt und zusätzlich steuerlich nutzbare Verluste produziert! Der Optimalfall, vor allem wenn Gold deutlich steigt!

2. Der Goldpreis ist gefallen: Dann verkaufen Sie natürlich Ihr physisch erworbenes Gold vor dem Ablauf der 365 Tage, damit Sie den Verlust in Ihrer Einkommensteuererklärung zu Ihrem persönlichen Steuersatz (der in der Regel höher sein dürfte als 25 Prozent Abgeltungsteuer) geltend machen können. Gleichzeitig verkaufen Sie das Finanzprodukt mit Gewinn und müssen diesen mit 25 Prozent versteuern.
   Ergebnis: Sie haben risikolos einen anrechenbaren Verlust produziert, der Ihr zu versteuerndes Einkommen aus privaten Veräußerungsgeschäften senkt. Darüber hinaus haben Sie einen Gewinn erzielt, der lediglich mit dem Abgeltungsteuersatz versteuert werden muss. Nicht der Optimalfall, aber je höher Ihr persönlicher Steuersatz und Ihre sonstigen Einnahmen aus privaten Veräußerungsgeschäften sind, desto effizienter ist auch dieser Fall!

Fazit

Dieses Modell kann nicht nur zum reinen Steuersparen sehr attraktiv sein, sondern gerade auch für Anleger, die nicht das Risiko von Goldinvestitionen eingehen, aber dennoch risikolos im Sachwert Gold investiert sein möchten. Gerade auch die derzeit niedrigen Zinsen machen die Umsetzung derartiger Modelle noch interessanter, weil die entgangenen Zinsen sich natürlich in Relation zu den Gewinn-Möglichkeiten des ersten Falls kaum auswirken. Auch für Anleger, die kein zusätzliches Klumpenrisiko in Gold eingehen möchten, ist das sehr attraktiv, weil man ohne nennenswertes Kursrisiko in das gelbe Edelmetall sehr effizient investieren kann.

Das Währungs-Modell im Detail

Ich denke, durch die ausführliche Beschreibung des Gold-Modells ist die Grundsystematik klar. Diese ist identisch bei den Devisen-Kassageschäften. Devisen-Kassageschäfte, also Währungsanlagen über Fremdwährungskonten, fallen ebenfalls unter die Regelungen des § 23 EStG (Steuerfreiheit nach Ablauf der Spekulationsfrist von einem Jahr). Fremdwährungszertifikate, Derivate (CFDs) oder auch Exchange Traded Currencies (börsengehandelte Währungen) fallen jedoch unter die Regelungen des § 32 d EStG.

Umsetzungs-Beispiel: Sie eröffnen ein US-Dollar-Fremdwährungskonto (long) mit 10.000 Euro. Gleichzeitig verkaufen Sie US-Dollar (short) im Wert von 10.000 Euro über einen CFD. Ein sehr gut geeignetes Produkt ist aus meiner Sicht der ETFS Short USD Long EUR von ETF Securities mit der ISIN DE000A1EK0W0.

Diese Finanzprodukte gibt es auch auf zahlreiche Währungen sowohl long als auch short. Weiterführende Informationen zu den börsengehandelten Währungen finden Sie unter www.etfsecurities.com.

Auch hier gibt es wieder zwei grundsätzliche Möglichkeiten:

1. Der US-Dollar ist gestiegen: Dann warten Sie mit dem Verkauf Ihrer US-Dollar-Position auf dem Fremdwährungskonto, bis die 365 Tage vorbei sind, und vereinnahmen den Gewinn steuerfrei. Gleichzeitig verkaufen Sie das Finanzprodukt mit Verlust und dieser ist wieder sofort steuerlich nutzbar. Alles Weitere ist vom Ergebnis her wie beim oben genannten Gold-Beispiel.
2. Der US-Dollar ist gefallen: Dann verkaufen Sie Ihre US-Dollar auf dem Fremdwährungskonto vor Ablauf der 365 Tage und realisieren somit Ihre Verluste steuerwirksam. Gleichzeitig verkaufen Sie auch Ihr Finanzprodukt, das Sie wiederum dann versteuern müssen. Auch hier ist das Ergebnis identisch mit dem Gold-Beispiel.

Ich staune immer wieder, wie kompliziert und ungerecht doch das deutsche Steuerrecht ist. Mir bekannte Vermögensverwalter nutzen das geschilderte Modell für sehr vermögende Privatkunden. Es wird, teilweise kreditunterlegt, weil risikolos, mit Millionensummen umgesetzt – mit der Folge, dass diese enorme steuerliche Vorteile daraus ziehen und ihre Steuerlast massiv reduzieren. Warum sollte Ihnen als Leser von »Kapitalschutz vertraulich« diese Möglichkeit vorenthalten sein?

Deswegen habe ich das Modell vorgestellt, bin mir jedoch sicher, dass die Gesetzgebung hier früher oder später einschreiten muss, weil eine Fehlsteuerung in der Steuerpolitik vorliegt. Aber das muss der Gesetzgeber entscheiden – und solange diese unterschiedliche Handhabung gesetzlich vorgeschrieben ist, gilt auch: Wer die Pflicht hat, Steuern zu zahlen, hat auch das Recht, Steuern zu sparen.

17 Steueroptimierte Absicherungsstrategien für physisches Gold, Silber und Platin

Grundsätzlich gilt für Ihre Gold- und Silber-Investments als strategische Kapitalanlagen die Devise, dass Sie diese in physischer oder zumindest physisch hinterlegter Form (Edelmetall-ETFs aus der Best-Buy-Empfehlungsliste) erwerben sollten. Diese sind langfristiger und nachhaltiger Natur, und Sie sollten diesen Grundbestandteil ähnlich betrachten wie eine Risikoversicherung. Nicht als Versicherung gegenüber Ihrem eigenen Tod wie bei der Risikolebensversicherung, sondern als Versicherung gegenüber dem Tod eines Dritten (Staat, Währung, Finanz- und Bankensystem), der auf Ihr Vermögen und Leben einen enormen Einfluss hat. Gold und Silber zahlt seine Versicherungssumme vor allem dann, wenn dieser Dritte »stirbt«. Der enorme Vorteil ist zusätzlich der, dass Edelmetalle eine Risikoversicherung mit automatischer Beitragsrückgewähr sind! Denn auch wenn – was wir alle hoffen – »der Dritte« gar nicht stirbt und der Versicherungsfall (Systemzusammenbruch) niemals eintritt, wird Ihre Investition nicht verloren sein, niemals gegen null fallen und im besten Fall sogar im Wert steigen.

Gold und Silber: Ihre Risikolebensversicherung auf den Tod eines einflussreichen Dritten!

Wenn Sie heute eine Risikolebensversicherung abschließen, gehen Sie hoffentlich nicht davon aus, dass Sie in nächster Zeit sterben. Gerade junge und gesunde Menschen schließen Risikolebensversicherungen für den

Fall eines unerwarteten Todes ab. Gleiches gilt für Edelmetallinvestitionen. Kaufen Sie Gold und Silber für den – nach wie vor unwahrscheinlichen – Fall eines Staatsbankrotts, einer Währungsreform oder eines totalen Systemcrashs. Nicht, weil die Zeiten so kritisch scheinen, sondern weil es grundsätzlich Sinn macht, die guten Zeiten zur gezielten Krisenvorsorge zu nutzen. Ich habe nun einige Leser – vor allem Neu-Leser –, die teilweise noch gar nicht investiert sind. Hier rate ich, unbedingt 5 bis 15 Prozent des Vermögens in physischem Gold und Silber anzulegen. Ich empfehle für diese Investitionssummen im Bereich der Edelmetalle nach wie vor, eine Aufteilung zu gleichen Teilen von jeweils 50 Prozent in Gold und Silber vorzunehmen.

Steueroptimierte Absicherungsstrategien für Ihre Edelmetallinvestition

Ich habe in Einzelgesprächen oft erläutert, wie die Flexibilität der Edelmetall-Investitionsentscheidungen – gerade auch in Bezug auf Verkäufe oder Absicherungen – erhöht werden kann und vor allem Kosten und Aufwand reduziert werden können. Das Feedback dazu war und ist sehr positiv. Und da hier ein Bedarf zu sein scheint, möchte ich meine beiden grundlegenden Empfehlungen all meinen Lesern mitteilen.

1. Aktiver, physischer und steuereffizienter Edelmetall-Handel Wenn Sie ein Investor sind, der bei Bedarf aktiv handeln möchte, eine physische Hinterlegung wünscht und dennoch Wert auf eine mögliche Abgeltungsteuerfreiheit nach einem Jahr legt, sind physische Käufe/Verkäufe von Barren oder Münzen zu teuer und zu aufwendig. Edelmetall-ETFs oder Xetra-Gold sind ebenfalls nicht empfehlenswert, weil hier immer Abgeltungsteuer anfällt – selbst dann, wenn Sie Positionen länger als ein Jahr halten. Hier sind die Anbieter Goldmoney (**www.goldmoney.com**) und BullionVault (**www.bullionvault.de**) die beste Möglichkeit. Aber Achtung! Diese Strategie macht aus meiner Sicht vor allem dann Sinn, wenn Sie bei Gewinnen entweder die Spekulationsfrist von einem Jahr einhalten oder einen niedrigen persönlichen Steuersatz haben, der sich im Bereich der Abgeltungsteuer von 25 Prozent oder weniger bewegt. Anderenfalls müssen Sie bedenken, dass

Sie verpflichtet sind, Kursgewinne in Ihrer Steuererklärung zu deklarieren, die dann mit Ihrer persönlichen Progression (bis zu 45 Prozent) versteuert werden müssen. Bei Gewinnen aus physischen Anlagen kommt nämlich nicht die Abgeltungsteuer zum Tragen. Auch möchten sich nicht alle Anleger auf diese beiden Anbieter verlassen, sondern sie haben den – absolut berechtigten – Wunsch, ihre Edelmetalle in Münz- oder Barrenform in direkter physischer Form in Safes, Schließfächern oder sonstigen Lagerstätten im Ausland, bei inländischen Banken oder selbst zu Hause beziehungsweise an sonstigen sicheren Orten zu verwahren. Daher ist aus meiner Erfahrung die zweite Strategie für die meisten Anleger die attraktivste und beliebteste.

2. Absicherung physischer Edelmetallbestände über Short-Wertpapierprodukte

Ich hatte vor einigen Monaten einen Leser, der 10-Kilo-Goldbarren und 150 Kilo Silber in der Schweiz und in Liechtenstein in Safes verwahrt. Er möchte diese Barren grundsätzlich auch nicht angreifen, sondern hat den Wunsch, bei Bedarf (starke Kursgewinne oder Turbulenzen an den Edelmetallmärkten) diese gegen Wertverluste – ganz oder teilweise – abzusichern. Er fragte mich damals, ob es möglich und sinnvoll sei, seinem Banker eine »Schließfach-Verwaltungs-Vollmacht« zu erteilen, damit dieser die Barren auf seine Anweisung hin kaufen oder verkaufen könne – oder ob ich einen anderen Ratschlag für ihn hätte.

Ich habe diesem Leser dann zu folgendem Vorgehen geraten: Er soll seine physischen Gold- und Silber-Investitionen in der Schweiz und in Liechtenstein bei Bedarf immer verkaufen – oder besser gesagt durch den Verkauf von Wertpapieren (Short-Produkte) auf Gold- und Silber absichern. Umsetzen soll er dies bei einem kostengünstigen Discount-Broker, entweder in Deutschland oder wiederum in der Schweiz, Liechtenstein, Österreich oder Luxemburg.

Kursgewinne der Absicherung muss er dann nur mit dem Abgeltungsteuersatz von 25 Prozent versteuern. Kursverluste kann er sogar mit anderen Einkünften aus Wertpapiergeschäften (Kursgewinne aus allen Wertpapiergattungen, Zinsen oder Dividenden) verrechnen. Ebenso startet bei seinen Beständen im Ausland nicht bei jeder Transaktion die Spekulationsfrist neu. Ich habe dem Leser als grundlegende Absicherungsinstrumente die nachfolgenden beiden Wertpapiere empfohlen – er setzt diese Strategie nun damit um und ist von dieser Vorgehensweise absolut begeistert, wie er mir vor Kurzem in der Redaktionssprechstunde mitgeteilt hat.

Mit nachfolgenden Produkten können auch Sie sehr einfach, kostengünstig und intelligent bestehende Edelmetallbestände absichern oder temporär verkaufen und Gewinne beziehungsweise auch Verluste intelligent realisieren und einsetzen.

Short-Wertpapiere auf Edelmetalle			
Name	**ISIN**	**Index**	**Verwaltungsgebühr**
ETFs Short Gold	DE000A0V9X09	DJ-UBS Short Gold Sub-Index	0,98%
ETFs Short Silver	DE000A0V9X66	DJ-UBS Silver Sub-Index	0,98%
ETFs Short Platinum	DE000A0V9YD4	DJ-UBS Short Platinum Sub-Index	0,98%

Hinweis: Diese Short-Wertpapiere (ETCs) sind keine Produkte auf den Kassakurs der Edelmetalle, sondern hier muss der Umweg über den Terminmarkt und einen entsprechenden Index gegangen werden. Dadurch ist die Abbildung (Kursverlust/Kursgewinn) nicht absolut identisch, aber zumindest im Regelfall stark annähernd. Sie sollten sich mit den Produkten, der genauen Funktionsweise und vor allem den spezifischen Risiken dieser Wertpapiere intensiv beschäftigen, bevor Sie diese Strategie umsetzen. Umfassende Informationen und Unterlagen hierzu erhalten Sie zum Herunterladen beim Anbieter ETF Securities unter **www.etfsecurities.com**.

18 Goldminen-Aktien mit Potenzial – Der Top-ETF

Wenn Energiepreise steigen, steigen auch die Aktien von Energieunternehmen? Wenn die Ölpreise steigen, steigen auch die Kurse von Ölaktien? Nicht unbedingt, vor allem dann nicht, wenn Ereignisse wie die Ölkatastrophe von Mexiko (BP) einzelne Aktiengesellschaften aus diesem Sektor treffen oder – wie bei der Naturkatastrophe von Japan – gleich eine ganze Branche (Atomindustrie) betroffen ist. Ähnlich verhält es sich auch mit Goldminenaktien. Wir haben seit Langem steigende Goldpreise. Die Aktien von Minenunternehmen aber sind bislang hinter diesen Entwicklungen – teilweise deutlich – zurückgeblieben. Seit Jahresbeginn ist beispielsweise der Goldpreis in US-Dollar um weit mehr als 20 Prozent gestiegen. Goldminenaktien sind hingegen sogar gefallen. Das liegt vor allem daran, dass Goldminen klassische Aktiengesellschaften mit einem unternehmerischen Risiko sind. Südafrikanische Goldminenaktien waren in der jüngsten Zeit beispielsweise durch Streiks belastet.

Physisches Gold ist das natürlich nicht. In Krisenzeiten reagieren diese Aktiengesellschaften somit sehr sensibel auf Unsicherheiten und Börsenschwächen, während Gold hiervon tendenziell profitiert. Dennoch fördern diese Unternehmen Gold und profitieren natürlich ganz grundsätzlich auch von steigenden Goldpreisen – sofern sie kein Missmanagement betreiben oder sich den Goldpreis über Termingeschäfte absichern und somit von Preisanstiegen nicht profitieren können. Bis zum Ausbruch der Finanzkrise notierten Goldminenaktien sogar immer oberhalb des Goldpreisniveaus. Unter vielen privaten und institutionellen Anlegern hat sich der NYSE Arca Gold Bugs Index als Benchmark für Goldminenaktien mittlerweile etabliert. Die Entwicklungen zwischen diesem Goldminenindex und dem reinen Goldpreis veranschaulicht der nachfolgende Chart auf der nächsten Seite sehr eindrucksvoll. Goldminenaktien bieten derzeit ein sehr interessantes Aufholpotenzial gegenüber dem Goldpreis. Ebenso bieten Ihnen Goldminenaktien natürlich die Möglichkeit, Teile Ihrer Aktienquoten edelmetallnah in Aktien umzuschichten – auf einem derzeit sehr attraktiv erscheinenden Preis- und Bewertungsniveau. Investieren Sie daher nun in Goldminenaktien.

ComStage ETF NYSE Arca Gold Bugs

Eine aus meiner Sicht sehr empfehlenswerte Investitionsmöglichkeit in etablierte Goldminenaktien bietet der ETF der Commerzbank (Com Stage) auf den NYSE Arca Gold BUGS Index. Die historische Wertentwicklung dieses Index erhalten Sie über die Index-ISIN XC0009699965. Dieser Index setzt sich aus 16 Unternehmen zusammen, die in der Goldförderung tätig sind. Ebenso sind in diesem Index nur Minengesellschaften vertreten, die ihre Goldproduktion nicht über einen Zeitraum von mehr als eineinhalb Jahren absichern.

Die Indexbestandteile auf einen Blick

Name	ISIN	Kosten	Kurs
ComStage ETF NYSE Arca Gold Bugs	LU0488317701	0,65%	39,54 Euro
Aktie	ISIN	Land	Gewichtung
Goldcorp Inc	CA3809564097	Kanada	15,55%
Barrick Gold Corp	CA0679011084	Kanada	14,30%
Newmont Mining Corp	US6516391066	USA	10,81%
Harmony Gold Mining Co Ltd	ZAE000015228	Südafrika	5,36%
Randgold Resources Ltd	GB00B01C3S32	Großbritannien	5,03%
AngloGold Ashanti Ltd	US0351282068	USA	4,80%
Eldorado Gold Corp	CA2849021035	Kanada	4,72%

Kinross Gold Corp	CA4969024047	Kanada	4,65%
Yamana Gold Inc	CA98462Y1007	Kanada	4,57%
Gold Fields Ltd	ZAE000018123	Südafrika	4,50%
Hecla Mining Co	S4227041062	USA	4,44%
Agnico-Eagle Mines Ltd	CA0084741085	Kanada	4,38
Cia de Minas Buenaventura SA	BRCMIGACNPR3	Brasilien	4,32%
IAMGOLD Corp	CA4509131088	Kanada	4,32%
New Gold Inc	CA6445351068	Kanada	4,24%
Coeur dAlene Mines Corp	US1921085049	USA	4,01%

Indexbestandteile des ComStage ETF NYSE Arca Gold BUGS

Fazit: Top-Investment in attraktiv bewertete Goldminenaktien

Für mich ist dieser Goldminen-ETF ein weiterer alternativer Hafen für Ihre Investitionen im Segment der physischen Edelmetalle. Sie investieren breit gestreut in etablierte Unternehmen aus dem Minenbereich. Was ich als besonders interessant einstufe, ist der Aspekt, dass Aktien aus Kanada stark übergewichtet sind. Ich halte Kanada für eines der stabilsten und attraktivsten Anlageländer weltweit. Die Goldminenaktien sind in Relation zur Goldpreisentwicklung deutlich zurückgeblieben.

Dadurch bietet dieser ETF nach meiner Einschätzung ein hervorragendes Chancen-Risiko-Potenzial. Der ETF wurde im Mai 2010 aufgelegt und hat mittlerweile ein Volumen von circa 26 Millionen US-Dollar. Vor allem die Kostenbelastung ist mit einer Pauschalgebühr von 0,65 Prozent absolut attraktiv und empfehlenswert für ein derartiges ETF-Indexkonzept. Weiterführende Informationen zum ComStage ETF NYSE Arca Gold BUGS erhalten Sie direkt über die ETF-Abteilung der Commerzbank unter www.comstage.de. Hier finden Sie alle relevanten Handelsdaten, ausführliche ETF-Beschreibungen, Charts und Stammdaten sowie alle relevanten Broschüren und Dokumente zum Herunterladen. Ebenso können Sie auch alle Broschüren kostenlos anfordern und diese sich auf dem Postweg zusenden lassen.

Hier erhalten Sie weiterführende Informationen:

Commerzbank AG
Corporates & Markets
Equity Markets & Commodities
Mainzer Landstraße 153
60327 Frankfurt
Tel.: 0800 2622-383
www.comstage.de

19
Mit diesem Top-Fonds stehen Sie mit einem silbernen Bein in Liechtenstein

Die Gold-Silber-Preis-Ratio zeigt, wie attraktiv Silber ist

Das Preisgefälle von Silber zu Gold können Sie relativ einfach berechnen. Es gibt nach seriösen Schätzungen ungefähr 20-mal so viel Silber wie Gold auf unserem Planeten. Der Goldpreis müsste somit rein in Bezug auf das Angebot in etwa das 20-fache des Silberpreises betragen. Dieses Verhältnis hatte auch über Jahrhunderte Bestand. Die Gold-Silber-Preis-Ratio (GSPR) ist eine wichtige und aussagekräftige Kennzahl, die den Wert von Gold ins Verhältnis zum Wert von Silber setzt. Je höher der Quotient ist, umso niedriger ist Silber im Verhältnis zu Gold bewertet und umgekehrt.

Silber ist wirtschaftlich weitaus bedeutender als Gold

Aktuell kostet Gold ungefähr das 50-fache von Silber. Dies spricht grundsätzlich für eine günstige Bewertung von Silber in Relation zu Gold. Dennoch sollte darauf geachtet werden, dass im Jahr 2008/2009 die GSPR sogar kurzfristig bei einem Wert von 80 lag. Darüber hinaus rechtfertigen auch realwirtschaftlich Daten nicht ein derart massives Preisgefälle von Gold in Relation zu Silber. Rund 90 Prozent der jährlichen Goldnachfrage entfallen auf Schmuck und Kapitalinvestitionen. Lediglich 10 Prozent werden von der Industrie verbraucht. Bei Silber ist dies grundlegend anders. In den zurückliegenden Jahren wurden rund 60 bis 70 Prozent des Silberangebotes von der Industrie verbraucht. Silber hat neben der höchsten Wärme- beziehungsweise Energie-Leitfähigkeit weitere positive physikalische und chemische Eigenschaften. Ebenso kann auch Silber im Gegensatz zu Papiergeld nicht unendlich oder künstlich geschaffen werden. Neben den Direktinvestitionen in Silber macht eine zusätzliche Diversifikation in Silberminen Sinn, zumindest für einen kleinen Teil Ihrer Vermögenswerte.

Lediglich ein Silberminen-Zertifikat der Royal Bank of Scotland ist bisher von der Ausgestaltung her attraktiv, bildet jedoch nur 10 Silberminengesellschaften ab. Das Zertifikat gibt es schon etwas länger und es führt hervorragend die massiven Chancen, aber auch die Risiken von Silberminen-Aktien vor Augen. Seinen Tiefstkurs hatte der Silberminen-Index dieses Zertifikats am 20.11.2008 mit einer Notierung von 30,92 Euro, seinen Höchstkurs am 08.04.2011 mit 327,57 Euro. Das ist ein Unterschied in Bezug auf das Tief von knapp 1.000 Prozent – innerhalb von lediglich 2,5 Jahren! Aktuell notiert das Zertifikat bei rund 230 Euro. Das ist wiederum eine Differenz zum Höchstkurs von 30 Prozent. Das Zertifikat hat die ISIN: DE000AA0QSF4.

Der Markt für Silberminen ist sehr klein. Ebenso ist Silber weitaus schwankungsanfälliger als Gold. Für Anleger, die jedoch eine deutliche Steigerung der Silberpreise in der Zukunft erwarten, macht die Beimischung von Silberminen-Aktien absolut Sinn. Ich halte Silber, gerade wegen der jüngeren Kursrückgänge, in Relation zu Gold, aber auch vor dem Hintergrund der Finanzkrise für sehr attraktiv bewertet. In meine Best-Buy-Strategie-Empfehlungsliste nehme ich allerdings nicht das Zertifikat der Royal Bank auf Scotland auf – denn es gibt mit dem Safeport Silver Mining Fund aus Liechtenstein ein sehr gutes Investment mit deutlich überzeugenderen Vorteilen: Der Fonds investiert weltweit in Aktien und Beteiligungen von Gesellschaften, die Edelmetalle suchen, gewinnen oder verarbeiten. Insbesondere sind dies Minengesellschaften, die Silber fördern und suchen (explorieren).

Für mich ausschlaggebend ist vor allem der Aspekt, dass dies kein statisches Indexprodukt mit nur wenigen Minenaktien ist, sondern ein breit diversifiziertes Investment, das aktiv Sicherungsmaßnahmen ergreifen kann. Der Safeport Silver Mining Fund achtet auf eine sehr gute Risikoverteilung seiner gesamten Investitionen. Das Anlagekapital wird in mehr als 100 (!) verschiedene Minenaktien investiert. Dabei werden sowohl große Minengesellschaften mit deutlichen Reserven und einer hohen Produktion als auch mittelgroße Minengesellschaften mit gutem Wachstum aufgenommen – auch darüber hinaus zu einem kleineren Anteil jüngere Firmen mit einem hohen Reserve-, jedoch auch erhöhten Risikopotenzial.

Ein weiterer Vorteil ist, dass aufgrund der hohen Schwankungen des Minensektors das Fondsmanagement kurzfristige Wertabsicherungsmaßnahmen und Termingeschäfte einsetzt. Der Fonds hat eine wöchentliche Kursfeststellung, jeweils am Donnerstag. Die maximale Verwaltungsgebühr von 1,525 Prozent ist in Relation zu einem statischen Index-ETF zwar deutlich höher, jedoch für ein derartiges Fondskonzept absolut vertretbar.

Die größten Positionen des SAFEPORT SILVER MINING FUND

Unternehmen/ Fonds	ISIN	Land	Gewichtung
Grayd Resources Corp	CA3889021083	Kanada	9,52%
OAD Tree Junior Mining Fund	LI0021848457	Liechtenstein	8,80%
Endeavour Silver Corp	CA29258Y1034	Kanada	6,30%
Kootenay Gold Inc	Kootenay Gold Inc	Kanada	4,65%
First Majestic Silver Corp	CA32076V1031	Kanada	4,43%

Fazit: Der Liechtensteiner Silberminenfonds ist Ihre strategische Krisenversicherung.

Die Mindestanlagesumme in diesen Fonds beträgt 5.000 Euro. Der Fonds ist grundsätzlich über alle Banken im In- und Ausland zu erwerben. Allerdings rate ich Ihnen, diesen Fonds über ein Auslandsdepot in der Schweiz zu kaufen. Ebenso gibt es eine weitere sehr attraktive, vielen jedoch unbekannte Möglichkeit: Sie können diesen Fonds nämlich auch direkt bei der Liechtensteiner Fondsgesellschaft zeichnen und verwahren. Sie kennen dieses Fondsdepot-System vielleicht aus Deutschland. Investmentfonds von Union Investment, Fidelity, Templeton oder der Deka können Sie direkt über die jeweiligen Fondsgesellschaften erwerben. Dort werden diese dann gelagert. Sie benötigen also kein Bankdepot.

Top-Tipp: Geografische und rechtliche Diversifikation in Liechtenstein

Bei einer Lagerung des Safeport Silver Mining Funds bei der Liechtensteiner Fondsgesellschaft haben Sie ein strategisches Standbein direkt im Fürstentum – ohne dass Sie bei einer Bank ein Konto oder Depot mit Mindestanlagesummen von 50.000 bis 100.000 Euro eröffnen müssen. Sie haben dadurch die Möglichkeit, bereits ab dieser relativ geringen Anlagesumme eine geografische und rechtliche Vermögensdiversifikation auch am Finanzplatz Liechtenstein umzusetzen. Umfassende Informationen, Broschüren und ein detailliertes Fact-Sheet mit allen relevanten Daten zum Safeport Silver Mining Fund sowie den Abwicklungsmodalitäten einer Fondslagerung in Liechtenstein können Sie unter **www.safeport-funds.com** herunterladen. Ebenso können Sie die Informationsunterlagen über den Postweg anfordern.

Hier erhalten Sie weiterführende Informationen:

Perfect Management Services AG
Landstraße 340
FL-9495 Triesen
Tel.: +423 390 01 75
Fax: +423 390 01 76
www.perfect.li
www.safeport-funds.com

20 Die zehn wichtigsten Industriemetalle in einem ETF

In meiner Berufspraxis habe ich festgestellt, dass viele Leser gerne Direktinvestitionen tätigen, also Edelmetalle beispielsweise unmittelbar und physisch erwerben. Es gibt aber auch zahlreiche Leser unter Ihnen, die bequemere Anlagemöglichkeiten suchen – beispielsweise über die Finanzprodukte und Wertpapiere.

Rogers International Commodity Index Metals: Benchmark für Industriemetalle

Die Industrialisierung geht in Asien mit einem Aufbau der Infrastruktur einher. Dafür benötigen Länder wie China und Indien eine große Menge an Metallen. So ist China bereits heute der größte Verbraucher von Kupfer und Aluminium. Nach Schätzung von Experten benötigt China für seine wirtschaftliche Entwicklung rund ein Viertel des weltweiten Angebots an Industriemetallen. Zusätzlich preistreibend wirkt, dass in der Phase niedriger Rohstoffpreise von 1990 bis 2000 die Erschließung neuer Vorkommen vernachlässigt wurde. In diesem Zeitraum, in dem die Rohstoffpreise niedrig waren, sank die Investitionsbereitschaft zur Erschließung neuer Minen. Daraus resultiert nun ein knappes Angebot an Industrie- und Edelmetallen. Die Erschließung neuer Vorkommen erstreckt sich über viele Jahre. Daher dürfte noch einige Zeit vergehen, bis Minengesellschaften ihr Angebot an Metallen erhöhen können.

Jim Rogers – eine Börsenlegende

Jim Rogers ist eine Wall-Street-Legende. 1970 gründete er gemeinsam mit anderen den Quantum Fund, der in zehn Jahren 4.000 Prozent zulegte, während der S & P 500 Index im gleichen Zeitraum nur um 50 Prozent stieg. Nach den großen Erfolgen im Hedgefonds-Geschäft zog sich Jim Rogers mit 37 Jahren aus dem aktiven Handelsgeschäft zurück. Anfang der 1990er-Jahre startete er zu einer Motorradreise rund um den Globus und veröffentlichte seine Erfahrungen und Ansichten im Bestseller »Investment Biker«. Zum Jahrtausendwechsel unternahm er mit einem Spezialauto seine zweite mehrjährige Weltreise durch 116 Länder. Er erkannte schon relativ früh das wirtschaftliche Wachstumspotenzial von Entwicklungsländern, die jahrelangen Unterinvestitionen in die Rohstoffgewinnung sowie die begrenzte Verfügbarkeit einiger Rohstoffe. Unter anderem aufgrund dieser Einsichten lancierte Jim Rogers im Juli 1998 den »Rogers International Commodity Index« und seine Subindizes.

Der RICI Metals Index ETF

Der RICI Metals Index ETF bildet die Wertentwicklung des Rogers International Commodity Index Metals direkt nach. Der ETF wird an der Frankfurter Wertpapierbörse auf Xetra notiert und kann börsentäglich gehandelt werden. Die Royal Bank of Scotland stellt börsentäglich An- und Verkaufspreise, um einen liquiden Handel zu gewährleisten. Da der Index in US-Dollar notiert und der ETF in Euro, kann es aufgrund der Wechselkursschwankungen zu einer Abweichung der Wertentwicklung zwischen dem ETF und dem Index kommen.

Die wichtigsten Vorteile des Produktes auf einen Blick

⑥ + Exchange Traded Fund (ETF)

⑥ + Die zehn wichtigsten Industriemetalle in einem Index

⑥ + Diversifizierter Zugang zu Rohstoffen

⑥ + Kein Ausgabeaufschlag

⑥ + Keine Rücknahmegebühr

Im Detail: Rogers International Commodity Index Metals

Der Rogers International Commodity Index Metals (LU0259320728) repräsentiert den Wert von zehn Industrie- und Edelmetallen. Schwergewichte innerhalb dieses Index sind Kupfer, Aluminium und Gold.

Kupfer	Zink
Aluminium	Platin
Gold	Nickel
Silber	Zinn
Blei	Palladium

Zusammensetzung des RICI Metals Index ETF

Fazit

Sollte die Krise ein Ende finden, werden Metalle mit die ersten Gewinner sein, da sie dann wieder verstärkt im Auf- und Ausbau der Infrastruktur und in der Industrieproduktion benötigt würden. Sollte diese Krise jedoch weitergehen, sehe ich dennoch die Anlageklasse der Industriemetalle als zusätzliche Anlagealternative – vor allem, weil auch Gold und Silber dann weiter profitieren werden. Zudem bietet dieses Produkt über die reinen Edelmetalle hinaus eine weitere Diversifikationsmöglichkeit.

21
Gold-Shop der Reisebank: Sehr attraktive Konditionen bei Hartwährungen

Die Reisebank bietet auch eine sehr umfangreiche Auswahl an Edelmetallen an. Erhältlich sind derzeit über 30 Goldbarren und Münzen in den unterschiedlichsten Stückelungen. Die Konditionen sind ebenfalls sehr empfehlenswert. Alle gängigen Anlagegoldmünzen wie der Krügerrand, der American Eagle, der Australian Nugget, der Maple Leaf, der Wiener Philharmoniker und viele mehr sind über die Reisebank erhältlich.

Tipp: Exklusiv die »Schweizer Goldunze« als Münzbarren

Einzigartig im Gold-Shop der Reisebank ist der Schweizer Münzbarren »Swiss Gold Bar«. Auf der Vorderseite dieses Münzbarrens ist das Matterhorn, auf der Rückseite das Schweizer Kreuz. Neben dem Aspekt, dass dieser 1-Unzen-Münzbarren nicht nur außergewöhnlich schön ist, ist er auch sehr preiswert und liegt sogar leicht unter dem Preis vergleichbarer Anlagemünzen wie dem Krügerrand oder dem Wiener Philharmoniker.

Abb. 19: 1 Unze Swiss Gold Bar / Quelle: www.reisebank-gold.de

Die Internetseiten der Reisebank sind hervorragend gestaltet. Auch die telefonische Beratungshotline ist nach meinen Tests sehr freundlich und gibt Ihnen kompetent Antworten auf alle Fragen. Auf den beiden Internetseiten **www.reisebank.de** sowie **www.reisebank-gold.de** können Sie gezielt nach einzelnen Fremdwährungen oder Edelmetallen suchen, Preise vergleichen, Länderinformationen abrufen oder Ihre gewünschten Fremdwährungen direkt reservieren und bestellen. Ebenso finden Sie eine Geschäftsstellen-Suchfunktion nach Niederlassungen in Ihrer Nähe für die persönliche Beratung oder die direkte Abholung der physischen Sorten und Edelmetalle.

Legen Sie sich einen Bargeldvorrat an – auch in Fremdwährungen!

Deutsche Bundesbürger haben allein im Jahr 2010 mehr als 41 Milliarden Euro in bar in die Schweiz und andere Nicht-EU-Länder transferiert. Und das sind lediglich die offiziellen, weil angemeldeten Zahlen. Die Dunkelziffer dürfte weit höher liegen – aus meiner Sicht deutlich über der 100-Milliarden-Euro-Grenze. Nach einer vor Kurzem veröffentlichten Auswertung besitzt jeder Bundesbürger lediglich 65 Euro an verfügbarem Bargeld. Ich rate Ihnen, einen kleinen Handbestand an Edelmetallen im direkten Zugriff zu verwahren. Für Not- und Krisenzeiten, aber auch als nicht zu vernachlässigendes, beruhigendes Vorratspolster, das Sie hoffentlich niemals in Anspruch nehmen müssen.

Mein grundlegender Ratschlag für Ihre Orientierung:
Ihre Lebenshaltungskosten für circa drei Monate sollten Sie als Handbestand, aufgeteilt in ein Drittel Gold (Anlagegoldmünzen wie der Krügerrand), ein Drittel Silber (Silbermünzen) und ein Drittel Fremdwährungen (beispielsweise Schweizer Franken und Norwegische Kronen), physisch zu Hause oder in greifbarer Nähe lagern. Die Reisebank bietet Ihnen für diese Strategie optimale Möglichkeiten und Konditionen – vor allem auch regional in Ihrer direkten Umgebung durch das weitverzweigte Niederlassungsnetz. Ebenso sollten Sie einen Teil Ihres Schweizer Schließfachs neben Edelmetallen gezielt auch mit Fremdwährungen bestücken.

Kontaktdaten
Reisebank AG
Eschborner Landstraße 42–50
60489 Frankfurt/Main
Tel.: 01805 227239
www.reisebank.de
www.reisebank-gold.de

22
Das »Multi-Plattform-Strategie-Modell« – Setzen Sie auf vernetzte Strukturen!

Bauen Sie sich eine vernetzte Struktur auf und kombinieren Sie BullionVault mit Bankkonten speziell im Ausland.

Bei der größten Online-Edelmetall-Handelsplattform BullionVault **www.bullionvault.de** haben Sie auch die Möglichkeit, zu sehr günstigen Konditionen mehrere Einzel-Depots zu eröffnen. Sie bekommen als Testgutschrift bei Kontoeröffnung pro Depot entweder eine physische Feinunze Silber geschenkt oder ein Gramm physisches Gold. Für jedes Depot beziehungsweise Konto bei BullionVault müssen Sie zu Ihrer Sicherheit ein sogenanntes Referenzkonto angeben. Wenn Sie also Edelmetalle verkaufen und sich das Geld überweisen lassen möchten, erfolgt die Gutschrift auf dieses Konto. Sie können natürlich auch eine Bank in der Schweiz, in Liechtenstein oder Österreich als Referenzkonto angeben, was ich rein aus Diskretions- und Diversifikationsgründen sehr empfehle. Auch Liechtenstein und die Schweiz sind SEPA-Teilnehmer (Europäischer Zahlungsverkehrsraum), sodass Überweisungen kostenlos oder sehr kostengünstig möglich sind. Sie verknüpfen damit Lagerstellen für Wertpapiere und den Zahlungsverkehr (Bankkonten) mit einem Konto und Depot für Sachwerte (Gold und Silber) und sind sehr flexibel. Zudem erweitern Sie durch diese Strategie einfach und kostengünstig Ihre Zugangswege und Lagerstellen.

Praxisempfehlung

Ich habe dieses Modell in der Praxis getestet – mit einem eigenständigen Silber-Depot bei BullionVault im Tresor London und einem Gold-Depot bei BullionVault im Tresor Zürich. Bei beiden Depots habe ich Discountbroker in der Schweiz und in Österreich als Referenzkonten. Möchte ich nun physisches Gold oder Silber verkaufen, dann erhalte ich innerhalb von ein bis zwei Tagen das Geld bei meinem Discountbroker für Dispositionen. Beim Discountbroker wiederum können Sie als Referenzkonto ein weiteres Bankkonto angeben. So sind Ihre Lagerstellen zwar vernetzt und sehr gut zugänglich für den Zahlungsverkehr, aber dennoch nicht systemisch verbunden. Wenn Sie beispielsweise keinen Zugang zu Ihrer deutschen Bank haben, ist davon der Zugangsweg zum Schweizer Discountbroker nicht automatisch betroffen.

Das Multi-Plattform-Strategie-Modell

Physische Edelmetalle Online bei BullionVault	⇔	Alternative Handelsplattform
1. Konto – Gold im Tresor Zürich 2. Konto – Gold im Tresor in London 3. Konto – Gold im Tresor New York 4. Konto – Silber im Tresor London	Verknüpfung als Referenzkonto	1. Konto – Broker/Bank Deutschland 2. Konto – Broker/Bank Schweiz 3. Konto – Broker/Bank Luxemburg 4. Konto – Broker/Bank Österreich

Abb. 20: Das Multi-Plattform-Strategie-Modell

Sie möchten beispielsweise Edelmetalle physisch erwerben, gleichzeitig diese aber auch aktiv handeln?

Sie möchten aus Vermögensschutzgründen bei einer sich abzeichnenden Krise oder sonstigen Gründen Umschichtungen in physisches Gold und Silber vornehmen? Dann können Sie nach diesem Modell Ihre Edelmetalle später wieder verkaufen und Ihr (Papier-)Geld wiederum innerhalb kürzester Zeit vom ausländischen Discountbroker zu BullionVault übertragen. Das ist natürlich nur eine Umsetzungsalternative, aber die grundlegende Systematik halte ich für sehr empfehlenswert. Sie können das natürlich zusätzlich mit weiteren Empfehlungen von mir wie GoldMoney (**www.goldmoney.com**) oder anderen Alternativen umsetzen, indem Sie beispielsweise ausländische Discountbroker untereinander oder auch mit inländischen Bankverbindungen kombinieren.

Dieses grundlegende Modell – das Sie natürlich flexibel an Ihre Bedürfnisse anpassen können – ist eine ganz einfache, wenig aufwendige, kostengünstige und dennoch effiziente Möglichkeit, Ihr Geld für einen optimierten Vermögens- und Vorsorgeschutz über internationale Bankalternativen und bankenunabhängige Handelsplattformen zu streuen. Dieses Modell bedeutet für mich ein echtes globales Anlage- und Risikomanagement.

Um das Ganze in Zahlen zu verdeutlichen: Sie können bereits mit rund 1.000 bis 2.000 Euro sehr kosteneffizient eine internationale Struktur aufbauen, beispielsweise über einen Discountbroker in Luxemburg und in Österreich in Kombination mit einem Edelmetalllager in London, Zürich und New York. Bei GoldMoney können Sie zusätzlich noch den Lagerort Hongkong wählen. Das sind Strukturen, für die man früher ein Millionenvermögen benötigte! Zusätzlich empfehle ich Ihnen, auch diese Konten mit sogenannten Prepaid-Kreditkarten zu vernetzen und zu kombinieren, sodass Sie auch vor Ort einen schnellen und bequemen Bargeldzugang haben.

23
Edelmetallmünzen: Die wichtigsten Empfehlungen und Fallstricke

Im Anschluss an meine Online-Edelmetall-Seminare habe ich immer wieder viele Fragen von Teilnehmern bekommen. Eine bezog sich dabei auf meine Empfehlung, in Anlagegoldmünzen zu investieren. Anlagegold ist in Deutschland, Österreich und natürlich auch in der Schweiz mehrwertsteuerfrei und ich empfehle in erster Linie als Investment: Krügerrand, Maple Leaf, Britannia, Wiener Philharmoniker und den American Eagle. All diese Münzen sollten Sie möglichst in der Stückelung 1 Unze (31,10 Gramm), mindestens jedoch ½ Unze erwerben. Hier sind die Aufschläge am geringsten. Denn je geringer die Größe, desto höher der Aufpreis, was Ihr Investment unnötig verteuert und ineffizient macht.

Einer meiner Leser fragte mich unter anderem, warum ich nur »ausländische Goldmünzen« empfehle. Er kauft nämlich immer die deutschen Gold-Euros, die auch ½ oder 1 Unze Goldanteil haben und mit unterschiedlichen, sehr schönen Motiven zu erwerben sind. Ebenso kauft er immer über Internetanbieter (Münzhandelshäuser) wie **www.mdm.de** die verschiedensten Gold- und Silbermünzen. Er wundert sich, warum ich diesen Anbieter und Sammlermünzen oder historische Münzen nicht einmal empfehle, weil hier aus seiner Sicht zusätzlich zu Materialpreissteigerungen auch noch enorme Sammlerwertsteigerungen möglich sind. Da ich nun des Öfteren derartige Fragen bekomme, möchte ich hier noch einmal näher auf diese Thematik eingehen.

Kapitalanlage in Edelmetalle hat nichts mit (Münz-)Sammeln zu tun!

Natürlich sind viele Münzen auch hübsch anzuschauen und manche Sammlermünzen oder historische Münzen erreichen enorme Preissteigerungen – dabei geht es aber in meinen Empfehlungen nicht primär. »Kapitalschutz vertraulich« ist ein exklusives Wirtschafts- und Anlegermagazin, keine Sammlerzeitschrift. Es geht mir demnach um die strategische Anlage in Sachwerten und hier gezielt in Edelmetallen. Daher ist es absolut irrelevant, ob nun die Philharmoniker-Münze schöner aussieht als der American Eagle oder aus welchem Jahr diese stammt. Lassen Sie sich bitte hier nicht emotional leiten. Jedenfalls nicht an erster Stelle.

Die Gold-Euros sind in diesem Zusammenhang – obwohl auch gesetzliches Zahlungsmittel – nicht vergleichbar mit den von mir empfohlenen Anlagemünzen, weil die Auflagen weit geringer sind und somit der Kaufpreis massiv vom Materialwert abweicht. Diese Abweichung, also der Aufpreis beim Kauf, ist der Sammlerwert. Ich bin jedoch der Ansicht, dass in Krisenfällen und -zeiten – gerade dafür empfehle ich strategische Edelmetallinvestments – aber nur Materialwerte zählen. Das zeigt auch die Geschichte. Trennen Sie deswegen in Ihren Überlegungen strikt zwischen Liebhaberei und einer reinen Kapitalanlage. Bei absolut nicht empfehlenswerten Münzhandelshäusern wie MDM kosten Standardmünzen wie der Krügerrand oder der Goldeuro in vielen von mir recherchierten Fällen bis zu 40 Prozent mehr als bei empfehlenswerten, seriösen Edelmetallhändlern.

Finger weg von Gedenkmünzen, Sammlerprägungen, Medaillen

Besonders genau sollten Sie Angebote prüfen, die zwar rein rechtlich unter die Kategorie Anlagemünzen fallen, aufgrund ihrer Beschaffenheit aber ganz klar den Sammel- oder Gedenkmünzen zuzuordnen sind.

Gold-Marktpreis für 1 Unze	Aufschlag zum reinen Materialpreis
1 Kilo Goldbarren beim Kauf über einen Edelmetallhändler	1,7%
1/10 Unze Krügerrand (bei anlagegold24)	22%

1/10 Unze Krügerrand (bei mdm)	44%
½ Unze BRD Gold Euro (Glosar) (bei anlagegold24)	30%
½ Unze BRD Gold Euro (Goslar) (bei mdm)	55%
½ Unze Krügerrand bei anlagegold24 Bei mdm nicht erhältlich	13%
1 Unze Krügerrand (bei anlagegold24)	6%
1 Unze Krügerrand (bei mdm)	16%

Der Praxis-Vergleich auf einen Blick

Quelle: Eigene Recherchen. Aufschläge auf Gold-Kaufpreise in Relation zum reinen Materialpreis (Durchschnittsdaten)

Hier werden aufgrund der limitierten Auflage, Prägequalität, diverser Sondermotive, Fremdmetall-Applikationen zum Teil Aufpreise in Rechnung gestellt, die mit dem Materialwert rein gar nichts mehr zu tun haben.

Rechenbeispiel und Anbietervergleich Krügerrand versus Gold-Euro

Eine ½ Unze Krügerrand hat somit einen Aufpreis von rund 10 Prozent auf den Materialwert. Eine Unze Krügerrand hat bei Anlagegold24 einen Aufpreis von nur noch 6 Prozent. Ein 1-Kilo-Goldbarren hat nur noch einen Aufpreis von 1,7 Prozent. Sie sehen: Je größer die Einheit, desto wirtschaftlicher und somit besser ist Ihr Investment.

Der Kauf des Gold-Euros über www.mdm.de hat einen Aufschlag gegenüber dem Krügerrand über einen empfehlenswerten Münzhändler von teilweise über 37 Prozent. Der Aufschlag auf den reinen Materialpreis beträgt sogar 55 Prozent! Das ist natürlich absolut inakzeptabel. Selbst bei einem empfehlenswerten Anbieter wie Anlagegold24 ist der Aufpreis des Gold-Euro in Relation zum Krügerrand (15 Prozent Aufschlag) oder zum Marktpreis (30 Prozent Aufschlag) immer noch erheblich. Bei MDM kostet 1 Unze Krügerrand nach meinen Erhebungen rund 10 Prozent mehr als bei Anlagegold24! Deswegen empfehle ich Ihnen ganz klar den

Kauf von Anlagemünzen über Edelmetallhändler und nicht über Münzhandelshäuser.

Hinweise

- Ich habe hier mit Anlagegold24 nicht den immer grundsätzlich und absolut günstigsten Anbieter genommen. Teilweise sind auch pro aurum, Castellgold oder Edelmetallhouse sowie Westgold oder Licawa noch günstiger in ihren Angeboten. Vergleichen Sie diese Anbieter daher vor dem Kauf und achten Sie auf Sonderaktionen! Generell gilt jedoch: Diese Anbieter sind immer weit günstiger als Münzhandelshäuser wie MDM.
- Ich habe zur Veranschaulichung hier mit dem Krügerrand die beste, weil bekannteste Anlagegoldmünze gewählt. Der Vergleich trifft aber rein kalkulatorisch auch fast annähernd auf alle anderen von mir empfohlenen Anlagemünzen zu! Wirklich erschreckende Beispiele dafür finden Sie auf diversen TV-Shopping- Kanälen (HSE 24 oder QVC) oder auch bei Internet-»Versandhäusern« (beispielsweise **www.qvc.de, www.hse24.de, www.mdm.de oder www.muenzkontor.de**). Meist wird bei diesen Angeboten nicht einmal das Gewicht oder der Goldgehalt der jeweiligen Münzen genannt. Hier wird mit Emotionen gearbeitet und vollkommen unseriös mit unrealistischen Vergleichen und Annahmen auf das mögliche gigantische Wertsteigerungspotenzial des exklusiven Stückes eingegangen.

Achtung!

Wollen Sie derartige Münzen in einer schweren Krise veräußern, kommt es zu bösen Überraschungen. Gezahlt wird dann nur der reine Materialwert. Der Sammlerwert wird nämlich am Markt meist eben nicht bezahlt und derartige Münzen sind in vielen Fällen mindestens 200 bis 300 Prozent teurer als der reine Materialwert. Ich habe auch Extrembeispiele bei sehr kleinen Münzen oder Auflagen gefunden, bei denen deutlich über 500 Prozent Aufschlag verlangt wird.

Das Wichtigste in der Übersicht

- Kaufen Sie Anlagemünzen, keine Sammlermünzen, vergleichen Sie die Preise bei den von mir empfohlenen Händlern.
- Kaufen Sie bei Edelmetallhändlern, nicht bei Münzhandelshäusern. Warnen möchte ich hier vor allem – in Bezug auf vollkommen überteuerte Preise – vor dem bekanntesten Anbieter MDM Deutsche Münze. Dort gibt es nun sogar in Kooperation mit der Bild-Zeitung eine sogenannte Silber VOLKS-UNZE. Diese Tatsache allein spricht eigentlich schon wieder für fallende Edelmetallkurse, aber dennoch ist es wichtig, dass Sie einen Grundbestandteil Ihres Vermögens von circa 10 bis 20 Prozent in dem Sachwert Edelmetall als Wertaufbewahrungsmittel strategisch, kosteneffizient und intelligent anlegen. Orientieren Sie sich jedoch nicht an der Bild-Zeitung! Oftmals lauert bei diesen Anbietern übrigens eine Abo-Falle. Die erste Münze ist meist sehr günstig und danach werden Sammler zu vollkommen überteuerten Folgelieferungen animiert.
- Achtung vor der Empfehlung »Differenzbesteuerung« als Verkaufsargument für Silber. In einem Börsenbrief habe ich ganz aktuell gelesen: »Diese sogenannte Differenzbesteuerung ist der Geheim-Trick, um mehrwertsteuerfrei an Silber zu kommen, leider bieten nicht alle Edelmetallhändler diesen an.« Manche Händler bieten Silber in der Tat mit dem Verkaufsargument »mehrwertsteuerfrei, da differenzbesteuert« an. Edelmetalle (Silber, Gold, Platin, Palladium) und Edelsteine fallen jedoch nach § 25 a Umsatzsteuergesetz nicht unter die Möglichkeit der Differenzbesteuerung! Gewerbliche Anbieter, die das so machen und damit werben, sind für mich nicht empfehlenswert und laufen im Übrigen Gefahr, bei einer Betriebsprüfung hier nachversteuern zu müssen. Dennoch setzen das einige als Verkaufsargument ein. Dem Risiko einer Nachversteuerung beugen diese dann vor, indem sie ihre Margen, also den Aufschlag auf den Materialverkaufspreis, deutlich zum Nachteil des Kunden erhöhen. Was bringt es Ihnen, wenn Sie 7 Prozent Mehrwertsteuer »sparen«, aber der Kaufpreis um 10 Prozent höher liegt als bei einem empfehlenswerten Anbieter? Ich rate Ihnen: Finger weg von derartigen »Geheimtipps«. Mehrwert-

steuerfrei können Sie Silber hingegen tatsächlich durch Privatkäufe über Auktions-Plattformen wie eBay von Privatpersonen erwerben.

- Beim Thema Edelmetall-Online-Auktionen von privat oder einem gewerblichen Händler über Auktionsplattformen wie eBay (**www.ebay.de**) möchte ich keine generelle oder pauschale Aussage treffen, weil es stark auf Sie persönlich ankommt, ob dieses Medium für Sie geeignet ist. Hier können Sie in der Tat, gerade auch bei einem Privatkauf, mehrwertsteuerfreie Schnäppchen machen. Angebot und Preise sind durchaus sehr interessant.
- Allerdings sind mittlerweile auch vermehrt gefälschte Produkte im Edelmetall-Segment im Umlauf. Auch hier gilt: Augen auf! Wenn Sie aber von eBay und der Seriosität und Zuverlässigkeit Ihres Handelspartners sowie den technischen und administrativen Grundvoraussetzungen überzeugt sind, ist das nicht nur für Edelmetall-Käufe, sondern auch für Ihre möglichen Verkäufe eine sehr interessante Alternative. Ansonsten bleiben Sie bei den renommierten Handelsadressen, die ich Ihnen immer wieder empfehle, allen voran: **www.proaurum.de, www.castellgold.de, www.mp-edelmetalle.de, www.licawa.de, www.westgold.de, www.edelmetallhouse.de, www.anlagegold24.de, www.argentarius.de**, und vergleichen Sie die jeweiligen Preise immer vor einer Transaktion!
- Finger weg von Münzangeboten, die keine gesetzlichen Zahlungsmittel sind. Medaillen, Gedenk- oder Schauprägungen werden derzeit verstärkt über Magazine oder Fernsehsender angeboten. Die Münz- oder Edelmetallangebote, die Sie beispielsweise über TV-Shopping-Kanäle angeboten bekommen, sind für mich eigentlich schon ein Fall für den Gesetzgeber. Es darf nicht sein, dass bei Bankprodukten die Regelungen massiv verschärft werden, aber hier Edelmetalle vollkommen überteuert mit Aufschlägen von 300 bis 500 Prozent an unbedachte Zuschauer verkauft werden.
- Denken Sie immer daran: Sie sind Kapitalanleger und Investor (Analytiker) und kein Sammler (Numismatiker)! Wenn Sie (leidenschaftlicher) Sammler sind, ist das ein ganz anderer Bereich, der mit einem intelligenten Investment zum Vermögensschutz, der Wertsicherung und der Krisenvorsorge nichts zu tun hat.

Fazit

Ich habe mich mit dem eingangs erwähnten Leser über anderthalb Stunden in meiner Redaktionssprechstunde unterhalten und ihm im Anschluss daran auch schriftlich meine Haltung begründet. Er schrieb mir nun, dass er infolgedessen seine Münzsammlung anhand seiner Kaufpreise in Relation zu den Materialpreisen bewertet habe. Er hat festgestellt, dass er in Summe circa 190 Prozent (!) mehr bezahlt hat als den reinen Materialwert. Hinzu kommt, dass die Sammlerpreise, die er gezahlt hat, sich als Mondpreise erwiesen haben und bei einem Verkauf nicht realisierbar sind. Vermeiden Sie also bitte derartige Fehler und kaufen Sie nur Anlagebarren und Anlagemünzen für Ihre Kapitalanlage.

Wenn es um Ihr Hobby oder Ihre Sammelleidenschaft geht, bezahlen Sie ja auch beispielsweise für Papier (Briefmarken, historische Aktien) Aufschläge, die in die Millionen Prozent gehen. Aber das sind keine Kapitalanlagen. Vielleicht steigt Ihre Sammlung auch im Wert. Vermögensschutz über Briefmarken, Gedenkprägungen, historische Aktien oder deutlich überteuerte Sammlermünzen betreiben zu wollen, ist jedoch eine Illusion, die ich diesem Leser – erfreulicherweise – nehmen konnte und vor der ich Sie bewahren möchte. Der Leser hat übrigens all seine MDM-Münzabos gekündigt und kauft nun nur noch Anlagemünzen.

Die wichtigsten Gold-Anlagemünzen im Detail

Anlagemünzen sind im Prinzip Barren in Münzform. Diese Entwicklung ist übrigens noch relativ jung. Erst im Jahre 1970 begann die Massenprägung des Krügerrands in großen Stückzahlen. Diese können Sie beispielsweise über Ihre Hausbank physisch erwerben und mitnehmen oder auch in Ihr Wertpapierdepot einbuchen lassen.

Fragen Sie auch ruhig bei Ihrer derzeitigen Bank oder Ihrem Discountbroker nach, ob diese sehr empfehlenswerte Möglichkeit (Vorteile: einfache Verwahrung, Aussonderung im Konkursfall der Bank, Abgeltungsteuerfreiheit, kostengünstiger Erwerb) dort besteht. Ich lasse die Gold-Euros übrigens bewusst einmal außen vor, da hier die Auflagen der ersten Sätze sehr gering waren. Das sind also mehr Sammlermünzen (mit entsprechenden Aufschlägen zum Materialpreis) als reine Anlagemünzen. Mittlerweile steigen jedoch die Auflagen deutlich, sodass dieser Effekt zunehmend bei den neuen Prägungen weniger deutlich wird.

Gold-Anlagemünzen: Barren in Münzform im Überblick

Abb. 21: Krügerrand (Südafrika) / 1 Unze Krügerrand 2010
Quelle: www.anlagegold24.de

Bis zur erstmaligen Ausgabe des Krügerrands im Jahr 1967 kannte man diese Art der Münzen gar nicht. Doch seither sind die Anlagemünzen zu einem feststehenden Begriff geworden und das haben sie insbesondere der Krügerrand-Goldmünze zu verdanken, die über viele Jahre die beliebteste und meistverkaufte Gold-Anlagemünze blieb, selbst nachdem zwischenzeitlich diverse Goldmünzen als Konkurrenz hinzukamen.

Seinen Namen hat der Krügerrand dem südafrikanischen Politiker Paul Kruger zu verdanken, der in der Zeit von 1825 bis 1904 lebte. Doch nicht nur die berühmte Goldmünze des Landes hat seinen Namen geerbt, auch das von ihm gegründete Sabie-Naturschutzgebiet trägt heute seinen Namen und ist als Kruger-Nationalpark weltbekannt geworden. Wenn die Münze schon nach Paul Kruger benannt wurde, ist es nur folgerichtig, dass ein Porträt von ihm auf der Vorderseite der Münze abgebildet ist. Als Umschrift ist dort zudem die Länderbezeichnung »Suid-Afrika – South Africa« zu lesen. Ebenfalls seit der ersten Prägung unverändert geblieben ist das Motiv der Rückseite: Es zeigt eine Springbock-Antilope, eingerahmt von der Münzenbezeichnung »Krugerrand« über ihr, dem Prägejahr geteilt links und rechts von ihr und der Angabe des Feingehaltes »Fyngoud 1 Oz Fine Gold« unter ihr.

Eine Angabe des Nennwerts sucht man auf der Prägung vergeblich; dies ändert aber nichts daran, dass der Krügerrand eine Münze und offizielles Zahlungsmittel in Südafrika ist. Der Nennwert variiert vielmehr und entspricht stets dem aktuellen Goldpreis. Neben der 1-Unzen-Goldmünze, hat man später den Wünschen der Anleger nach weiteren Stückelungen entsprochen und so ist der Krügerrand seit 1980 auch als Zehntel-, Viertel- und Halb-Unzen-Münze erhältlich.

Geprägt wurde die Krügerrand-Goldmünze von Anfang an durch die »South African Mint«. Seine markante rötliche Färbung erhält der Krügerrand durch die Legierung von Kupfer, wodurch die Härte der Münze erhöht wird. Wie in seinen Anfangsjahren, wo im Rekordjahr 1978 sogar über 6 Millionen Münzen geprägt wurden, gehört der Krügerrand heute wieder zu den beliebtesten Anlagemünzen aus Gold. Dies hat er vor allem der Tatsache zu verdanken, dass er mit nur geringem Aufschlag zum tatsächlichen Goldkurs gehandelt wird. Doch so erfolgreich waren die Zeiten für den Krügerrand nicht immer. Eine tiefe Krise musste die südafrikanische Goldmünze erleiden, als im Jahr 1986 die USA und Europa aufgrund der Apartheid einen Boykott auf alle südafrikanischen Produkte ausriefen.

Die Auflagenzahlen des Krügerrands brachen in den Folgejahren vollständig zusammen, bis zum Tiefstand von lediglich 8.285 1-Unzen-Münzen im Jahr 1995. Erst mit der Aufhebung des Einfuhrverbots im Jahr 1999 erholten sich die Auflagezahlen wieder langsam, wobei sie immer noch weit von den einstigen Rekordmarken entfernt sind.

Abb. 22: American Eagle (USA) / 1 Unze Gold, 50 US-Dollar
Quelle: www.anlagegold24.de

Nachdem schon Jahre zuvor beispielsweise Südafrika mit dem Krügerrand und Kanada mit dem Maple Leaf zwei sehr erfolgreiche Anlagemünzen aus Gold auf den Markt gebracht hatten, gab es ab 1986 mit dem American Eagle auch ein Pendant aus den USA. Bei der Feinheit der Goldmünze hat man sich offensichtlich an dem Krügerrand orientiert, denn auch der American Eagle besteht aus 91,66 Prozent-Gold. Weitere Legierungsmetalle sind Kupfer und Silber. Damit einhergehend sind auch bei dieser Münze eine höhere Härte und somit geringere Kratzempfindlichkeit.

Im ersten Ausgabejahr 1986 wurden gleich 1,3 Millionen Stück der 1-Unzen-Münze geprägt, rechnet man die drei anderen Stückelungen – von 1/10, ¼ und ½ Unze – noch hinzu, kommt man sogar auf eine Gesamtauflage von 1,7 Millionen Unzen. Danach ging die Auflage jedoch für einige Zeit erheblich zurück, ehe sie im Jahr 1998 erstmals wieder die Millionengrenze überschritt. Damit zählt der American Gold Eagle ohne Frage zu den beliebtesten und meistgehandelten Gold-Anlagemünzen. Dennoch hat auch die amerikanische Goldmünze mit diversen Problemen zu kämpfen. Die Ursachen für die zurückgehende Popularität der Münze, insbesondere bei der europäischen Käuferschaft sind vielfältig.

So werden mittlerweile von vielen Anlegern Münzen mit einem Goldgehalt von 99,99 Prozent (zum Beispiel Maple Leaf oder Wiener Philharmoniker) bevorzugt. Hinzu kommt, dass regionale Beweggründe eine Rolle spielen, sodass etwa in Europa der Wiener Philharmoniker favorisiert wird. Außerdem kann man bei Teilen der Käufer mittlerweile eine Art Boykott-Haltung gegenüber der amerikanischen Gold-Eagle-Münze beobachten, die vor allem auf eine Ablehnung der US-Außenpolitik zurückzuführen ist.

Beinahe typisch für Anlagemünzen blieb auch das Motiv American Eagle seit seiner Erstausgabe unverändert. So ist auf der Vorderseite mit der Freiheitsstatue »Liberty« das amerikanische Symbol für Freiheit abgebildet. Eine Besonderheit hat es mit der nebenstehenden Angabe des Prägejahres auf sich: In den ersten Ausgabejahren erfolgte diese noch mit römischen Zahlen (zum Beispiel MCMLXXXVII für das Jahr 1987); erst ab dem Prägejahr 1992 stellte man auf arabische Ziffern um. Seinen Namen verdankt der American Eagle insbesondere dem Motiv der Münzen-Rückseite. Dort ist ein Adler (engl.: eagle) zu sehen, der mit einem Olivenzweig über den Horst mit dem weiblichem Adler und dem Jungen fliegt. Über dieser Darstellung ist der Schriftzug »United States Of America« zu lesen, darunter sind Angaben zur Feinheit und der Nennwert zu finden, zum Beispiel: »1 Oz Fine Gold – 50 Dollars«. Links und rechts vom Motiv sind zudem die Sprüche »E Pluribus Unum« beziehungsweise »In God We Trust« abgebildet.

Ein zusätzliches »W« weist bei den Proof-Münzen auf die New Yorker Prägestätte »West Point Mint« hin, die Bullionprägungen in der Qualität Stempelglanz stammen dagegen aus der Prägestätte in Philadelphia.

Abb. 23: Wiener Philharmoniker (Österreich) / 1 Unze Gold, 100 Euro Wiener Philharmoniker / www.anlagegold24.de

Die österreichische Goldmünze »Wiener Philharmoniker« musste sich im Hinblick auf das Erstausgabejahr 1989 zwar gegenüber der Britannia aus Großbritannien (erstmals 1987 erschienen) als erste europäische Anlagemünze geschlagen geben, doch dies änderte nichts am Erfolg des Philharmonikers. Mittlerweile ist der Wiener Philharmoniker unbestritten die beliebteste und meistverkaufte Goldmünze aus Europa. Benannt wurde die Anlagemünze Österreichs nach dem Orchester »Wiener Philharmoniker«, das selbst weltbekannt ist. Naheliegend daher auch die damalige Entscheidung, die Gestaltung der Münze ebenfalls ins Zeichen der Musik zu stellen. Und so ist auf dem bis heute unveränderten Motiv auf der Vorderseite eine

Auswahl verschiedener Instrumente des Orchesters zu sehen. Darüber angeordnet findet sich die Münzbezeichnung »Wiener Philharmoniker«. Die Rückseite wiederum zeigt die Orgel, die im Goldenen Saal des Wiener Musikvereins steht und vielen sicherlich aus dem alljährlichen Neujahrskonzert bekannt ist. Weiterhin sind auf dieser Münzseite mit der »Republik Österreich« das Ausgabeland, Angaben zu Gewicht und Feinheit (zum Beispiel: »1 Unze Gold 999.9«), das Prägejahr und der Nennwert vermerkt. Im Zuge der Euro-Einführung in Österreich im Jahr 2002 erfolgte damals natürlich auch eine Umstellung des Nennwertes vom Wiener Philharmoniker. Die Umrechnung (im Sinne der Einfachheit wurde gerundet) erfolgte bei den Philharmoniker-Münzen von Schilling zu Euro jeweils mit dem Faktor 0,05. Somit liegt der Nennwert heute zwischen 10 und 100 Euro, je nach Stückelung. Anfangs gab es die österreichische Anlagemünze nur in den Größen von einer und einer viertel Unze, 1991 folgte die Zehntel- und 1994 die Halb-Unzen-Münze. Bei diesen vier Größen ist es bis heute geblieben.

Der Nennwert liegt natürlich auch beim Wiener Philharmoniker weit unter dem Goldwert der Münzen. Gehandelt werden die Goldmünzen dabei mit geringem Aufschlag zum aktuellen Goldpreis. Dabei scheint es die Anleger auch nicht zu stören, dass sie für die gleiche Menge Gold unter Umständen etwas mehr bezahlen müssen als etwa beim Krügerrand. Diese Beliebtheit der Philharmoniker-Münze ist auch auf die hohe Feinheit von 999,9 Prozent zurückzuführen.

Abb. 24: Maple Leaf (Kanada) / 1 Unze Gold, 50 Dollar Maple Leaf
www.anlagegold24.de

Mit der Einführung der Goldmünze Maple Leaf aus Kanada im Jahr 1979 gab es auf dem Markt erstmals eine Alternative zum südafrikanischen Krügerrand. Und damit war der Maple Leaf gleichzeitig auch die erste und zum damaligen Zeitpunkt einzige Anlagemünze mit einer Gold-Feinheit von 99,9 Prozent. Schon wenige Jahre später, genauer gesagt seit 1983, wurde der Goldgehalt nochmals von der Prägestätte – der Royal Canadian Mint – erhöht und liegt seitdem bei 99,99 Prozent.

Durch dieses Qualitätsmerkmal, eine gute Prägequalität und ein gelungenes Motiv ist es dem Maple Leaf gelungen, sich im Laufe der Zeit in der Beliebtheitsskala der Anlagemünzen weit oben festsetzen. Profitiert hat die kanadische Goldmünze dabei sicherlich auch von dem zwischenzeitlichen Boykott des Krügerrands seitens der USA und Europas. In jener Zeit fand im großen Umfang der Tausch von Krügerrand gegen Maple-Leaf-Goldmünzen statt, wodurch Letztere neue Auflagenrekorde erreichten.

Heute ist der Maple Leaf die wohl populärste Anlagemünze. Die Auflage der 1-Unzen-Münzen überschritt bisher schon mehrmals die Millionengrenze. Ab dem Jahr 1982 führte man in Kanada mit den Viertel- und Zehntel-Unzen-Münzen zwei weitere Stückelungen des Maple Leaf ein. Wenig später folgten ab 1986 die halbe Unze und ab 1993 die zwanzigstel Unze.

Ebenso wie die meisten bekannten Anlagemünzen wird auch der Maple Leaf jedes Jahr mit grundsätzlich gleich bleibendem Motiv geprägt. Die Vorderseite zeigt ein Ahornblatt und damit erklärt sich auch, woher der Name der Goldmünze kommt, denn »Maple Leaf« ist die englische Bezeichnung des markanten kanadischen Ahornblattes. Im oberen Teil der Umschrift ist der Name des Ausgabelandes »Canada« zu lesen, links und rechts vom Ahornblatt ist der Feingehalt von »9999« angegeben und im unteren Bereich sind weitere Angaben zur Münze zu finden. Aufgrund der Zweisprachigkeit des Landes hat man sich dafür entschieden, auch diese Daten in Englisch – »Fine Gold« – und Französisch – »1 Oz Or Pur« – anzugeben. Auf der Rückseite ist ein Porträt der englischen Königin Elisabeth II. abgebildet, das mittlerweile einige Male angepasst wurde. Ihr Name ist direkt über dem Porträt zu sehen, darunter finden sich die Nennwert-Angabe und das Prägejahr.

Abb. 25: Britannia (Großbritannien) / 1 Unze Gold, Britannia 100 Pounds / www.muenzdiscount.de

Die Britannia aus Großbritannien ist mit ihrem Erstausgabejahr 1987 die erste Anlagemünze aus Europa. Ihren Namen hat die Goldmünze von der Britannia bekommen, die heute als Personifikation für das englische Königreich steht. Ausgegeben wird die Münze seit jeher in folgenden vier Stückelungen: 1/10, ¼ , ½ und 1 Unze. Die Münze verfügt über eine Feinheit von 22 Karat, besteht also aus 916,6 Prozent-Gold.

Auf der Vorderseite, die in den Jahren von 1987 bis 1996 unverändert blieb, ist die aufrecht stehende Britannia mit Schild und Dreizack in den Händen abgebildet. Anlässlich des 10-jährigen Jubiläums der Britannia fand 1997 erstmals eine Neugestaltung der Münzen statt. Fortan ist die Britannia zusammen mit Neptun in einem Streitwagen zu sehen. Seit 2001 hat man sich seitens der »British Royal Mint« dazu entschieden, das Motiv der Britannia jeweils in den nachfolgenden ungeraden Ausgabejahren zu verändern. Umgeben ist die Abbildung jedoch immer von dem Schriftzug, der Angaben zur Größe, Feinheit, Münzbezeichnung (zum Beispiel »One Ounce Fine Gold Britannia«) und Prägejahr macht.

Die Rückseite zeigt selbstverständlich das Porträt der englischen Königin Elisabeth II., das in unregelmäßigen Abständen an das aktuelle Erscheinungsbild angepasst wird. In der Umschrift ist »Elizabeth II. Dei Gratia Regina F D« und die Nennwertangabe zu lesen. Obwohl die Britannia die erste Anlagemünze Europas war, spielt sie heute eine eher unbedeutende Rolle und wurde schon lange von dem österreichischen Wiener Philharmoniker in den Verkaufszahlen abgehängt. Dies wird besonders deutlich, wenn man sich die Auflagenzahlen der Britannia-Goldmünzen anschaut, die bereits im ersten Ausgabejahr mit insgesamt 150.367 verprägten Unzen ihren Höchststand markiert haben und seitdem tendenziell rückläufig verlaufen. Daraus folgend ist die Britannia heute meist nur noch schwer im Handel erhältlich und das mit Aufschlag zum Goldpreis.

Abb. 26: Panda (China) / 1 Unze Gold, Panda 500 Yuan
Quelle: www.anlagegold24.de

Die chinesische Panda-Goldmünze ist eine der wenigen Anlagemünzen mit jährlich wechselndem Motiv und stets ausgesprochen schön gestaltet. In Verbindung mit vergleichsweise geringen Auflagezahlen, vor allem bei den älteren Jahrgängen, findet der Gold-Panda zusehends auch bei Sammlern Zuspruch. Folglich wird die Goldmünze Chinas heute meist mit einem relativ hohen Sammleraufschlag zum Goldpreis gehandelt, weshalb ihre Bedeutung im reinen Anlagehandel auch weniger groß ist.

Seit dem Jahr 1982 gibt China den Gold-Panda aus, und das von Anfang an in vier verschiedenen Stückelungen von 1/20, 1/10, ¼ und 1 Unze. Mit einer einzigen Ausnahme in den Jahren 2001 und 2002, wo der Gold-Panda mit identischem Motiv ausgegeben wurde, kann man jedes Jahr ein anderes Panda-Motiv auf der Bildseite der chinesischen Goldmünze bewundern. Weiterhin sind der Nennwert – mit Ausnahme des Erstausgabejahrs, in dem die Münzen keinen aufgeprägten Nennwert tragen – und die Feinheit, die beim Gold-Panda seit jeher bei 999,9 Prozent liegt, angegeben. Auf der Rückseite ist mit dem Himmelstempel eine Tempelanlage aus Peking abgebildet. Bei dieser Münzseite fand bisher zweimal eine Neugestaltung statt: Der Himmelstempel blieb von diesen Änderungen, die in den Jahren 1992 und 2000 erfolgten, dabei stets unberührt, denn sie betrafen nur die Gestaltung des Außenrandes.

Neben den vier »klassischen« Stückelungen gab es den Gold-Panda zwischenzeitlich auch in anderen, teils auch ungewöhnlichen Größen. So gab es 1991 einmalig eine 1-g-Variante der Münze oder später beispielsweise eine 1-kg-Münze. Für Anleger sind diese Sonderausgaben aufgrund der sehr niedrigen Auflagenzahlen aber praktisch vernachlässigbar. Hinsichtlich der gängigen Stückelungen ist es schwer, definitive Prägezahlen von den beiden Prägestätten »The Chinese Mint« und »Shanghai and Shangyang Mint« für den Gold-Panda zu erhalten. Ohne Zweifel bewegen sich diese aber deutlich unter reinen Gold-Anlagemünzen wie dem Maple Leaf oder Krügerrand. Der Gold-Panda ist schließlich auf der Schwelle zwischen Anlage- und Sammlermünze anzusiedeln.

Abb. 27: Känguru Nugget (Australien) / 1 Unze Gold, Kangaroo Nugget 100 Dollar / Quelle: www.anlagegold24.de

Neben dem Gold-Panda aus China zählt der »Australian Nugget« sicherlich unbestritten zu den schönsten Anlagemünzen. Seinen Namen hat die australische Goldmünze aus den Anfangsjahren von 1986 bis 1989, als noch ein Goldnugget auf der Bildseite dargestellt war. Da die Münze von Anlegern und Sammlern jedoch nicht besonders gut angenommen wurde, entschied man sich bei der »Royal Australian Mint« recht schnell zu einem Motivwechsel. Und so erscheint die Goldmünze seit dem Jahr 1990 mit jährlich wechselnden Känguru-Motiven. Die Münzbezeichnung blieb ungeachtet dessen jedoch lange Zeit unverändert und wurde erst mit der Ausgabe des Jahres 2008 zu »Australian Kangaroo« geändert.

Wie schon erwähnt, war früher ein Goldnugget, genauer gesagt das berühmte »Welcome Stranger«-Nugget, auf der Bildseite zu sehen. Bis zum Wechsel auf die Känguru-Münzen blieb dieses Motiv unverändert. Danach jedoch konnte man eine jährlich wechselnde Darstellung eines Kängurus bestaunen. Darüber ist die Münzbezeichnung zu finden, die lange Zeit »The Australian Nugget« lautete und erst mit dem Prägejahr 2008 in »Australian Kangaroo« umbenannt wurde. Weiterhin ist auf der Bildseite die Angabe der Feinheit und Größe zu finden. Auf der Rückseite findet sich ein Porträt der englischen Königin Elisabeth II. Entsprechend ihrem Alter wurde das Bildnis mittlerweile schon einige Male angepasst. Die letzte Änderung diesbezüglich fand im Jahr 1999 statt. Neben dem Namen von »Elisabeth II.«, dem Ausgabeland »Australia« und dem Nennwert findet sich seit dem Jahr 2008 auch das Prägejahr auf der Wertseite wieder. Zuvor war diese Angabe stets auf der Bildseite zu finden gewesen.

Im Nachhinein hat sich die Umstellung zu den Känguru-Motiven ohne Frage gelohnt, denn die nun endlich »Australian Kangaroo« genannte Goldmünze aus Australien hat sich unter den Anlagemünzen etabliert. Mit dazu beigetragen hat möglicherweise auch die große Auswahl an verschiedenen Stückelungen. Schon von Beginn an gab es mit der 1/10, ¼, ½ und 1-Unze deren gleich vier. Später kamen die 1/20 Unze (ab 1990) und mit der 1-kg-Goldmünze im Jahr 1991 sogar noch eine Weltpremiere hinzu. Im gleichen Jahr wurden zudem die 2- und 10-Unzen-Münzen eingeführt.

Interessanterweise und für Anlagemünzen sonst unüblich sind bei der australischen Känguru-Goldmünze Höchstauflagen festgelegt; so werden beispielsweise von der 1-Unzen-Münze jährlich maximal 350.000 Exemplare ausgegeben. Dies tut der Popularität der Münzen jedoch keinen Abbruch, auch weil es bisher keinen gravierenden Einfluss auf deren Preis hat. Dies ist angesichts dessen, dass die Maximalauflage bis dato kaum ausgeschöpft wurde, auch wenig verwunderlich. Dennoch sollte man keine Probleme haben, die Münze hierzulande zu erhalten, und das zu einem Preis, der sich nahe am aktuellen Goldkurs orientiert.

Abb. 28: 1-Kilo-Silbermünzen aus Australien / 1 Kilo Silber, Kookaburra 2012 / Quelle: www.anlagegold24.de

Ich empfehle, physisches Silber ab einer Größenordnung von 1 Kilo in Münzform (Barrenmünzform) zu erwerben. Hier gibt es eine sehr empfehlenswerte Anlage-Alternative: die 1-Kilo-Silbermünze aus der Lunar-Serie.

Tipp

Die 1-Kilo-Lunar-Serien aus Australien sind beispielsweise ein sehr empfehlenswertes Sammelgebiet, und ich habe mir vorgenommen, meiner kleinen Tochter jährlich eine 1-Kilo-Münze dieses Sammelgebietes zu kaufen. Ich kann und will – wie schon gesagt – keine Prognosen für ein Jahr abgeben, ebenso wenig kann ich natürlich sagen, wie unsere Welt aussehen wird, wenn meine Tochter einmal 18 Jahre alt sein wird. Aber sie hat dann zumindest 18 Kilo Silbermünzen, die optisch sehr schön sind, und ich halte das für viel besser und geeigneter, als nur auf den Abschluss von Banksparverträgen, Ausbildungs- oder Lebensversicherungen zu setzen, die rein auf Papiergeldwährungen basieren. Derartiges kann ich Ihnen auch für ein frühzeitig beginnendes Risikomanagement sehr empfehlen – wenn nicht für Sie selbst, dann vielleicht für Ihre Kinder oder Enkelkinder. Die Münzen kosten circa 500 Euro und sind auch in 20 Jahren noch 1 Kilo Silber, da bin ich mir sicher. Was ein 500-Euro-Papiergeldschein in 20 Jahren wert sein wird, da bin ich mir allerdings überhaupt nicht sicher!

Kurzinfo – 1-Kilo-Silber-Lunar-Serie aus Australien

2010 war das chinesische Jahr des Tigers. Die Vorderseite dieser wiederum sehr schönen Münze zeigt einen liegenden Tiger und das chinesische Symbol für »Tiger«. Auf der Rückseite sind Königin Elizabeth II. sowie die Jahreszahl 2010 und der Nennwert (30 Australische Dollar) aufgeprägt. Wie bei der ersten sehr erfolgreichen Serie folgte der Tiger dem Ochsen. Die Maus war 2008 der Start der zweiten Serie der chinesischen Tierkreiszeichen.

Die weitere Fortsetzung ist wie folgt geplant: Hase (2011), Drache (2012), Schlange (2013), Pferd (2014), Ziege (2015), Affe (2016), Hahn (2017), Hund (2018) und Schwein (2019).

Kaufempfehlung

Bei Anlagegold24.de gibt es immer sehr günstige Sonderaktionen zum Bezug dieser neuen Silbermünzen. Grundsätzlich empfehle ich vor einem Kauf den Vergleich der jeweils aktuellen Angebote folgender Edelmetall-Anbieter: **www.anlagegold24.de, www.proaurum.de und www.castell-gold.de.**

Weitere empfehlenswerte Silber-Barren-Münzen mit lediglich 7 Prozent Mehrwertsteuerbelastung:

- 1 Kilogramm (1000 g) Kookaburra (Australien)
- 1 Kilogramm (1000 g) Koala (Australien)
- 1 Kilogramm (1000 g) Lunare (Australien)

Abb. 29: Abb. 29: 1 Kilo Lunar-Drachen 2012 / Quelle: www.anlagegold24.de

Deutsche Gold-Sammlermünzen

Die Bundesregierung hat beschlossen, in den Jahren 2010 bis 2015 eine Serie von sechs kleinen Goldmünzen im Nominalwert von 20 Euro herauszugeben. Das Motiv-Thema: »Deutscher Wald«. Jedes Jahr soll ein neues Blätter/Zweige-Motiv in nachfolgender Reihenfolge und Ausgestaltung erscheinen:

Serien-Motive	Münzdaten
2010: Eiche 2011: Buche 2012: Fichte 2013: Kiefer 2014: Kastanie 2015: Linde	Feinheit: 999,9/1000 Gewicht: 3,89 Gramm (1/8 Unze) Durchmesser: 17,5 mm Münzrand: geriffelt Ausführung: Stempelglanz Auflage: 200.000 Stück Münzestätten (zu gleichen Teilen): Berlin, München, Stuttgart, Karlsruhe und Hamburg

Serien-Motive und Münzdaten der deutschen 20-Euro-Goldmünzen

Die Serie soll laut Finanzministerium das Gefühl und die Erkenntnis für den Schutz der Vielfalt unserer Wälder wecken und stärken. Für Sie und für mich sollte die Münze jedoch das Gefühl und die Erkenntnis für den Schutz des Vermögens stärken im Hinblick auf die desolate Haushaltslage der Staatsfinanzen. Daher rate ich auch zu einem Erwerb dieser Serie.

Reservieren Sie diese Münz-Serie ganz bequem per Internet bei der VfS. Die VfS ist die Verkaufsstelle für Sammlermünzen der Bundesrepublik Deutschland. Herausgeber der deutschen Münzen ist das Bundesministerium der Finanzen, das die Sammlermünzen zum Erstausgabepreis herausgibt. Die Münzen haben eine limitierte Auflage, um deren Exklusivität zu garantieren. Als Kunde der VfS bekommen Sie Ihre bestellten Münzen mit der Post als Einzelbestellung oder im Abonnement zugesandt. Die Bestellung im Abonnement sichert dabei die Vollständigkeit, wodurch eine Sammlung erst an Wert gewinnt.

Abb. 30: 1/8 Unze Gold, 20 Euro – »Deutscher Wald«, Buche 2011
Quelle: www.anlagegold24.de

Kostenlose Kundenzeitschrift »prägefrisch.de«!

Jeder Kunde der VfS erhält zusätzlich viermal jährlich die Kundenzeitschrift »prägefrisch.de« kostenlos zugesandt. In der Zeitschrift wird über interessante Themen rund um das Münzsammeln berichtet – beispielsweise über neue Münzen, Wissenswertes zum Münzsammeln, Veranstaltungs- und Buchtipps und vieles mehr. Das sehr empfehlenswerte Angebot mit allen Informationen und Bestellmöglichkeiten finden Sie im Internet unter: www.deutsche-sammlermuenzen.de

Ausnahmen bestätigen die Regel: Empfehlung – Euro-Goldmünzen bei Lidl!

Ich habe ja ganz deutlich darauf hingewiesen, dass Sie den Kauf von Edelmetallen, speziell von Goldmünzen, keinesfalls bei Online-Versandhändlern wie MDM oder Home-Shopping-Kanälen wie QVC tätigen sollten, gerade weil deren Preise absolut überzogen und diese somit nicht empfehlenswert sind. Aber auch hier gilt wie überall im Leben: Ausnahmen bestätigen die Regel.

Eine dieser Ausnahmen ist überraschenderweise die Firma Lidl. Bei Lidl-Online gibt es ein Angebot der 100-Euro-Goldmünzen, das sehr empfehlenswert ist! Die 100-Euro-Goldmünzen haben eine halbe Unze Goldanteil und deren Aufpreis bei dem Lidl-Angebot bewegt sich bei den derzeitigen Goldkursen bei lediglich circa 3,5 Prozent! Das ist absolut günstig und empfehlenswert. Beim Krügerrand oder bei vergleichbaren Anlage-Goldmünzen sind die Aufpreise (für eine halbe Unze) deutlich höher. Empfehlenswert ist der Kauf vor allem vor dem Hintergrund, dass die 100-Euro-Goldmünzen aufgrund ihrer Limitierung auch Sammlerpreissteigerungen erzielen können.

Abb. 31: ½ Unze Gold, 100 Euro Wartburg 2011 / www.anlagegold24.de

Tipp

Das Lidl-Angebot ist (bei Erstellung dieses Buches) auf fünf Exemplare pro Bestellung begrenzt, aber sehr attraktiv, falls der Goldpreis in nächster Zeit nicht massiv einbricht, wovon ich nicht ausgehe. Sie finden die angebotenen Goldmünzen unter: www.lidl-shop.de. Geben Sie dann in der Suchfunktion am besten das Wort »Goldmünze« ein, Ihnen werden dann alle angebotenen Stücke angezeigt. Meine Empfehlung bezieht sich bei Lidl rein auf die 100-Euro-Goldmünzen. Bei künftigen Angeboten oder anderen Münzen gilt: Vergleichen Sie die Preise mit den von mir empfohlenen Edelmetallhändlern.

24
Von der Stange, aber alles andere als gewöhnlich: Silbermünzen der Cook-Inseln

Das Unternehmen Heimerle + Meule hat als einer der ersten Anbieter die mittlerweile sehr beliebten Edelmetall-Tafelbarren offeriert. Edelmetall-Tafelbarren bestehen – vergleichbar mit einer Tafel Schokolade – aus mehreren kleinen Barren, die sich bei Bedarf bequem von der Tafel abbrechen lassen. Der Vorteil ist, dass die Kosten pro Barren deutlich niedriger sind als die für 1-Gramm-Gold- oder Silberbarren.

Abb. 32: Cook-Islands-Münzstangen / Quelle: Heimerle + Meule

Ein Silberbarren in Zylinderform

Deutschlands älteste Gold- und Silberscheideanstalt, die bereits 1845 gegründet wurde, wartet mit einer weiteren Innovation am Markt für physische Edelmetalle auf: Cook Islands Münzstangen. Diese werden von Heimerle + Meule gefertigt und gemeinsam mit der Firma Thomas Göbel e.K. vertrieben. Eine Münzstange ist ein Silberbarren in Zylinderform. Auf den beiden Seiten des Zylinders wird dabei wie bei einer Münze die Vorder- und Rückseite des Münzmotivs aufgeprägt. Um es noch besser zu veranschaulichen: Die Münzstangen sehen aus wie ganz normale Silbermünzen, nur eben ungefähr zehn Zentimeter dick. Der große Vorteil dieser Stangen gegenüber Barren ist zum einen die einfachere und kostengünstigere Produktion. Zum anderen werden diese Stangen durch die beiden Prägestempel zum offiziellen Zahlungsmittel der Cook Islands, weshalb die Mehrwertsteuerbelastung dieser Münzstangen lediglich 7 Prozent beträgt – wie bei normalen Münzen. Für einen Barren hingegen würden 19 Prozent Mehrwertsteuer anfallen.

Die Vorteile auf einen Blick

- ⑥ + Die Anlagestangen bestehen aus feinstem Silber mit einem Feingehalt von mindestens 999 Ag (Argentum).
- ⑥ + Sie sind offizielles, gesetzliches Zahlungsmittel der Cook-Inseln (Cook Islands).
- ⑥ + Ab einem Kilo erfolgt die Lieferung in einer dekorativen Holzkiste, die Sie gratis erhalten. Dadurch sind die Münzstangen ebenso bequem stapelbar wie Barren.
- ⑥ + Die sogenannten Faconkosten (Herstellungs- und Prägekosten) sind niedriger als bei Silberbarren. Diese Preisvorteile kommen Ihnen als Anleger zugute. Die Münzstangen sind dadurch preiswerter als die meisten Anlagemünzen.
- ⑥ + Es gibt eine Rückkaufgarantie zum jeweils aktuellen Silberkurs.
- ⑥ + Der Mehrwertsteuersatz beträgt nur 7 Prozent. Das bedeutet einen Steuervorteil von 12 Prozent gegenüber Silberbarren, die mit 19 Prozent belastet werden!

Ich hatte diese Münzstangen – und die sehr dekorative Holzkiste – auf der Edelmetall- und Rohstoffmesse selbst in den Händen. Ich bin von diesem neuartigen Konzept absolut begeistert, und die günstigen Herstellungskosten mit den entsprechenden Steuervorteilen von Münzen machen dieses Silber-Investment zu einer hervorragenden Alternative zu Silbermünzen- und Barren – auch zu den bereits von mir vorgestellten Münzbarren aus Andorra und den Cook Islands. Die Münzstangen, die in München als Weltneuheit vorgestellt wurden, sind 1-Kilo-Stangen. Nach Auskunft des Unternehmens werden zukünftig auch 3-Kilo und 5-Kilo-Stangen produziert. Für kleinere Investitionsbeträge sind auch 250-Gramm und 500-Gramm-Münzstangen geplant. Die Preise dürften sich dabei vor allem bei den Kilo-Münzstangen noch näher am Materialpreis des Silbers orientieren als bei den klassischen Barren oder Münzbarren. Daher empfehle ich Ihnen, dieses innovative wie attraktive Anlagemedium im Segment der Edelmetalle.

Kontaktdaten

Heimerle + Meule GmbH
Gold- und Silberscheideanstalt
Dennigstraße 16
75179 Pforzheim
Tel.: 07231 940-0
www.heimerle-meule.com
www.edle-metalle.com

Münzhandel
Thomas Göbel e.K.
Gustav-Nachtigal-Str. 4A
67659 Kaiserslautern
Tel.: 06301 79820-20
www.anlagemetalle.de

25
Silber: Die beiden besten 10-Euro-Silbermünzen-Alternativen aus Österreich und Kanada

Die so beliebten 10-Euro-Silbermünzen waren in der Vergangenheit ein absolut empfehlenswertes Anlagemedium, um Investitionen in das Edelmetall Silber umzusetzen. Sie tauschten dabei einen 10-Euro-Papiergeldschein in eine 10-Euro-Silbermünze, die ebenfalls gesetzliches Zahlungsmittel ist. Aufgrund der gestiegenen Silberpreise hat das Bundesfinanzministerium auf diese Entwicklung reagiert, indem der Silbergehalt sowie das Gewicht der Eurozehner reduziert wurden. Jedoch waren diese Maßnahmen sehr schnell überholt, weil der Materialwert der modifizierten Silbermünzen erneut sehr schnell den Nennwert der Münzen überschritt. Mittlerweile ist jedoch der Silberpreis von seinen kurzfristigen Höchstständen um die 50 US-Dollar deutlich zurückgefallen.

Weder Sammler- noch Anlagemünzen!

Das Bundesfinanzministerium hat deshalb beschlossen, die zukünftigen 10-Euro-Sammlermünzen in einer Kupfer-Nickel-Legierung herauszugeben. Mir ist in einigen Gesprächen aufgefallen, dass vielen Anlegern dieser Umstand noch gar nicht bewusst ist. Die 10-Euro-Münzen werden ab sofort in zwei unterschiedlichen Legierungen angeboten. Die Kupfer-Nickel-Legierung ist wegen des Materials und der Auflagezahlen als Anlage- oder Sammlermünze vollkommen ungeeignet. Die ursprünglichen 10-Euro-Silbermünzen gibt es nur noch in Sammlerqualität mit einem vollkommen unattraktiven Bezugspreisaufschlag.

Abb. 33: 10 Euro Silber, 200. Geburtstag Franz Liszt 2011
Quelle: www.anlagegold24.de

Fazit: Finger weg von den neuen 10-Euro-Münzen!

Wenn Sie alte 10-Euro-Silbermünzen zu 10 Euro über Ihre Bank erwerben können – beispielsweise als Rückläufer oder über Restbestände –, dann tun Sie das. Die Wahrscheinlichkeit und vor allem die Mengen dürften jedoch eher sehr gering sein. Daher nenne ich Ihnen zwei Anlage-Alternativen aus Österreich und Kanada im Bereich der 1-Unzen-Silbermünzen. Diese Münzen sind rein vom Preis-Aufschlag auf den Materialwert sehr zu empfehlen. Beide Silbermünzen sind in ihren Herkunftsländern gesetzliche Zahlungsmittel. Ebenso werden die Münzen aufgrund ihrer Bekanntheit international gehandelt und akzeptiert. Die Münzen kosteten bei Redaktionsschluss circa 28,50 Euro pro Stück.

Die 1-Unzen-Silbermünzen Philharmoniker und Maple Leaf

Ausgabeland: Österreich **Anlagemünze:** Wiener Silber-Philharmoniker **Gewicht:** 1 Unze (31,10 g) **Silber-Feingehalt:** 999,9/1.000 **Nennwert:** 1,50 €	**Ausgabeland:** Kanada **Anlagemünze:** Silber Maple Leaf **Gewicht:** 1 Unze (31,10 g) **Silber-Feingehalt:** 999,9/1.000 **Nennwert:** 5 Kanadische Dollar

Die 1-Unzen-Silbermünzen Philharmoniker und Maple Leaf

Anbieterempfehlung

Die Wiener-Philharmoniker-Silbermünzen sind nach meiner Erfahrung beim Anbieter **www.anlagegold24.de** zu absoluten Top-Konditionen zu beziehen. Auch in höheren Stückzahlen werden hier fortlaufend preislich attraktive Sonderkontingente und Investmentpakete offeriert. Sollten Sie über kein Internet verfügen, bietet das Unternehmen auch eine kostenlose Beratungshotline unter der Telefonnummer: 0800-2000770 (Mo–Fr, 08.30–19.00 Uhr) an.

Abb. 34: 1 Unze Silber, 1,50 Euro Philharmoniker 2012 / 1 Unze Silber, Maple Leaf 2012 / www.anlagegold24.de

Tipp: Nutzen Sie die anonyme Selbstabholung bis 15.000 Euro

Ab einem Bestellwert von 5.000 Euro ist – nach vorheriger Terminabstimmung – auch eine Selbstabholung möglich. Bis zu einem Betrag von 15.000 Euro ist im Rahmen des Geldwäschegesetzes ein anonymer und dennoch vollkommen legaler Barverkauf gewährleistet. Vor allem für meine Leser aus dem norddeutschen Raum (Gifhorn liegt in der Nähe von Wolfsburg) ist dies eine sehr attraktive Möglichkeit – und eine perfekte regionale Ergänzung zu Pro Aurum (www.proaurum. de), die in München, Bad Homburg, Berlin, Dresden, Wien oder Zürich anonyme Barkäufe ermöglichen. Auch dort sind die beiden Silbermünzen erhältlich.

Kontaktdaten

Anlagegold24
Gesellschaft für Münzeditionen mbH
Celler Str. 106 d
D-38518 Gifhorn
Tel.: 05371 58900
www.anlagegold24.de

26
Mein Geheimtipp: Die kostengünstigste Schweizer Gold-Feinunze

Im Nachfolgenden möchte ich Ihnen eine sehr empfehlenswerte, direkte Investitionsmöglichkeit in Gold vorstellen. Bei meinen Recherchen bin ich auf eine Münze und einen Anbieter aus der Schweiz gestoßen, die bislang nach meinen Erkenntnissen nur in absoluten Fach- und Insiderkreisen bekannt sind.

Der Anbieter ist die Finemetal AG aus Zürich. Als inhabergeführtes Unternehmen handelt das Unternehmen ausschließlich mit den physischen Edelmetallen Gold, Silber, Platin und Palladium zu Anlagezwecken. Die Kunden sind vermögende Privatpersonen, Family Offices, Vermögensverwalter, Banken, Fonds und Edelmetallhändler. Einem breiteren Privatkundenpublikum ist dieser exklusive Edelmetallhändler dagegen bislang absolut unbekannt.

Ein Preisvorteil, der überzeugt

Finemetal bietet seinen Kunden qualitativ hochwertige Goldmünzen, die rund 3 bis 5 Prozent günstiger sind als die bekannten Anlagemünzen wie Krügerrand oder Wiener Philharmoniker. Diese Münzen sind im Gegensatz zu den Anlagemünzen keine gesetzlichen Zahlungsmittel. Dadurch ist auch kein Nominalwert auf den Münzen aufgeprägt. Im rechtlichen Sinne sind diese Münzen eigentlich mit einem optischen Motiv geprägte Rundbarren mit einem Feingewicht von einer Unze, was 31,1035 Gramm entspricht. Die optisch sehr schönen Rundbarren haben dabei den höchstmöglichen Reinheitsgrad von 999.9/1000. Ebenso sind sie LBMA-fähig in Good Delivery Qualität.

Geprägt werden die Münzen von der renommierten und zertifizierten schweizerischen Münzprägestätte Argor Heraeus in Mendrisio. Die Echtheit wird durch ein entsprechendes Echtheitszertifikat der Prägestätte bestätigt.

Diese Fakten überzeugen. Alle Voraussetzungen und Ansprüche eines Investors für eine optimale Gold-Wertanlage sind hier gegeben. Besonders empehle ich Ihnen die beiden Goldmünzen HELVETIA Goldunze sowie die Helvetic Trust Goldunze.

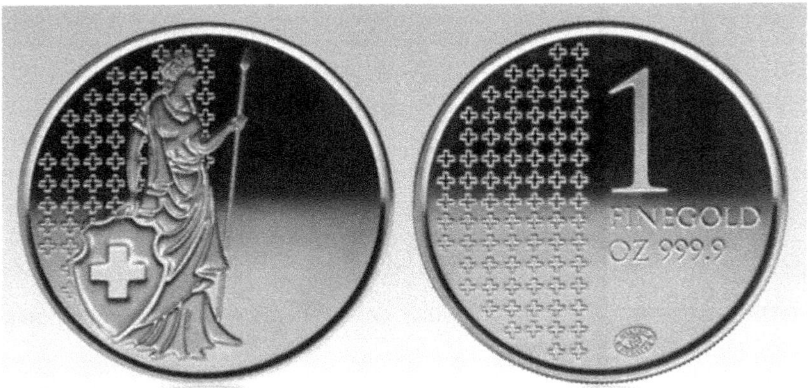

Abb. 35: HELVETIA Goldunze / Quelle: www.finemetal.ch

Finemetal ist optimal, wenn Sie Ihr Auslandsschließfach füllen wollen

Die im Internet angegebenen Mindestbestellmengen für die Unzen-Münzen sind mit 20 Stück relativ hoch. Allerdings wurde mir mitgeteilt, dass bei persönlichen Besuchen und bei einem Direktkauf auch kleinere Einheiten zu erwerben sind. Ich halte diesen Anbieter vor allem für direkte Goldanlagen in der Schweiz oder im benachbarten Liechtenstein, die Sie selbst in einem Bank-Schließfach physisch deponieren möchten, für hochattraktiv. Die Einkaufskurse sind deutlich günstiger, als wenn Sie Gold bei Schweizer Banken direkt erwerben. Darüber hinaus bietet das Unternehmen für Investitionen ab 60.000 Euro eine Aufbewahrungsmöglichkeit der Münzen im Zollfreilager des Gotthard-Bunkers an.

Hier erhalten Sie weiterführende Informationen:

Finemetal AG
Bahnhofstrasse 106
CH-8001 Zürich
Tel.: +41 4421010-80
www.finemetal.ch

27
Silber: Nur 7 Prozent – Sparen Sie Mehrwertsteuer mit kostengünstigen Münzbarren aus Andorra!

Das deutsche Steuerrecht ist in einigen Segmenten derart unlogisch strukturiert, dass man darüber einfach schmunzeln muss. Denn: Ärgern lohnt sich nicht! Aktuell gibt es ein Urteil des Bundesfinanzhofes zur unterschiedlichen Umsatzsteuerbehandlung von Pommes, Hamburgern und Currywürsten. Ein Pommesbudenbesitzer, der seinen Gästen Sitzgelegenheiten anbietet, muss nach diesem Urteil 19 Prozent Mehrwertsteuer an den Fiskus abführen. Unterhält er hingegen nur Stehtische, fallen lediglich 7 Prozent Mehrwertsteuer an. Es ist also ein Unterschied von 12 Prozent, ob ein Kunde im Stehen oder im Sitzen das gleiche Produkt verzehrt.

Das für mich sehr Interessante an diesem Urteil ist das Steuerschlupfloch. Nutzen die Gäste einer Imbissbude beispielsweise die Tische und Bänke des Standnachbarn, muss der Inhaber lediglich den ermäßigten Steuersatz von 7 Prozent bezahlen. In der Praxis wird sich also bei Imbissbuden ein steuerliches Überkreuzkonzept der Sitzplatzgelegenheiten ergeben – oder die reine Umstellung auf Stehtische. Ein Imbissbudenbesitzer, der 19 Prozent abführt, beziehungsweise ein Imbissbudenkunde, der diese bezahlt, ist also schlecht beraten, weil es Mittel und Wege gibt, dies zu optimieren.

Jetzt noch klassische Silberbarren kaufen? Finger weg!

Was für Currywürste in Deutschland gilt, gilt auch für physische Silber-Investitionen. Im Gegensatz zu Gold sind die Weißmetalle wie Silber,

Platin oder Palladium nämlich mehrwertsteuerpflichtig. Auf Silbermünzen, die gesetzliches Zahlungsmittel sind, fällt lediglich eine Mehrwertsteuer von 7 Prozent an. Klassische Silberbarren, die rein vom Materialpreis sehr günstig zu erwerben sind, werden hingegen mit 19 Prozent Mehrwertsteuer belastet. Dies hat in der Vergangenheit dazu geführt, dass gut beratene Anleger entweder große Silbermünzen (Barrenmünzen) mit einem Gewicht von 1 Kilo aufwärts gekauft oder auf die sehr schönen Münzbarren der Cook Islands zurückgegriffen haben.

Beide Strategien habe ich Ihnen bereits empfohlen. Bei den Cook-Islands Münzbarren kam bereits der Steuertrick zum Tragen, dass Münzen in Barrenform, die in ihrem Heimatland ein gesetzliches Zahlungsmittel sind, lediglich mit 7 Prozent besteuert werden. Allerdings wurde dieser Steuerspareffekt in Höhe von 12 Prozent teilweise durch deutlich höhere Aufschläge auf den reinen Materialwert der Silberbarren wieder aufgefressen.

Auch hier gilt grundsätzlich: je höher die Materialmenge beziehungsweise das Gewicht eines Barrens oder einer Münze, desto niedriger der Aufschlag auf den Materialpreis. Teilweise ist dies auch produktionsbedingt gerechtfertigt, weil Münzen oder sehr schön verarbeitete Münzbarren wie jene von den Cook Islands einen deutlich höheren Herstellungsaufwand beziehungsweise Prägeaufwand haben.

Top-Investition: Umicore-Münzbarren

Hier gibt es nun für Sie als Anleger erfreuliche Entwicklungen. Das Unternehmen Umicore ist eine weltweit operierende Materialtechnik-Gruppe, die vielen von Ihnen als Hersteller von Edelmetallbarren durch den Stempel auf den Barren bereits bekannt sein dürfte. Gemeinsam mit dem Edelmetallhändler Castell Mint bringt Umicore nun Münzbarren in fünf unterschiedlichen Größen heraus, die in Andorra gesetzliches Zahlungsmittel sind. Dadurch fällt für diese Silberbarren nur der Mehrwertsteuersatz von 7 Prozent an. Als derzeit einziger Hersteller von Münzbarren, der in der sogenannten »Good Delivery List« für Silber der London Bullion Market Association (LBMA) aufgeführt ist, kann das Unternehmen Kapitalanlegern in Deutschland ab sofort die gewohnte Sicherheit von Umicore-Silberbarren zu einem deutlich günstigeren Preis anbieten.

Abb. 36: Umicore Andorra-Münzbarren / Quelle: www.castell-mint.de

Lassen Sie sich nicht von Schönheit blenden – Kapitalanleger sind keine Sammler!

Für Sie als Kapitalanleger in die Anlageklasse Silber ist es natürlich vollkommen irrelevant, wie schön eine Münze aussieht. Allein der Materialpreis ist entscheidend. Je günstiger Sie dabei einkaufen können, desto besser. Die neuen Umicore-Münzbarren sind aus meiner Sicht absolut hässlich. Es wird hier auf der Unterseite eines ganz normalen Silberbarrens eine Münzprägung eingestanzt. Dadurch wird der klassische Barren mit 19 Prozent Mehrwertsteuer zum gesetzlichen Zahlungsmittel mit nur noch 7 Prozent Mehrwertsteuerbelastung. Der Mehraufwand für die Herstellung ist durch diese Vorgehensweise natürlich absolut gering, was sich wiederum im günstigen Verkaufspreis auswirken wird.

Im Prinzip ist dieser – steuerlich bedingte – Vorgang genauso absurd wie das »Currywurst-Urteil«. Aber es ist ein Gesetz, und Sie sollten dies natürlich vollkommen legitim zu Ihrem Vorteil nutzen. Der größte erhältliche Cook-Island-Münzbarren hat ein Gewicht von 5 Kilo. Auch hier bietet Umicore eine weitere Möglichkeit mit einem 15-Kilo-Barren. Viele Anleger haben aus Kostengründen im Bereich Silber in 15-Kilo-Barren bereits investiert. Dies ist nun auch mehrwertsteueroptimiert möglich.

Die Daten der Umicore-Silber-Münzbarren				
Herkunftsland	**Feingewicht**	**Durchmesser**	**Nennwert**	**Feinheit**
Andorra	250 Gramm	29x59x16 mm	10 Diners	999/1.000
Andorra	500 Gramm	40x69x20 mm	15 Diners	999/1.000
Andorra	1.000 Gramm	48x90x26 mm	30 Diners	999/1.000
Andorra	5.000 Gramm	72x165x51 mm	150 Diners	999/1.000
Andorra	15.000 Gramm	100x235x75 mm	450 Diners	999/1.000

Ich sage es ganz deutlich: Bankberater oder Edelmetall-Experten beziehungsweise Edelmetallhändler, die jetzt noch klassische Silberbarren empfehlen, geben aufgrund dieser steuerlichen Rahmenbedingungen sowie der neuen Investitionsmöglichkeiten eine absolut falsche Beratung!

Der Verkauf der Umicore-Münzbarren erfolgt seit September 2011 über Banken, ausgewählte Handelspartner von Umicore und Castell Mint. Der Edelmetallhändler CastellGold (www.castellgold.de) dürfte auch hier durch diese Kooperation mit Umicore die attraktivsten Preise für die neuen Münzbarren offerieren. Weiterführende Detailinformationen sowie eine Bildergalerie der neuen Münzbarren finden Sie im Internet unter: **www.muenzbarren.umicore.de**.

28
Kunstbarren: Silberkunst gepaart mit realem Materialwert – ein einzigartiges Investment!

Kunst als Kapitalanlage: Diese interessante Anlage-Thematik habe ich mir schon vor langer Zeit auf meiner Ideenliste notiert. Allerdings habe ich bislang keinen effizienten Weg gefunden, in Kunst zu investieren, der bereits ab kleinen Anlagesummen attraktiv erscheint. Das hat sich nun erfreulicherweise geändert.

Kunstobjekte als Sachwertanlage haben sich seit Jahrhunderten bewährt

Ebenso wie Immobilien, Unternehmensbeteiligungen, Grundstücke, Edelmetalle oder strategische Metalle sind auch Kunstwerke eine Sachwertanlage, die gerade sehr vermögende Menschen schon immer aktiv zur Vermögenssicherung eingesetzt haben, zum Teil seit Generationen. Bei Kapitalbedarf werden dann oft Kunstgegenstände »versilbert« – wie im Fall der Fürstin Gloria von Thurn und Taxis, die durch Kunstversteigerungen aus ihrem Privatbesitz immer wieder Liquidität geschaffen hat. Die Historie zeigt, dass Kunst Jahrhunderte überdauert, Währungsreformen übersteht und auch Staatsbankrotte überlebt. Bei allen großen Familienvermögen spielt im Rahmen von Diversifikationsüberlegungen Kunst als Baustein der Vermögensanlage und des Kapitalschutzes eine ganz wichtige Rolle.

Der Begriff »Kunst« ist allerdings sehr relativ, was Investments in diese Anlageklasse für Laien fast unmöglich macht. Skulpturen, Gemälde, Zeichnungen und Fotografien sind wohl die gängigsten Kunstformen. Der Kunstmarkt ist dabei wenig liquide und stark schwankend. Um Wertsteigerungen zu erzielen, muss meist ein erheblicher Zeitfaktor akzeptiert werden. Aus meiner Perspektive – und bei meinen absolut bescheidenen Kunstkenntnissen – bin ich folglich der Ansicht, dass für einen unerfahrenen Privatanleger die Risiken des Kunstmarktes weit höher sind als die Chancen. Auch Fondskonstruktionen, wie sie in den vergangenen Jahren verstärkt umgesetzt wurden, haben sich für mich nicht bewährt. Zahlreiche Kunstfonds wurden wieder geschlossen, haben sich negativ entwickelt oder bleiben aufgrund sehr hoher Einstiegssummen, verbunden mit langen Laufzeiten, wiederum nur einem sehr vermögenden Personenkreis vorbehalten. Bei Kunstobjekten halte ich grundsätzlich nichts von Verbriefungen über Fonds oder sonstige Gemeinschaftsinvestments. Sie sollten als Anleger einen unmittelbaren Zugriff auf Ihr Kunstobjekt haben.

Direktinvestments in Kunstgegenstände sind daher ganz klar zu bevorzugen. Qualitativ abgesicherte Kunstobjekte von bereits namhaften Künstlern sind dabei beständige Träger von immateriellen Werten, was für die effiziente Vermögensanlage und den damit verbundenen Kapitalschutz von entscheidender Bedeutung ist. Ebenso erhalten Sie eine »emotionale Dividende«, weil Sie sich an Ihrem Kunstobjekt erfreuen können. Auch diesen Aspekt halte ich für durchaus relevant.

Kunst als Kapitalanlage muss qualitativ abgesichert sein!

Was ich Ihnen nun empfehle, ist ein solches qualitativ abgesichertes Kunstobjekt. Die qualitative Absicherung wird hier aber nicht durch den bekannten Namen des Künstlers gewährleistet, sondern durch den Materialwert des Kunstobjekts. Der Künstler Tilmann Krumrey kreiert fünf göttliche Motive aus der Antike (Hera, Aphrodite, Tyche/Hekate, Athena und Artemis), die in einer Auflage von jeweils 250 Stück aus einem 5-Kilogramm-Feinsilber-Barren von ihm gegossen werden. Das Silber kommt von Heraeus/ Umicore. Die Feinheit des Silbers liegt bei 99,9 Prozent.

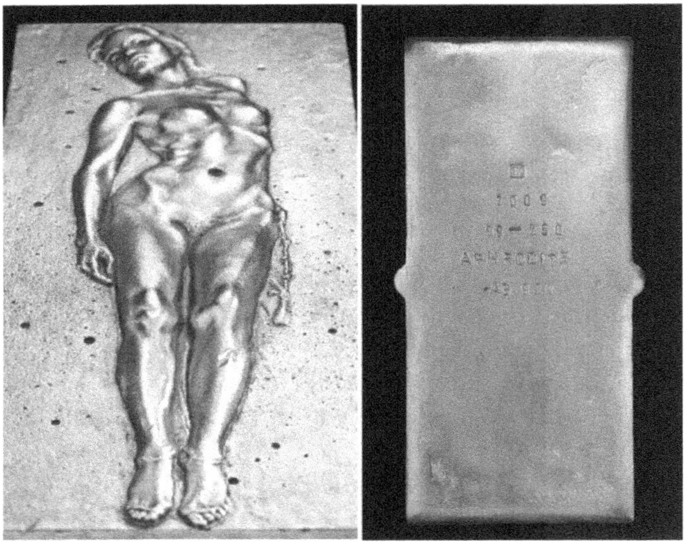

Abb. 37: Kunstbarren Aphrodite / Quelle: www.tilmannkrumrey.com

Die Vorteile der Silber-Kunstbarren auf einen Blick

+	Investition in einen künstlerisch veredelten Fünf-kg-Feinsilber-Barren von Heraeus /Umicore
+	Limitierte Auflage mit entsprechender Nummerierung
+	Auswahl aus fünf sehr schönen Motiven
+	Preislich vergleichbar mit einem Anlagebarren
+	Zusätzliches Wertsteigerungspotenzial als Kunstobjekt
+	Reduzierter Mehrwertsteuersatz für Kunstgegenstände in Höhe von lediglich 7%

Fazit: Einzigartige Kombination von Kunst- und Realwert-Investition

Sie erhalten durch eine Investition in die Kunstbarren von Tilmann Krumrey fünf Kilogramm Feinsilber mit einem zum aktuellen Silberkurs nur sehr geringen Aufpreis. Zusätzlich haben Sie die Chance auf eine mögliche Wertsteigerung Ihres Kunstobjekts, das in streng limitierter Auflage hergestellt wird: Die Motive werden nur 250-mal als 5-Kilogramm-Barren gegossen. Zusätzlich erwerben Sie – im Gegensatz zu einem reinen Silberbarren – eine veredelte, sehr schöne Skulptur (Silbervollguss). Dieses Werk können Sie täglich betrachten, indem Sie die Skulptur mit dem mitgelieferten Halter aus Acrylglas in Ihrem Umfeld platzieren. Für einen Aufpreis von lediglich 99 Euro können Sie darüber hinaus auch einen maßgefertigten Edelholz-Rahmen (Mahagoni) zur Wandmontage erwerben.

Ich habe mich natürlich auch gefragt, wie denn der Künstler diese Preise halten kann, vor allem bei den enormen Silberkursschwankungen? Die Antwort ist sehr einfach: Erst nach Bestellung und Zahlungseingang wird für jeden Kunden individuell der jeweilige Kunstbarren gegossen. Anschließend wird der Rohguss vom Künstler persönlich überarbeitet und auf Wunsch patiniert. Deshalb ist eine Wartezeit einzuplanen. Ökonomisch rechnet sich das für den Künstler nur durch die Mehrwertsteuerdifferenz von 12 Prozent, die dadurch entsteht, dass Kunstwerke ebenso wie Silbermünzen im deutschen Steuerrecht begünstigt sind. Für Tilmann Krumrey bedeutet diese hauchdünne Gewinnspanne, die auch noch durch tägliche Preisschwankungen bedroht ist, den Einstieg in ein innovatives künstlerisches Konzept. Es geht ihm vor allem darum, eine hinreichend große Anzahl dieser Kunstbarren in den Händen von Investoren und Sammlern zu platzieren. Dies ist auch der ursprüngliche Gedanke einer Währung, die entweder zirkuliert oder auch verwahrt wird, sich aber in den Händen der Marktteilnehmer befindet.

Sobald diese Phase der Erstplatzierung abgeschlossen ist – was der Fall sein wird, wenn rund 75 Prozent der limitierten Stückzahl verkauft sind –, wird das letzte Viertel der Auflage nur noch über den Auktionsmarkt für Kunstwerke zu erwerben sein. Dadurch wird – neben dem physischen Wertbestandteil, dem Materialwert des Silbers – die immaterielle Wertkomponente des Sammlerwerts der Kunst deutlich. Es ist durchaus zu erwarten, dass spätestens zum Zeitpunkt des Verkaufs über Auktionshäuser eine Abkoppelung des Kaufpreises vom Silberpreis stattfinden wird. Wenn nicht, dann haben Sie dennoch ein schönes Kunstwerk – und natürlich den Materialwert des Silbers. Das Chance-Risiko-Verhältnis dieses materialwertunterlegten Kunst-Investments beurteile ich daher gerade für Privatanleger, die einen ersten Schritt in die Anlageklasse Kunst wagen wollen, als sehr attraktiv und empfehlenswert.

Auf der Internetseite **www.tilmannkrumrey.com** finden Sie zahlreiche Bilder der beschriebenen Kunstbarren und umfangreiche, weiterführende Hintergrundinformationen zum Künstler und seinen Arbeiten.

Zur Person des Künstlers Tilmann Krumrey

1966 geboren in Frankfurt am Main

1988 –1990 Studium der Kunstgeschichte (Hauptfach), Philosophie und Volkswirtschaft

1990 –1995 Studium der Volks- und Betriebswirtschaft

(Dipl. Kfm.) in München.

Während seiner gesamten Studienzeit hat Tilmann Krumrey seine bildhauerische Ausbildung unter dem Einfluss seines Vaters Immo Krumrey (Innenarchitekt und Industriedesigner) sowie des Professors Hartwig Ulrich fortgesetzt. Seit März 1996 hat er ein eigenes Atelier auf Schloss Pillham im Rottal, in dem er Auftragsarbeiten und künstlerische Konzepte plant und ausführt. Tilmann Krumrey lebt mit seiner Familie in Gauting (Bayern).

Kontaktdaten

Tilmann Krumrey
Freischaffender Künstler
Pillham 23
Schloss Pillham App. 13
94099 Ruhstorf a.d.Rott
Tel.: 089 80929353
www.tilmannkrumrey.com

29 Geheimtipp: Der unbekannte Filialnetz-Händler mit Top-Konditionen

Ich bekomme fortlaufend Anfragen von Lesern aus den unterschiedlichsten Regionen Deutschlands, die einen Tipp zu empfehlenswerten Händlern für den direkten, anonymen Kauf von Edelmetallen haben möchten. Bis zur Höchstgrenze von 15.000 Euro haben Sie die Möglichkeit, ohne Legitimation anonym Edelmetalle zu erwerben. Wichtig: Diese Regelung der Legitimation gilt pro Person und Vorgang. Kaufen Sie also mit Ihrer 4-köpfigen Familie ein, können Sie auf einen Schlag 60.000 Euro diskret in physische Edelmetalle investieren. Ebenso können Sie diesen Vorgang natürlich auch regelmäßig wiederholen, sodass selbst eine Millionensumme über einen gewissen Zeitraum absolut anonym in Edelmetalle investiert werden könnte. Gerade für den Aufbau von Gold- und Silberbeständen für zu Hause oder in Schließfächern ist diese Strategie aus meiner Sicht sehr empfehlenswert.

Der renommierte Edelmetallhändler Pro Aurum **www.pro-aurum.de** ist einer meiner Favoriten für den persönlichen Direkterwerb von Münzen und Barren. Pro Aurum verfügt über Anlaufstellen in München, Berlin, Dresden, Bad Homburg, Düsseldorf, Wien, Zürich und Lugano.

Robbe & Berking: Die optimale Ergänzung für den norddeutschen Raum

Pro Aurum ist fokussiert auf den Süden und Westen Deutschlands, mittlerweile jedoch auch in Ostdeutschland vertreten. Für eine Empfehlung im Norden Deutschlands bin ich mit Robbe & Berking www.robbeberking.de auf einen echten Geheimtipp gestoßen, der nicht nur diesen Bereich abdeckt, sondern bundesweit und sogar in Wien vertreten ist.

Robbe & Berking ist eine der führenden Silbermanufakturen weltweit. Bereits seit dem Jahr 1874 fertigt das Flensburger Familienunternehmen Bestecke und Tafelgeräte. Diese gelten unter Kennern in aller Welt heute als unübertroffene Meisterwerke der Silberschmiedekunst. Das Unternehmen ist in elf Städten mit eigenen Filialen vertreten. Die Konzentration liegt auf dem Norden Deutschlands. Alle Filialen befinden sich in sehr guten und zentralen Lagen.

Abb. 38: Das einzigartige Filial-Netzwerk von Robbe & Berking

Seit dem Jahr 2009 bietet das Traditionsunternehmen mit seiner 135-jährigen Edelmetall-Erfahrung und den damit verbundenen sehr guten Einkaufskonditionen in seinen eigenen Filialen auch Gold und Silber als Münzen und Barren an. Aufgrund des Erfolgs dieser Dienstleistungen kam Ende des vergangenen Jahres noch ein Online-Shop für Edelmetalle hinzu.

Fazit: Edel, fair, kompetent, freundlich, serviceorientiert

Im Gegensatz zu den meisten bekannten Edelmetall-Händlern verzichtet Robbe & Berking auf eine exotische und übermäßig breit gefächerte Produktpalette. Der Fokus liegt auf den wichtigsten Anlageprodukten in Gold und Silber. Alle gängigen Goldbarren von 5 Gramm bis 1 Kilo sind erhältlich. Bei den Goldmünzen sind die wichtigsten Anlagemünzen Krügerrand, Wiener Philharmoniker sowie Maple Leaf erwerbbar. Jeweils in der Einheit einer halben und einer ganzen Unze. Silberbarren werden zwar angeboten, sind aber aufgrund der Mehrwertsteuer von 19 Prozent nicht empfehlenswert. Bei den Silbermünzen werden die Wiener Philharmoniker sowie die Maple-Leaf-Münzen in der Stückelung von einer Unze offeriert.

Ich habe zwei Filialen von Robbe & Berking besucht und getestet. Vor allem die Gespräche mit den Mitarbeitern empfand ich als sehr angenehm. Das gesamte Ambiente ist gediegen und edel. Service und Freundlichkeit sind hervorragend. Alle Edelmetallprodukte sind nach meinen Erfahrungen zu sehr fairen, teilweise sogar absolut günstigen Preisen erhältlich. Bis 5.000 Euro Auftragswert werden 15 Euro Versandkosten berechnet. Ab 5.000 Euro Nettowarenwert ist der Versand sogar kostenfrei. Für mich ist aber der direkte Schalterkauf gegen bar – anonym und diskret – der Hauptgrund für eine Empfehlung dieses renommierten Anbieters.

Kontaktdaten

Robbe & Berking
Silbermanufaktur seit 1874 GmbH & Co. KG
Zur Bleiche 47
24941 Flensburg
Tel.: 0461 90306-0
www.robbeberking.de

Teil V

Geheimtipp Alpenfestung: Die Real-Schutz-Strategie für Ihr Vermögen

1
Die Kapitalschutz-Real-Wert-Police aus Liechtenstein

Papier ist bekanntlich geduldig, so auch das Papier, auf dem unsere aktuellen Staatsschulden – oder sollte ich besser sagen Volksschulden – stehen. Denn die Höhe der Staatsschulden ist nichts weiter als ein nominaler Wert. Gesetzlich festgelegt, aufgedruckt auf Geldscheinen und Münzen. Dem Nominalwert steht der Begriff des realen Wertes gegenüber. Ein Realwert kann zum Beispiel ein um die Inflation bereinigter Nominalwert sein. Oder nehmen Sie die Zinsen bei einem Kredit. Viele Banken werben mit einem scheinbar günstigen Nominalzinssatz. Dem hinzurechnen müssen Sie allerdings noch Gebühren usw., um auf den realen, effektiven Zinssatz zu kommen. Dieser reale Zinssatz ist der, den Sie tatsächlich zahlen. Ein weiteres gutes Beispiel ist das viel zitierte Versprechen von Norbert Blüm: »Die Rente ist sicher«. Diese Aussage stimmt natürlich in der nominalen Geldwelt. Die gleichbleibende Kaufkraft dieses absoluten, staatlich versprochenen Rentenbetrags ist jedoch keinesfalls sicher. Ich beobachte leider häufiger, dass gerade konservative Kapitalanleger diese Unterscheidung vernachlässigen. Ich möchte Ihnen in meiner aktuellen Sonderanalyse einen Weg zeigen, wie Sie Ihr reales Vermögen sichern und sogar aufbauen.

Ändern Sie Ihr Finanzsystem: Realisieren Sie nominales Geld!

Im derzeitigen Finanzsystem sind nominale Kredite und Guthaben die Basis der staatlichen Geldfunktion. Sie nutzen Geld, um damit zu zahlen oder es als Wert aufzubewahren. Diese Wertaufbewahrungsfunktion des Geldes ist mittlerweile jedoch stark gefährdet: Weil nominale Geldguthaben ein immer weiter steigendes Risiko der beliebigen Vermehrbarkeit in sich tragen. Politik und Notenbanken fluten unser System mit Geld, um die Wirtschaftstätigkeit überhaupt am Leben zu halten. Eine ganz wichtige Branche, die davon massiv betroffen sein wird, ist die der klassischen deutschen Lebens- und Rentenversicherungen. Rund 90 Prozent der Vermögenswerte der Versicherungsgesellschaften sind in rein nominalen Geldwerten investiert. Reale Werte dagegen, allen voran Edelmetalle und strategische Metalle, tragen diese Risiken der beliebigen, künstlichen Produzierbarkeit nicht. Im Gegenteil: Diese Werte werden in Relation zu den nominalen Geldmengen allein aufgrund des zinsbasierten Geldsystems und der damit verbundenen immer weiter steigenden Verschuldungen – real – täglich seltener.

Einzigartig bei der Real-Wert-Police ist der Vorteil, dass diese für Sie als aktiver Selbstentscheider ebenso geeignet ist wie für Kapitalanleger, die eine ganz bequeme Vermögensverwaltung suchen!

Abb. 39: Geheimtipp Alpenfestung / Quelle: www.kapitalschutz-vertraulich.de

2
Das Kapitalanlage-Umfeld: Schaffen Sie sich für Ihr Kapital gezielt geschützte Zellen und Lagerstätten

Die Schreckensszenarien von Bankpleiten, Staatsbankrott oder Währungsreformen bis hin zu direkten Umverteilungen und Enteignungen von Vermögenswerten werden mittlerweile von immer mehr Medien und Finanzexperten aufgegriffen. Ich weise meine Leser schon seit langer Zeit auf die zunehmenden Gefahren der aktiven Staatseingriffe hin. Und ich beobachte, dass viele Privatanleger Zukunftssorgen im Hinblick auf ihr Vermögen und eine damit verbundene sinkende Lebensqualität haben. Es ist nur natürlich, sich vor derartigen Szenarien schützen zu wollen. Allerdings sind professionelle Mittel und Wege, um den realen Kapitalschutz in der Praxis effektiv umzusetzen, den meisten Privatanlegern nicht bekannt.

Egal, welche Zeitungen oder Finanzjournale Sie aufblättern, Inflation oder Deflation aufgrund der Staatsschuldenkrise sind die vorherrschenden Themen. Die Experten empfehlen dann meist Lösungen für Sachwertinvestitionen – von Immobilieninvestments über Edelmetalle bis hin zu Aktien. Ich teile zwar viele negative Prognosen im Hinblick auf unser Finanz- und Wirtschaftssystem, doch reine Pauschalempfehlungen, wie »Sachwerte kaufen«, liegen mir fern. Dies ist für mich kein qualifizierter Ratschlag für Sie als Kapitalanleger.

Sichern Sie Ihr Vermögen gegen die finanzielle Repression

In den letzten zehn Jahren haben sich die Schulden der Euro-Zone annähernd verdoppelt. Die Staaten haben über ihre Verhältnisse gelebt, Bankenrettungen mussten seit Beginn der Finanzkrise teuer bezahlt werden. Am Ende werden wir Konsumenten, Steuerzahler, Sparer und Arbeitnehmer für diese Schulden aufkommen müssen. Die Frage ist nur, auf welche Art und Weise – über einen harten Währungsschnitt, verbunden mit einer Währungsreform, oder über eine kalte Enteignung in Form von schleichenden Abgabeerhöhungen und Umverteilungen.

Europa wird natürlich nicht von heute auf morgen bankrott sein. Ebenso wenig wird eine Währungsreform über Nacht erfolgen. Bevor dies eintritt, werden sich Staaten mit allen Mitteln dagegen wehren. Ich bin der festen Überzeugung, dass Europa seine strukturelle Schuldenkrise überwinden wird. Das Mittel zum Zweck, um die Staaten zu retten, heißt »finanzielle Repression«. Diesen Begriff und seine damit verbundenen Maßnahmen gegenüber dem Volk vermisse ich in fast allen Finanzmedien bislang komplett. Hier werden häufig lediglich Inflations- oder Deflationsszenarien beschrieben, ohne dass dabei effiziente, intelligente Praxis-Lösungen aufgezeigt werden.

Das bedeutet eine finanzielle Repression für Sie konkret

Finanzielle Repression bedeutet – wie in der Nachkriegszeit – die Entschuldung von Staaten durch negative Realzinsen. Ich schätze die Wahrscheinlichkeit der Staatsentschuldung durch eine kalte Enteignung über die Zinsfunktion und schleichende Steuererhöhungen als sehr hoch ein. Klassische, »kapitalbildende« deutsche Lebensversicherungen mit ihren hohen Beständen an nominalen Geldwerten sind dabei absolut gefährdet. Ebenso alle nominalen Geldwerte wie Festgelder, Staatsanleihen, Sparbücher. Ebenso natürlich auch nominale Rentenansprüche aus staatlichen, betrieblichen oder privaten Vorsorge-Quellen! Geht eine finanzielle Repression noch über diese kalte Enteignung hinaus, werden protektionistische Maßnahmen des Staates gegenüber dessen Bevölkerung in Form von Steuern, Sonderabgaben oder Verboten angewandt, die in Umverteilung und Enteignung münden.

Die deutsche Volksbilanz	
SOLL	**HABEN**
2 Billionen Euro Volksschulden durch die Staatsverschuldung	5 Billionen Euro Volksvermögen durch private Sparguthaben

Die deutsche Volksbilanz

Deutschland ist noch von einem Staatsbankrott (was einem Bankrott des Volkes entspräche) weit entfernt, weil sogar nach der Umbuchung der 2 Billionen Euro Staatsschulden (Buchung: Volk an Staat) immer noch 3 Billionen Euro privates Volksvermögen übrig blieben. Das Hauptproblem ist, dass Vermögen und Kapital in Deutschland wie in anderen Ländern sehr ungleich verteilt sind. Das Risiko der Umverteilung für Kapitalinhaber steigt daher in der Zukunft massiv an.

Kalte Enteignung über Zinsfunktion und schleichende Steuern

Das kann über Steuern, Inflation, einen Währungsschnitt bis hin zur Währungsreform oder protektionistischen Zwangsabgaben durch eine gezielte Umverteilung geschehen. Letzteres bedeutet nichts anderes als eine Zwangsenteignung. Auch eine Bankenabgabe oder eine Finanztransaktionssteuer trifft letztendlich den privaten Kapitalanleger, da die Banken diese Belastungen an ihre Kunden weitergeben werden.

Schützen Sie sich vor allem vor politischen und rechtlichen Gefahren!

So wie Staatsschulden natürlich Volksschulden sind, dienen kapitalbildende Lebensversicherungen in Deutschland nicht der Versicherung des Ablebens, sondern dem Vermögensaufbau und der Vermögensverwaltung. Vor allem die steuerlichen Vorteile haben zu dieser Fehlsteuerung geführt. Für die Versicherung des Ablebens (nicht des Lebens!), also den Todesfallschutz, reicht jedem Bürger eine kostengünstige Risikolebensversicherung.

Ein Staat oder eine Staatengemeinschaft kann das eigene Land oder den entsprechenden Binnenmarkt (EU) schützen, indem protektionistische (protectio = Schutz) und auch prohibitionistische (prohibere = Verbot) Gesetze eingeführt werden. Das können beispielsweise Zölle oder Sondersteuern, aber auch Einfuhr- oder Ausfuhrbeschränkungen sowie vollständige Handelsverbote sein.

Es ist mittlerweile zu beobachten, dass gerade im Finanzbereich der Protektionismus zunimmt. Großbritannien ist ein sehr gutes Beispiel, es wollte seinen Finanzplatz schützen. Daher hat das Land um Premier David Cameron die EU-Verträge nicht unterzeichnet. Ein weiteres Beispiel ist das Leerverkaufsverbot. Es konnte nicht EU-weit umgesetzt werden und war daher weitestgehend ein deutscher Alleingang. Das ist Protektionismus. Ein Anleger mit einer Inlandsbankverbindung kann somit keine Leerverkäufe tätigen. Derjenige, der beispielsweise über London handelt, sehr wohl. Ein weiterer Vorlaufindikator ist die diskutierte »Banken-Zwangsabgabe«. Es ist hier noch unwahrscheinlicher, dass diese EU-weit oder gar weltweit umgesetzt wird. Womöglich trifft diese dann nur deutsche Banken, nicht aber Banken in der Schweiz oder Liechtenstein. Natürlich legen die Banken derartige Zwangsabgaben auf die Kunden um, wodurch die Auslandsbanken einen Vorteil hätten.

Der Zinseszinseffekt – Die Hauptgefahr unseres nominalen Geldwesens

Der Kaufmann Mayer Amschel Rothschild (1744–1812), Gründer des Bankhauses Rothschild, war das prägende Mitglied dieser einflussreichsten Bankiersfamilie. Das Rothschild-Vermögen hat alle Krisen der Geschichte bestens gemeistert. Gerade aus Zeiten der Veränderung und des Umbruchs ging diese Dynastie immer wieder gestärkt hervor.

Bedenken Sie immer Rothschilds Aussage »Der Zinseszinseffekt ist das achte Weltwunder!«. Der Zinseszinseffekt beziehungsweise die Zinsfunktion ist nichts anderes als ein finanztechnisches Instrument, bei dem die Zeit die wichtigste Rolle spielt. Wenn Sie diesen Effekt bei einer Kapitalanlage zum gezielten Auf- und Ausbau Ihres Vermögens nutzen, entstehen geldwerte Vorteile. Das hat nichts mit einem Wunder zu tun, sondern rein mit den Gesetzen der Mathematik. Der Zinseszinseffekt wirkt bei Schulden aber natürlich in die entgegengesetzte Richtung. Das bekommen derzeit all jene Staaten massiv zu spüren, die sich immer weiter verschulden. Es entsteht für die Staaten und deren Steuerbürger ein negativer Zinseszinseffekt. Das bedeutet ein automatisches Ansteigen der Pro-Kopf-Verschuldung der Bevölkerung, die vom Staat durch Steuern und Umverteilungen eingetrieben werden kann. Je länger die Zeiträume, desto deutlicher wirkt sich diese aus.

Der mathematische Effekt bei Zinsbelastungen kommt auch bei Steuern auf Kapitalanlagen zum Tragen. Diese zehren fortlaufend an Ihrem Vermögen. Ich bezeichne diesen Prozess analog zum Zinseszinseffekt als negativen Steuersteuereffekt. Ihr Kapital wurde nämlich bereits besteuert, als Sie es erarbeitet hatten. Nun bezahlen Sie als Vermögensinhaber weitere Abgaben darauf in Form der Abgeltungsteuer. Auch die Wiedereinführung der Vermögensteuer in naher Zukunft halte ich für sehr wahrscheinlich.

Fazit: Reale Werte in sicheren Strukturen sind die beste Antwort!

Ich rate Ihnen, diese schleichenden Entwicklungen von Umverteilungs- und Zwangsmaßnahmen nicht zu unterschätzen. Die Mauer an der innerdeutschen Grenze war auch eine Art Staatsprotektionismus (antifaschistischer Schutzwall). Dieser »Schutz« des Staates der DDR wirkte aber massiv zulasten der Freiheit, der Rechtsstaatlichkeit und der Eigenbestimmung der Bevölkerung. Für mich geht jede Art von staatlichem Protektionismus in diese Richtung. Schützen Sie Ihr Kapital, indem Sie es international verteilen und strukturieren. Schaffen Sie sich gezielt geschützte Zellen und Lagerstellen im Ausland. Die Umverteilung ist für mich die kleine Schwester der Enteignung. Der Protektionismus, mit dem sich der Staat nach außen schützen will – was in einer globalisierten Welt übrigens unmöglich ist –, ist für mich der kleine Bruder der Prohibition. Für diese Entwicklungen gibt es mittlerweile ganz klare Belege. Aber ebenso gibt es für Sie intelligente und gesetzeskonforme Mittel und Wege, um sich davor zu schützen. Der von mir hoch geschätzte Ökonom Friedrich August von Hayek beschrieb diese Entwicklungen bereits Anfang der 1940er-Jahre in seinem Buch »Der Weg zur Knechtschaft«.

Für den nachhaltigen Erfolg Ihres Vermögensmanagements und den Schutz Ihres Kapitals kommt es ganz entscheidend auf eine gezielte, intelligente Strukturierung Ihrer Vermögenswerte an. Gerade auch im Hinblick auf rechtliche und steuerliche Risiken. Mit diesem Buch gebe ich Ihnen eine hoch qualifizierte Profi-Lösung an die Hand, die in dieser Ausgestaltung am Markt absolut einzigartig ist.

3
Liechtenstein: Der Versicherungs-standort Nummer 1 für intelligente Kapitalanleger

Die besten Rahmenbedingungen für Ihr Kapital finden sich nach meiner Überzeugung in Liechtenstein. Das Fürstentum legt größten Wert auf wirtschaftspolitische Unabhängigkeit und auf die Wahrung der Standortvorteile für die Versicherungswirtschaft. Dank der liberalen Wirtschaftsordnung bietet die liechtensteinische Regierung den Versicherungsgesellschaften ideale Rahmenbedingungen, um innovative Investmentstrategien und Kapitalanlage-Strukturen zu entwickeln. Der Versicherungsplatz Liechtenstein bietet Ihnen daneben als Einziger einen direkten Marktzugang zum EU-Raum sowie zur Schweiz. Seit 1995 gehört das Fürstentum dem Europäischen Wirtschaftsraum (EWR) an. Anfang 1996 trat ein EU-konformes Versicherungsaufsichtsgesetz in Kraft, dem ein Jahr später die entsprechende Verordnung folgte. Die liechtensteinischen Versicherungs- und Sorgfaltspflichtgesetze bieten Ihnen als Kunde darüber hinaus eine ideale Kombination von Diskretion und Regulation.

Die Versicherungswirtschaft profitiert von Steueroasen-Diskussion

Im Unterschied zu der Bank- und Treuhänderbranche des Finanzdienstleistungsplatzes im Fürstentum konnte die Versicherungswirtschaft sogar von der internationalen Steueroasen-Diskussion profitieren. Steuerkonforme Versicherungspolicen als Renten- oder Lebensversicherungen sind für vermögende Privatkunden ideale Gestaltungslösungen, um professionelle Rechtsstrukturen für Kapitalanlagen gesetzeskonform zu schaffen. Zahlreiche Anleger haben diese Möglichkeiten erkannt – als intelligente Alternativen zu nicht mehr zukunftsfähigen Offshore-Gesellschaftsformen oder Stiftungen aus Liechtenstein.

4
Die Standortvorteile des Fürstentums auf einen Blick

Einzigartiger Zugang zur Schweiz und zum europäischen Markt

Als einziges Land verfügt Liechtenstein über einen Zugang zum Nachbarland Schweiz sowie zum gesamten europäischen Markt. Als EWR-Mitglied können Versicherungsgesellschaften aus Liechtenstein ihre Versicherungspolicen in allen EU-Ländern rechtssicher anbieten, zusätzlich in den EWR-Ländern Island und Norwegen.

Langjährige Erfahrungen mit internationalen Gesetzen und Rechtsvorschriften

Der Versicherungssektor im kleinen Land Liechtenstein war von Beginn seiner Tätigkeit an gezwungen, sich den vielfältigen Gesetzgebungen der einzelnen Zielländer auf internationalem Niveau anzupassen. Diese frühzeitige Ausrichtung ist heute eine wesentliche Stärke des Versicherungsplatzes Liechtenstein.

Hohe politische und rechtliche Stabilität

Dank des politisch stabilen Umfelds konnte sich die Versicherungswirtschaft bestens entfalten. Liechtenstein hat im Gegensatz zu zahlreichen EU-Ländern eine hohe politische Kontinuität, verbunden mit einer absolut stabilen Sozial-, Rechts- und Wirtschaftsordnung.

Solide Staatsfinanzen

Die Versicherungsindustrie kann auf Grundlage der soliden finanziellen Situation des Fürstentums unabhängig agieren. Auch dieser Aspekt ist für mich ein klarer Vorteil gegenüber dem politisch abhängigen Versicherungsmarkt in Deutschland. Gerade die immer wieder offensichtlichen

Verflechtungen von Finanzindustrie und Politik, speziell im Hinblick auf Altersvorsorgeprodukte, sind für mich allein schon Grund genug für ein weiteres Standbein außerhalb dieser Seilschaften. Im Unterschied zu den EU-Ländern hat Liechtenstein für mich in diesem Zusammenhang wesentliche Vorteile:

- + Schweizer Franken (CHF) als starke und stabile Landeswährung
- + AAA-Rating durch Moody's und Standard & Poor's
- + Solide Finanzpolitik, große Kapitalkraft der öffentlichen Hand, liberales Gesellschaftsrecht, verbunden mit verlässlicher Rechtsprechung

Versicherungsfreundliche Rahmenbedingungen

Sie als Kunde profitieren von der versicherungsfreundlichen Gesetzgebung, dem modernen Steuersystem sowie dem liberalen Wirtschafts- und Gesellschaftsrecht in Liechtenstein. Diese fördern die Innovationsfähigkeit bei der Produktentwicklung. Das zeigt auch die Konzeption der Kapitalschutz-Real-Wert-Police, die in keinem anderen Land in dieser Form möglich wäre. Derartig flexible Versicherungslösungen garantieren Ihnen Schutz und Sicherheit.

Transparenz und Regulierung

Das – im Gegensatz zu Deutschland – präzise Versicherungsaufsichtsrecht mit einer kompetenten Aufsichtsbehörde und entsprechenden Regulierungsmaßnahmen schafft Transparenz und Rechtssicherheit im Versicherungsgeschäft.

5
Kapital-Rechtsschutz: Wahren Sie Ihre Eigentumsrechte und nutzen Sie das Modell der geschützten Zellen!

»Kapitalschutz-Real-Wert-Police« – zugegeben ein sehr sperriges Wort. Dennoch lohnt es sich, einen tiefer gehenden Blick auf diese Police zu werfen. Erläutern möchte ich Ihnen die Funktionsweise anhand des Beispiels Gold. Gold ist eine Währung, an der keine Schulden hängen. Das hat zur Folge, dass sich das Edelmetall gerade in Krisenzeiten bewährt hat. Zahlreiche »Crashpropheten« und Vermögensberater geben nun die Empfehlung, Gold physisch und direkt zu erwerben. Dieser Ratschlag ist grundsätzlich nicht falsch, auch ich empfehle meinen Lesern seit Langem, ihrem Depot physisches Gold beizumischen. Die Betonung liegt auf »beimischen«. Setzen Sie nicht alles auf eine Karte, sondern streuen Sie Ihre Investitionen auch in Bezug auf die rechtliche Struktur Ihres Vermögens. Aus diesem Grund habe ich beispielsweise seit Langem die Schweizer ETFs auf meiner Best-Buy-Strategie-Empfehlungsliste. Ebenso einen Fonds nach Liechtensteiner Recht auf Silber. Der direkte, physische Besitz von Gold birgt nicht unerhebliche Risiken; dessen müssen Sie sich bewusst sein. Ich denke an mögliche Steuererhöhungen für Spekulationsgewinne bis hin zu Substanzsteuern auf physische Edelmetalle, was einer (kalten) Enteignung oder einem Goldverbot gleichkommen würde.

Für dieses Profi-Modell müssen Sie kein Millionär sein …

Eine geschützte Zelle (Protected Cell) ist eine juristische Person als eigenständige Rechtspersönlichkeit. Diese besteht aus einem Kern und einer beliebigen Anzahl an eigenständigen Zellen. Diese Gesellschaftsstruktur nutzen sehr vermögende Familien, um ihr Kapital zu verwalten und zu schützen. Auch große Unternehmen setzen diese empfehlenswerten und bewährten Instrumente der geschützten Zell-Strukturen aktiv ein.

Ich gebe Ihnen nun ein Modell an die Hand, mit dem Sie – ohne Millionen- oder Milliardenvermögen bereits ab 20.000 Euro – diese professionellen Möglichkeiten ebenfalls nutzen können. Eine liechtensteinische Lebensversicherungspolice ist eine juristische Person mit eigener Rechtspersönlichkeit. Ein Liechtensteiner oder Luxemburger Fonds ebenso. Durch die Zwischen- oder Vorschaltung dieser geschützten Zellen schützen Sie als natürliche Person Ihr Kapital deutlich stärker. In der nachfolgenden Grafik sehen Sie am Beispiel Gold den Zell-Schutzeffekt. Links halten Sie das physische Gold direkt. Über die Zwischenschaltung der geschützten Zellen mittels der Kapitalschutz-Real-Wert-Police besitzen Sie Ihr Gold indirekt als Versicherungspolice.

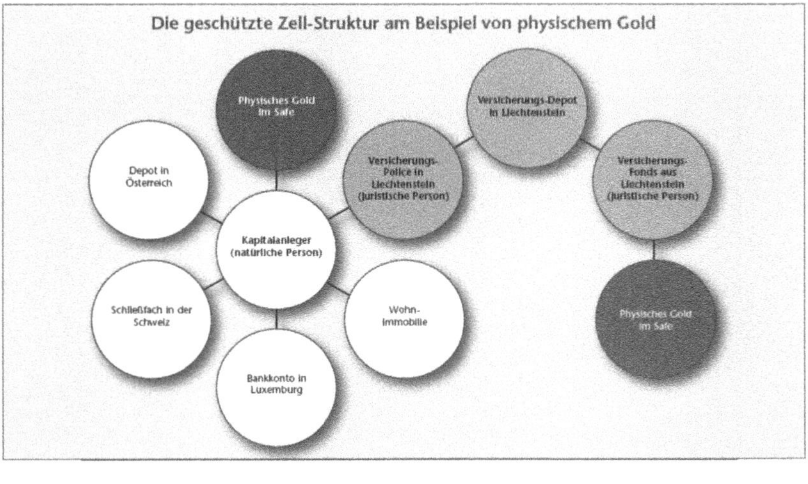

Abb. 40: Die geschützte Zell-Struktur am Beispiel von physischem Gold

Rechtlich besitzen Sie bei dieser Vermögensstrukturierung gar kein Gold. Ein »Lebensversicherungsverbot« ist bei Weitem nicht so wahrscheinlich wie ein Goldverbot. Sollte es also wirklich zu einem Gold- oder Edelmetallverbot (Prohibition) kommen, müssen Sie Ihr Gold, das in derartigen Rechtsstrukturen lagert, weder offenlegen, abliefern noch strafbesteuern lassen. Sie besitzen ja lediglich eine Lebens- oder Rentenversicherung. Sie werden dann froh sein, in einer solchen Situation ehrlicherweise »Nein« sagen zu können auf die Frage: »Besitzen Sie Gold?« Genau dies erreichen Sie, indem Sie Edelmetalle nur indirekt besitzen. Dadurch, dass Ihr physisches Gold über liechtensteinische Fonds gehalten wird, die bei einer liechtensteinischen Bank verwahrt werden, erhöhen Sie diese Schutzfunktion durch weitere geschützte Zellstrukturen zusätzlich.

6 Die Kapitalschutzfunktionen: So öffnen Sie Ihren persönlichen Rettungsschirm – natürlich in Liechtenstein

Die Kapitalschutz-Real-Wert-Police in ihren individuellen Strategie-Varianten bietet für Sie als Kapitalanleger und die von Ihnen begünstigten Personen maßgeschneiderte Lösungen in mehrfacher Hinsicht. Dadurch haben Sie die Möglichkeit, Ihren eigenen Rettungsschirm für Ihr Vermögen in Liechtenstein aufzubauen und zu verwalten.

Die vierstufige Kapitalschutz-Struktur der Real-Wert-Police

1. **Kapitalschutzfunktion I: Versicherungspolice einer Versicherungsgesellschaft aus Liechtenstein**
   Eine liechtensteinische Lebensversicherung in Form einer Aktiengesellschaft hat als juristische Person eine eigene Rechtspersönlichkeit. Die Verlagerung und Verteilung (Diversifikation) Ihrer Vermögenswerte auf verschiedene Rechtsstrukturen stellen eine wichtige – oftmals vernachlässigte – Ergänzung des bekannten Diversifikationsgebots dar. Die Streuung muss nicht nur bezüglich der Anlageklassen und Investmentvehikel erfolgen, sondern auch in anderen Rechtsstrukturen mit weiterführenden Schutzmechanismen – vor allem im Hinblick auf Überwachung und den Schutz der Eigentumsrechte. Eine Lebens- oder Rentenversicherungspolice hat gesellschaftsrechtlich

genau diese eigenständige Rechtspersönlichkeit. Ihre Kapitalanlagen werden über den Versicherungsvertrag nicht durch Sie selbst als natürliche Person, sondern durch die Versicherungsgesellschaft als juristische Person gehalten. Das bringt Ihnen den zusätzlichen Vorteil, dass Sie Ihr Vermögen vor externen Zugriffen auch rechtlich noch besser schützen.

2. **Kapitalschutzfunktion II: Versicherungs-Depotführung bei einer liechtensteinischen Bank**
   Die Verwaltung und Aufbewahrung der Kapitalanlagen und Investment-Strategien der Kapitalschutz-Real-Wert-Police erfolgen nicht in Deutschland, sondern im Ausland bei einer renommierten liechtensteinischen Privatbank. Der liechtensteinische Bankenplatz hat im Vergleich zu Deutschland aufgrund neuer Abkommen eine stabile, rechtssichere und zukunftsfähige Basis. Liechtenstein steht für politische Stabilität, sozialen Frieden, solides Wirtschaften sowie für ein liberales Gesellschaftsrecht. Durch die Kombination mit der Kapitalschutz-Real-Wert-Police der Vienna-Life, die die vereinbarte Anlagestrategie beim liechtensteinischen Privatinstitut Bank Frick verwalten und führen lässt, entsteht ein ganz wichtiger Effekt: die Kombination von rechtlich geschützten Kapitalanlagestrategien von liechtensteinischen Anbietern bei einer liechtensteinischen Depotbank, gehalten von einer Liechtensteiner Versicherungsgesellschaft. Dadurch erhöht sich der mehrschichtige Schutz für Sie als Versicherungsnehmer und Kapitalanleger ganz massiv.
3. **Kapitalschutzfunktion III: Sicherung der realen Werte über Fonds mit Sitz in Liechtenstein**
   Reale Werte, allen voran die Edelmetalle Gold und Silber, sind die einzigen Währungen, an denen keine Schulden hängen. Edelmetalle gelten zu Recht als werterhaltende Fluchtwährungen, sobald die offiziellen Papiergeldwährungen durch die massive Geldmengenausweitung in ihrem Wert und ihrer Glaubwürdigkeit zerstört werden. Auch der direkte Besitz von realen Werten kann in einer derartigen Situation durchaus mit erheblichen Risiken verbunden sein. Immobilien beispielsweise können nicht weglaufen: Bei einem absoluten Staatsnotstand ist es durchaus vorstellbar, dass diese mit Zwangshypotheken

belegt werden. Auch physische, direkt gehaltene Edelmetalle werden in einer solchen Situation sehr wahrscheinlich aus Ermangelung von Einnahmen des Staates mit Sondersteuern oder Investitionsvorschriften (»Goldverbot«) belegt.
Viele Anleger sind nun der Ansicht, dass ein Schließfach im Ausland für derartige Fälle die Lösung sei. Wichtig: Bei staatlichen Interventionen ist der Weg zur Selbstdeklaration oder der Gang in die Illegalität des Anlegers vorgezeichnet. Ich halte undeklarierten Goldbesitz in einem solchen Fall für nicht empfehlenswert. Sie können auch in Krisenzeiten alle Grenzen dieser Welt überschreiten. Eine Grenze jedoch sollten Sie niemals überschreiten, nämlich die in die Illegalität. Es gibt genügend legale Mittel und Wege. Für mich gibt es nur eine Rechtfertigung, sich nicht an Recht und Gesetz zu halten. Nämlich dann wenn ein totalitäres Regime die Macht übernimmt.
Bürgerrechte werden in Krisen immer eingeschränkt. Die Wahrung von Freiheits- und Menschenrechten hingegen sind für mich Grundrechte jedes Menschen. Die Diktaturen der jüngeren deutschen Vergangenheit des Dritten Reichs und der DDR sind Beispiele, von denen wir aber natürlich trotz aller Probleme und Krisen – Gott sei Dank! – meilenweit entfernt sind. Dennoch: Wehret den Anfängen – und ein zu starker oder gar übertriebener Kapitalschutz ist weit weniger gefährlich als ein vernachlässigter.
Es muss bei Weitem nicht immer sofort die Gold-Verbots-Keule ausgepackt werden. Es geht viel einfacher über Sondersteuern. Dänemark hat vor Kurzem eine »Fettsteuer« für bestimmte, fetthaltige Lebensmittel eingeführt. Frankreich hat im Dezember 2011 eine »Cola-Steuer« auf zuckerhaltige Getränke eingeführt. Beides soll dem Gesundheitsschutz der Bevölkerung dienen. Aber natürlich auch der Genesung des Staatshaushaltes. Warum sollten nicht spezifische Sachwertsteuern auf werthaltige Produkte wie Edelmetalle oder Immobilien als Mittel der Haushaltssanierung eingeführt werden?

4. **Kapitalschutzfunktion IV: Reale Werte und prognosefreie Trendfolge-Investments**

Sie können Ihren Depotinhalt gezielt und dennoch flexibel – entsprechend der jeweiligen Marktsituation – auf die Sicherungspfeiler der sechs Teilstrategien (siehe dazu im Detail Kapitel 8) verteilen. Zum Beispiel auf die physischen Edelmetalle Gold und Silber, strategische Metalle oder eine Vermögensverwaltungsstrategie in reale Werte mit dem SafePort Focus Fund. Eine andere Möglichkeit ist die professionelle Trendfolge-Anlagestrategie mit dem Deutsche Bank Platinum AIM Hedge Fund, die als Basis eine Vielzahl an globalen Anlagemärkten abdeckt, sowohl in Bezug auf steigende Märkte (long) als auch bei fallenden Märkten (short). Ihnen stehen unterschiedliche Anlagestrategien, ganz nach Ihren persönlichen Bedürfnissen, zur Verfügung. Als Anleger haben Sie dadurch die hohe Flexibilität, selbstständig eine Ihrer Risikoneigung entsprechende Anlagestrategie auszuwählen. Genau dies war der dringende Wunsch zahlreicher Leser. All das ist unabhängig davon, wie groß Ihre Vermögenswerte sind. Sie sind heute wie in der Zukunft mit dem Gespenst einer nominalen Geldwertkrise konfrontiert.

Zahlreiche Staaten erhöhen ihre Schulden und Geldmengen massiv, ohne dass entsprechende reale Güter oder ein reales Wirtschaftswachstum dieser künstlichen Geldschöpfung gegenüberstehen. Je extremer die staatlichen Defizite wachsen, desto stärker wird die Kaufkraft der betreffenden Währungen abgewertet werden. Von dieser Entwicklung ist jeder Bürger betroffen, der Geld in seinem täglichen Leben einsetzt, der Kapital besitzt.

Fazit: Nutzen Sie die einzigartige Kapitalschutzfunktion der Kapitalschutz-Real-Wert-Police

Kapitalanlagen und Sachwerte mit rechtlichem Domizil in Liechtenstein sind für mich der Garant für ein Höchstmaß an realer Wertgarantie. Das bedeutet: Kapitalschutz vor Geldentwertung – kombiniert mit dem Schutz der Eigentumsrechte des Anlegers vor extremer fiskalischer Belastung und zusätzlich vor möglichen staatlichen Zwangsanlagevorschriften!

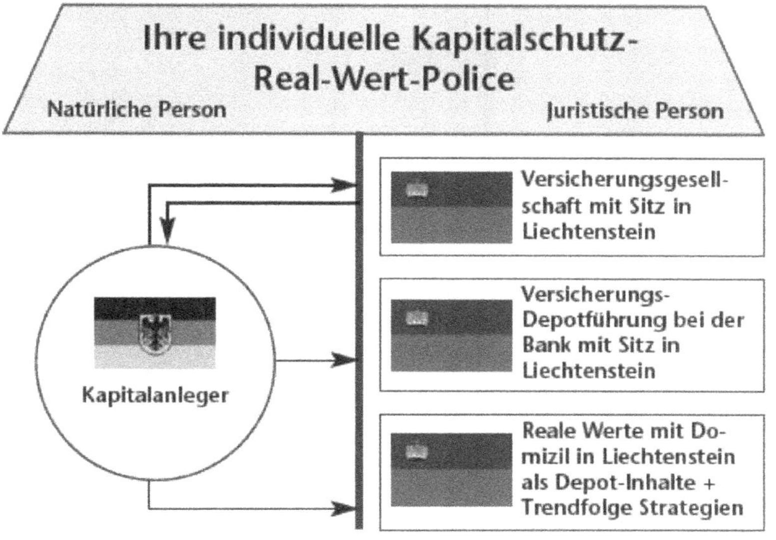

Abb. 41: Die Konstruktion der Kapitalschutz-Real-Wert-Police

Die Versicherungs-Police ist entsprechend den gesetzlichen Rahmenbedingungen Ihres steuerlichen Wohnsitzes ausgestaltet. Da die überwiegende Mehrheit meiner Leser ihren Steuersitz in Deutschland haben, ist dies auch das hier ausgewählte Beispiel für die vertragliche Ausgestaltung. Selbstverständlich ist die Kapitalschutz-Real-Wert-Police aber auch für Sie als Kapitalanleger unter den grundlegend gleichen Ausgestaltungen und Bedingungen möglich, falls Sie Ihren Wohnsitz nicht in Deutschland haben. Hier hilft Ihnen die Vienna-Life aus Liechtenstein gerne individuell weiter.

7 Die Versicherungspolice: Das einzigartige Konzept für Selbstentscheider und Verwaltungskunden ab 20.000 Euro!

Die Kapitalschutz-Real-Wert-Police besteht aus sechs Einzelstrategien, die über entsprechende Zielinvestments aus Liechtenstein abgebildet werden. Fünf Strategien basieren auf realen Werten wie physischem Gold, Silber, strategischen Metallen oder Agrarrohstoffen. Aufgrund der Globalisierung, der Risiken und Chancen unserer komplexen Welt sind jedoch Wirtschaftszyklen und Marktveränderungen immer schwieriger zu beurteilen, gerade für Sie als Privatanleger. Das hat zur Folge, dass klassische Anlagestrategien in kürzeren Intervallen angepasst werden müssen. Die am Markt absolut einzigartige Kapitalschutz-Real-Wert-Police ist dafür ideal geeignet: Sie bietet eine zusätzliche Möglichkeit der Investition in eine aktive Sachwerte-Vermögensverwaltungsstrategie und eine globale Trendfolgestrategie.

Professionelle und individuelle Lösung – auch ohne großes Portemonnaie

Normalerweise sind professionelle und individuelle Liechtensteiner Versicherungsmodelle ab 100.000 Euro investierbar. Stark eingeschränkte und standardisierte Konzepte werden teilweise bereits ab 50.000 Euro angeboten. Die Kapitalschutz-Real-Wert-Police bietet auch hier eine erfreuliche Ausnahme: Bereits ab 20.000 Euro können Sie diese Investment-Strategie direkt über die Versicherungsgesellschaft Vienna-Life aus Liechtenstein umsetzen!

Sie haben die Wahl zwischen Kapitalauszahlung oder lebenslanger Rentenzahlung

Die Kapitalschutz-Real-Wert-Police von Vienna-Life ist eine flexible fondsgebundene Rentenversicherung, die eine lebenslange Rente oder anhand der beinhalteten Kapitalanlagen wahlweise eine Kapitalauszahlung ermöglicht. Vereinfacht gesagt, haben Sie hier die sehr empfehlenswerten Möglichkeiten einer liechtensteinischen Versicherungspolice mit dem Wahlrecht der Kapitalauszahlung oder einer Rentenzahlung. Alle Detailinformationen und Vertragsunterlagen können Sie über ein Info-Paket direkt bei Vienna-Life anfordern. Seitens der Vienna-Life steht Ihnen speziell für die Kapitalschutz-Real-Wert-Police ein Mitarbeiter für all Ihre Fragen und Wünsche bezüglich der Umsetzung zur Verfügung.

Gebühren und Kosten	
Abschlusskosten	1%
Jährliche Verwaltungskosten	0,6%
Kosten der Depotbank	
Depotgebühren	0,1%
Courtagen bei Kauf und Verkauf	0,3%
Kontoführung	spesenfrei

Ansprechpartner

Vienna-Life Lebensversicherung AG
Verwaltungsleitung
Alexander Kilga
Industriestraße 2
FL-9487 Bendern
Tel.: + 423-235-0660
Email: a.kilga@vienna-life.li
Die Kapitalschutz Real-Wert-Police im Überblick

8 Das Versicherungsdepot: Die sechs Anlagestrategie-Bausteine im Detail

Sie haben mit der Real-Wert-Police die Möglichkeit, aus einem ausgesuchten Liechtensteiner Anlageuniversum Ihr privates, individuelles Versicherungsportfolio gezielt zusammenzustellen. Bei der Entwicklung der Kapitalschutz Real-Wert-Police wurde Priorität gelegt auf die Zusammenstellung des Versicherungsdepots (Deckungsstock) und auf die absolut flexiblen Kombinationsmöglichkeiten der Strategien.

Als Selbstentscheider können Sie im Rahmen der Kapitalschutz Real-Wert-Police von Vienna-Life Ihre ganz persönliche Strategie zusammenstellen. Sie können ein Zielinvestment dabei auch zu 100 Prozent gewichten, wenn Sie beispielsweise gezielt rein in Gold, Silber oder strategische Metalle investieren möchten. Sie sind bei allen Zielinvestments absolut flexibel in der Gewichtung zwischen 0 bis 100 Prozent. Ebenso können Sie schnell und unkompliziert Ihr Portfolio an die sich ändernden Marktsituationen anpassen. Das bedeutet, Sie können Ihre Strategie jederzeit verändern und aktiv in die Anlagen Ihrer Versicherungspolice eingreifen.

Die Strategie-Investments auf einen Blick

Name	ISIN	Ihre individuelle Gewichtungsmöglichkeit
VL GoldInvest plus Fund	LI0038980699	0-100%
VL Silver (Plus) Fund	LI0131952017	0-100%
SafePort Strategic Metals & Energy Fund	LI0103770108	0-100%
SafePort Gold & Agriculture Fund	LI0103770116	0-100%
SafePort Focus Fund	LI0133662929	0-100%
DB Platinum AIM Hedge	LU0523203569	0-100%

Die sechs Strategie-Investments der Kapitalschutz Real-Wert-Police

Die Strategie-Investments im Detail

Nachfolgend die wichtigsten Grundlagen zu den einzelnen Strategien. Alle weiterführenden Details von Strategiebeschreibungen über Verkaufsprospekte bis hin zu allen Fact-Sheets erhalten Sie direkt bei der Vienna-Life.

1. **Vienna-Life GoldInvest plus Fund**
   Bei dieser Strategie wird das Fondsvermögen zu mindestens 80 Prozent in physischem Gold veranlagt. Das erworbene Gold wird in Form von Barren bei der Depotbank oder einer der Depotstellen in der Schweiz oder Liechtenstein physisch hinterlegt. Mit einem aktiven Gold-Hedging-Programm (Absicherungsstrategie) wird die physische Goldanlage abgesichert, was mittel- bis langfristig zu einer höheren Rendite führt – im Gegensatz zu rein passiven Strategien in physischem Gold.
2. **Vienna-Life Silver (Plus) Fund**
   Hier wird das Anlagevermögen zu mindestens 50 Prozent in physischem Silber angelegt. Das Silber wird physisch bei der Depotbank oder bei einer der Depotstellen in der Schweiz oder Liechtenstein hinterlegt. Zusätzlich wird in Anlagefonds mit Edelmetallbezug in-

vestiert. Mit dieser Investition wird einerseits eine Streuung der Edelmetallwerte erreicht, und andererseits führt diese mittel- bis langfristig zu einer höheren Rendite als rein passive Strategien in physischem Silber.

3. **SafePort Strategic Metals & Energy Fund**
   Anlageziel dieser Strategie ist die Erzielung eines langfristig substanziellen, realen Wertzuwachses. Dazu investiert der Liechtensteiner Fonds direkt in strategische Metalle in physischer Form. Das wichtigste Zielinvestment ist das physische Metall Rhenium (circa 70 Prozent).
   Ebenso kann in Aktien investiert werden, denen Energie-Rohstoffe wie Öl und Gas zugrunde liegen. Aufgrund der hohen Preisschwankungen in den berücksichtigten Anlagesektoren werden kurzfristige Wertabsicherungsmaßnahmen und Terminkaufgeschäfte eingesetzt. Ausgewiesene Metallurgie-Spezialisten bezeichnen Rhenium als das Metall, das aufgrund der von der Natur vorgegebenen sehr beschränkten Angebotsmöglichkeiten und der kontinuierlich steigenden globalen Nachfrage wahrscheinlich von allen Metallen die höchste Wertsteigerung erfahren dürfte.
4. **Safe Port Gold & Agriculture Fund**
   Die Anlagestrategie besteht darin, langfristig einen substanziellen realen Wertzuwachs zu erwirtschaften. Dazu wird in physisches Gold, in Agrar-Rohstoffe aller Art und in Agrarunternehmen investiert. Letzteres umfasst die Investition in Betriebsgesellschaften, deren Zweck der Erwerb oder die Pacht von Grund und Boden ist, um Holz oder Agrar-Produkte (z. B. Kakao oder Bambus usw.) anzubauen oder zu verarbeiten.
5. **SafePort Focus Fund**
   Diese Strategie ist ideal für Sie als Kunden, wenn Sie eine bequeme Anlagemöglichkeit in realen Werten suchen, ohne dass Sie sich selbst aktiv damit befassen müssen. Die Anlagestrategie des SafePort Focus Fund mit seiner professionellen, aktiven Verwaltung wird ständig dem Marktgeschehen angepasst. Die aktuelle Anlagestrategie ist auf circa 70 Prozent physische Metalle (Gold, Silber, strategische Metalle) sowie circa 30 Prozent Agrar-Kapitalanlagen und Minenaktien fo-

kussiert. Sie müssen nicht ständig Marktpreise und eventuelle Fondswechsel-Aktivitäten beobachten – diese wichtige Aufgabe führt die Vermögensgesellschaft automatisch durch.

6. **DB Platinum AIM Hedge**
   AIM Hedge ist ein exklusiver Managed-Futures-Spezialist mit Sitz in Liechtenstein. Der nach Luxemburger Recht aufgelegte Investmentfonds DB Platinum AIM Hedge wurde gemeinsam mit der Deutschen Bank umgesetzt. Dadurch haben Sie als Anleger die zusätzliche Sicherheit eines starken Partners in Bezug auf die Investmentprozesse. Die Strategie, gezielt in die unterschiedlichsten Märkte und Anlageklassen weltweit zu investieren (long oder short), wird bereits seit sieben Jahren erfolgreich praktiziert. Im Finanzkrisenjahr 2008 erzielte die Investment-Strategie dabei eine positive Performance von 42,5 Prozent. Für mich ist dieses Modell, Markttrends ohne eigene Bauchentscheidungen zu folgen, eine ideale Beimischung zur gezielten Portfolio-Optimierung durch ein absolut professionelles Investment- und Risiko-Managementsystem. Sie erhalten auch als Privatanleger Zugang zu einem bewährten und fortlaufend optimierten Handelssystem, dessen Handelsmodelle mindestens täglich – wenn nicht sogar mehrmals pro Tag – mit neuen Preis- und Marktdaten gespeist werden. Sie reagieren dadurch automatisch auf Marktveränderungen, ohne dass Sie zum Daytrader werden müssen.

Praxis-Strukturierungsempfehlungen für Ihr Vermögensmanagement

Daneben stehen mit dem SafePort Focus Fund und dem prognosefreien, trendfolgenden DB Platinum AIM Hedge zwei innovative und dennoch sehr bequeme Vermögensverwaltungsinvestments zu Ihrer Verfügung. Diese sind gerade dann zu empfehlen, wenn Sie sich nicht fortlaufend selbst um Ihre Versicherungspolice kümmern möchten.

Für Sie als Verwaltungskunden empfehle ich folgende Strategien

1. Breite Diversifikation mit Übergewichtung der realen Werte

Name	Gewichtung
VL GoldInvest plus Fund	10%
VL Silver (Plus) Fund	20%
SafePort Strategic Metals & Energy Fund	20%
Safe Port Gold & Agriculture Fund	20%
DB Platinum AIM Hedge	30%

Mögliche Gewichtung der einzelnen Fonds in der Kapitalschutz-Real-Wert-Police

2. Reine Real-Wert-Vermögensverwaltung

Name	Gewichtung
SafePort Focus Fund	100%

Gewichtung bei einer reinen Real-Wert-Vermögensverwaltung

3. Reine Trendfolge-Vermögensverwaltung

Name	Gewichtung
DB Platinum AIM Hedge	100%

Gewichtung bei einer reinen Trendfolge-Vermögensverwaltung

4. Ausgewogene Real-Wert- und globale Trendfolge-Vermögensverwaltung

Name	Gewichtung
SafePort Focus Fund	50%
DB Platinum AIM Hedge	50%

Gewichtung bei einer ausgewogenen Real-Wert- und globalen Trendfolge-Vermögensverwaltung

Die Vienna-Life koordiniert all Ihre ausgesuchten Strategien und Gestaltungswünsche über die jeweiligen Vertragspartner. Das liechtensteinische Versicherungsunternehmen leitet dabei alle Aufträge über die Depotbank an die entsprechenden Fondsgesellschaften weiter, sodass Sie sich um nichts weiter kümmern müssen. Die Versicherungsdepots werden als Versicherungs-Sondervermögen bei der Bank Frick in Liechtenstein geführt. Mit dem Start der Kapitalschutz-Real-Wert-Police werde ich Ihnen in regelmäßigen Abständen eine Performanceübersicht zu den sechs einzelnen Investmentmöglichkeiten zur Verfügung stellen. Ebenso natürlich zu diesen vier empfehlenswerten Teilstrategien.

9 Gezielte Vermögensstrukturierung: Die Vorteile der Kapitalschutz-Police von der Finanz- bis hin zur Steuerplanung

Der Finanzplatz Liechtenstein mit seinem einzigartigen Versicherungsrecht bietet Ihnen zahlreiche weiterführende Vorteile. Ein paar Beispiele: gezielte Vermögensübertragung an Familienangehörige oder nahestehende Personen, deren Absicherung und Versorgung, Vermeiden von Erbstreitigkeiten, Optimierung Ihrer Steuerbelastung, Aufbau einer flexiblen Altersvorsorge, Absicherung von Unternehmensvermögen, Einschränkung des Zugriffs durch Erben, Familienmitglieder und Dritte auf Ihre Vermögenswerte.

Die Kapitalschutz-Real-Wert-Police berücksichtigt die Vorschriften des deutschen Einkommensteuerrechts beziehungsweise des spezifischen Rechts Ihres steuerlichen Wohnsitzes.

In keiner anderen Struktur erreichen Sie eine derart vorteilhafte Kombination von individueller Vermögensverwaltung sowie steueroptimierter Vermögensanlage und -übertragung. Die wichtigsten, generellen Vorteile und Möglichkeiten habe ich Ihnen nachfolgend in Kürze zusammengefasst.

Finanzplanung und Kapitalanlage	Erbschafts- und Steuerplanung
+ Flexible Auswahl individueller Anlagestrategien mit fortlaufender Wechselmöglichkeit innerhalb der Teilstrategien + Flexibler Vermögensaufbau möglich durch Zuzahlungen + Hohe Flexibilität und Liquidität durch mögliche Teilentnahmen oder Kündigung + Minimale Stornokosten bei Kündigung (1 Prozent, max. 5.000 Euro) + Als Versicherungsnehmer können Sie das widerrufliche Bezugsrecht der Versicherungspolice jederzeit ändern. Sie haben dadurch die absolute Entscheidungsfreiheit über Ihr Kapital und können dieses nahezu beliebig verteilen + Abkürzung der Rentenzahlung durch jederzeitige Auszahlung des Kapitalstocks ist möglich + Die Entscheidung, ob Renten- oder Kapitalauszahlung, kann auch kurzfristig vor Vertragsablauf getroffen werden + Versorgungslücken können rechtlich wie steuerlich optimiert geschlossen werden + Elternteile, die in Trennung oder Scheidung leben, können auch minderjährige Kinder gezielt absichern + Unverheiratete Paare können eine gezielte Absicherung für den anderen Lebenspartner vornehmen	+ Eigenständige juristische Rechtspersönlichkeit + Ein Erbschein oder Testament wird für die Vermögenswerte innerhalb der Versicherungspolice nicht benötigt, was zu einer schnellen Auszahlung führt. Erbstreitigkeiten werden vermieden. Kapital wird dadurch nicht blockiert + Durch die Gestaltung einer individuellen Todesfallleistung kann die Bezahlung von Pflichtteilsansprüchen sowie Erbschaftsteuer sichergestellt werden + Reduzierung des Verwaltungsaufwandes Ihrer Kapitalanlagen durch den Wegfall von Erträgnisaufstellungen für die Steuererklärung + Optimierung Ihrer Steuerpflicht durch flexible Entnahmemöglichkeiten aus der Police vor Fälligkeit + Steuerstundung während der gesamten Vertragslaufzeit + Reduktion der Steuerpflicht im Rahmen des sogenannten altersnahen Bezugs. Bei einer Mindestlaufzeit von 12 Jahren und Entnahme nach dem 62. Lebensjahr ist nur die Hälfte der Erträge steuerpflichtig + Im Todesfall ist die Auszahlung steuerlich optimiert, da die Todesfallleistung komplett einkommensteuerfrei ausbezahlt wird + Keine Gesundheitsprüfung bei Todesfallschutz gemäß den steuerlichen Vorgaben

+ Als Schenker können Sie weiterhin zu Lebzeiten von den Erträgen aus dem Vermögen profitieren, beispielsweise für Ihren Lebensunterhalt + Gezielter Schutz von Vermögensteilen für die Familie bei Unternehmern, beispielsweise bei Insolvenz der eigenen Firma + Möglichkeit der Verpfändung der Police zur Hinterlegung als Sicherheit + Weitere individuelle Risikoabsicherungen sind auf Anfrage möglich + Volle Transparenz, jederzeitiges Informationsrecht!	+ Vorteilhafte Besteuerung rein mit dem Ertragsanteil auch bei der Wahl einer Rentenauszahlung + Großeltern können Enkelkinder frühzeitig beschenken, sich aber gleichzeitig zu Lebzeiten Mitspracherechte erhalten + Die Auszahlung der Versicherungspolice erfolgt seitens der Liechtensteiner Gesellschaft direkt an die bezugsberechtigte Person + Die Leistung der Police wird auch dann ausgezahlt, wenn die Erbschaft wegen Überschuldung des Nachlasses ausgeschlagen wird

Die wichtigsten Vorteile der Police auf einen Blick

10 Kapitalschutz-Management: So einfach bauen Sie Ihre eigene Alpen-Festung

Erfolgreiche und vermögende Familien wie die Quandts, Flicks, Krupps oder vor allem Dynastien wie die Rothschilds strukturieren, gestalten, sichern und vermehren genau auf diese Art und Weise seit Jahrzehnten oder gar Jahrhunderten ihr Kapital. Diese Familien verfügen über Vermögenswerte im Milliarden-Euro-Bereich, sodass hier natürlich diversifizierte, gesellschaftsrechtliche Gestaltungen, auch wenn sie mit hohen Kosten und einem enormen Aufwand verbunden sind, völlig okay sind. Dafür stehen eigene, sogenannte Family Offices zur Verfügung. Solch ein Büro ist eine Dienstleistung, die sich mit der professionellen Verwaltung von Großvermögen befasst. In der Praxis sind Family Offices ab einem Vermögen von rund 10 Millionen Euro im Boot.

Mit der Kapitalschutz Real-Wert Police steht Ihnen jedoch bereits ab 20.000 Euro eine professionelle gesellschaftsrechtliche Lösung zur Verfügung. Sie setzt Strukturen um, wie sie Family Offices nutzen, und ist absolut ebenbürtig. Ich wurde nun mehrfach gebeten, diese Schutzfunktion noch anschaulicher an Praxisbeispielen zu verdeutlichen. Das mache ich natürlich sehr gerne.

Milliardär und zurück: Der Fall Anton Schlecker sollte Ihnen eine Warnung sein!

Es gibt in der Historie immer wieder Fälle von Familienvermögen, die vernichtet werden. Die Quelle-Erbin Madeleine Schickedanz oder die Selbsttötung des einstigen Vorzeigeunternehmers Adolf Merckle sind tragische Beispiele. Ich frage mich dann aber doch oft, ob diese Unternehmer keinen professionellen Vermögensverwalter oder Rechtsbeistand an der Seite haben, der ihr Vermögen schützt. Es gibt genügend Möglichkeiten, Vermögenswerte legal gesellschaftsrechtlich zu strukturieren, damit man gar nicht erst in diese unschöne Situation gerät.

Wenn eine gesellschaftsrechtliche Struktur wie eine GmbH in Konkurs geht, dann ist natürlich nicht automatisch der Geschäftsführer oder der Gesellschafter pleite. Im Gegenteil. Diese Rechtsstruktur schützt den Inhaber, weil es eine beschränkte Haftung gibt. Auch bei einer AG ist dies so. Der Neue Markt hat das sehr deutlich gezeigt. Zahlreiche Firmen gingen pleite. Die ehemaligen Besitzer aber sind auch heute noch vermögend, weil sie rechtzeitig ihr Vermögen in Sicherheit gebracht haben. Firmen wie EM.TV, gegründet von den beiden Haffa-Brüdern, die nach wie vor als Multimillionäre zum internationalen Jet-Set gehören, sind hierfür gute Beispiele.

Der sehr bodenständige schwäbische Unternehmer Anton Schlecker hat immer darauf verzichtet, sein Unternehmen in eine Gesellschaftsstruktur zu überführen. Die Unternehmensform von Schlecker ist seit ihrer Gründung ein sogenannter e. K., ein eingetragener Kaufmann. Das führt dazu, dass Anton Schlecker im Falle der Insolvenz mit seinem gesamten Privatvermögen haftet. Ein Konkurs des Unternehmens führt dadurch auch zur Privatinsolvenz – oder gefährdet zumindest das Privatvermögen massiv. Es ehrt Anton Schlecker sicherlich als Kaufmann und Mensch, dass er auf Gesellschaftsstrukturen verzichtet hat und immer zu seiner Verantwortung stand. Der Preis des Verlustes der gesamten materiellen Familien-Existenz ist für mich allerdings viel zu hoch. Derartige Gefahren einzugehen, halte ich für nicht intelligent.

Hätte Anton Schlecker für seine Firma frühzeitig eine eigene Rechtsstruktur geschaffen, beispielsweise eine GmbH, dann wäre das Risiko begrenzt gewesen. Ein andere Möglichkeit, sein Vermögen zu schützen, ist die Schaffung von geschützten Zellen über gesellschaftsrechtliche Strukturen. Hätte der Unternehmer für Familienangehörige beispielsweise frühzeitig (lange bevor sich die Insolvenz abzeichnete) eine oder mehrere Liechtensteinische Versicherungs-Policen abgeschlossen – mit der Regelung, dass bestimmte Familienmitglieder wiederum begünstig sind –, dann wäre diese Rechtsstruktur der juristischen Person geschützt vor den Ansprüchen Dritter.

Ob Sie wollen oder nicht – auch Sie sind Teil einer Haftungsgemeinschaft!

Vielleicht denken Sie sich nun: »Was interessieren mich Unternehmen oder ehemals reiche Privatpersonen, die in Insolvenz gehen? Das kann mir ja nicht passieren.« Dann sage ich Ihnen: »Sie unterschätzen das mittlerweile massive Risiko für Ihr Kapital.« Als Bürger und Steuerzahler der Bundesrepublik Deutschland befinden Sie sich aufgrund der Entwicklungen innerhalb der EU mit all ihren Rettungsschirmen ebenfalls in einer Haftungsgemeinschaft. Sie sind zwar kein eingetragener Kaufmann, aber ein eingetragener Bürger. Deutschland haftet für Länder wie Griechenland, Portugal, Spanien oder Italien. Für Deutschland haftet aber nicht der Staat, sondern letztendlich wie immer das Volk. Sie als Privatperson und Steuerzahler bürgen für die Bundesrepublik Deutschland in einem Krisenfall auch mit Ihrem Vermögen. Staatsschulden sind nicht die Schulden des Staates, sondern des Volkes. Darum ist Volksvermögen auch Staatsvermögen. Sie sind durch meine Tipps bestens gerüstet, um sich Ihre eigenen geschützten Zellen zu schaffen.

Übrigens war die meistgestellte Frage im Zusammenhang mit der Kapitalschutz-Real-Wert Police die nach dem Ort der Lagerung der beinhalteten realen Werte. Die Edelmetalle ebenso wie die strategischen Metalle werden an den unterschiedlichsten Orten in der Schweiz und in Liechtenstein physisch verwahrt. Dadurch erreichen Sie, dass Sie Ihr Kapital noch breiter streuen und verteilen.

Kapitalschutz entsteht durch intelligente Diversifikation

Meine Anlagephilosophie besagt, dass es weniger darauf ankommt, dem besten Investment oder dem ultimativ besten Anbieter hinterherzujagen. Vielmehr kommt es für einen nachhaltigen Anlageerfolg darauf an, die unterschiedlichsten Kapitalanlagen intelligent und individuell zu kombinieren und zu diversifizieren sowie Zugangswege, Handelsmöglichkeiten und Lagerorte zu identifizieren. Das gilt für Ihre indirekten Investitionen über Wertpapierdepots und Finanzinstrumente ebenso wie für direkte Investitionen in reale Werte wie physische Edelmetalle, Edelhölzer, strategische Metalle, Kunstgegenstände oder grundsätzlich alle Sachwerte. In der nachfolgenden Grafik sehen Sie die breite Verteilung der physisch hinterlegten realen Werte. Je nachdem, welchen Strategiebaustein Sie auswählen, wird Ihr Kapital an unterschiedlichen Orten verwahrt. Auch die Kombination von Banksafes in Liechtenstein mit bankenunabhängigen Hochsicherheitstresoren beurteile ich als sehr effiziente Funktion für die Optimierung Ihres Kapitalschutzes.

Abb. 42: Lagerstellen der Kapitalschutz-Real-Wert-Police

Wie komme ich im Krisenfall an meine Edelmetalle und realen Werte heran?

Diese Frage tritt immer wieder in Bezug auf die physisch hinterlegten Edelmetallfonds aus Liechtenstein und die Edelmetall-ETFs aus meiner Best-Buy Strategie-Empfehlungsliste auf.

Grundsätzlich ist es so, dass Sie sich die realen Werte in der Regel auch physisch ausliefern lassen könnten. Das ist allerdings immer mit hohen Kosten verbunden. Bei Silber und strategischen Metallen würde darüber hinaus zusätzlich die entsprechende Mehrwertsteuer anfallen. Davon abgesehen, macht es aus meiner Sicht überhaupt keinen Sinn, Edelmetalle aus indirekten Strukturen im Ausland ausliefern zu lassen. Edelmetalle sind nicht gedacht als Risikoschutz in einer Krise, sondern als Wertaufbewahrungsmittel für die Zeit nach einer Krise. Wenn beispielsweise nach einem Währungscrash eine neue Währung eingeführt wird, können Sie Ihre entsprechenden realen Werte mit ihrer hohen Kaufkraft zurücktauschen in diese neue Währung. Metalle können Sie auch in einer Krise nicht essen oder für den Konsum bei Einkäufen einsetzen.

Ebenso ist es – wie die Geschichte zeigt – unrealistisch, dass Sie mit Edelmetallen im großen Stil Ihren täglichen Lebensbedarf decken können. Sollten derartig dramatische Zeiten hereinbrechen, wird es andere Ersatzwährungen als Tauschmittel geben. In den Kriegsjahren waren das beispielsweise Zigaretten, Schokolade oder Schnaps. Niemand ist aber mit einem Goldbarren zum Bäcker gegangen und hat dort einige Gramm heruntergehobelt, um Brot einzukaufen. Ich habe einen Leser, der heute über 80 Jahre alt ist und mich regelmäßig in der Redaktionssprechstunde anruft. Er hat mehr als 200 Flaschen Hochprozentiges zu Hause gebunkert, weil er aus eigener Erfahrung weiß, dass diese in der schweren Zeit nach dem Zweiten Weltkrieg die beste Tauschwährung waren. Seine Edelmetalle hat er hingegen bis auf einige Anlagemünzen im Ausland verwahrt. Früher musste ich immer schmunzeln bei seinen Erzählungen, heute ist seine Strategie für mich absolut nachvollziehbar. Dieses Vertrauen, das jeder von Ihnen individuell für sich definiert, ist für mich das absolut Wichtigste. Es geht letztlich nicht um Rendite oder Risiko – es geht um Lebensqualität.

Bis zu welchem Alter ist die Kapitalschutz-Real-Wert Police empfehlenswert?

Ein 83 Jahre alter Leser hat mich in meiner letzten Redaktionssprechstunde gefragt, ob denn in seinem Alter die Kapitalschutz-Real-Wert Police überhaupt noch möglich sei. Diese Frage wird mir mittlerweile auch von deutlich jüngeren Lesern gestellt.

Meine Antwort: Diese intelligente Anlagestruktur aus Liechtenstein dient nicht dem Todesfallschutz, sondern der Kapitalanlage. Grundsätzlich sind Vertragslaufzeiten von 99 Jahren möglich. Für die Inanspruchnahme der Ertragsteuervorteile während der Vertragslaufzeit (neben den Einkommensteuervorteilen im Todesfall) ist eine Laufzeit von 12 Jahren in Kombination mit einer Auszahlung nach dem 62. Lebensjahr notwendig. Dennoch kommen Sie auch davor jederzeit im Bedarfsfall an Ihr Kapital heran.

Aufgrund dieser Rahmendaten ist meine Empfehlung die, dass Liechtensteinische Policen für Anleger bis 87 Jahren (99 minus 12) grundsätzlich empfehlenswert sind. Ich kenne auch todkranke Anleger, die Teile Ihres Vermögens in eine Versicherungspolice überführt haben, um die Vorteile dieser Kapitalanlagestruktur im Todesfall nutzen zu können – zum Wohle der Familie beziehungsweise der Begünstigten. Auch das darf kein Tabuthema sein.

11 Wo liegt nun das Fort Knox für Ihre Edelmetalle?

Am Ende dieses Buches hoffe ich, dass ich Ihnen zahlreiche Empfehlungen, Strategien und vor allem Anlagealternativen für Ihre gezielte Krisenvorsorge zu einem optimierten Vermögensschutz an die Hand geben konnte. Suchen Sie jedoch nicht das beste Produkt heraus. Oftmals werde ich gefragt, wo denn nun meiner Meinung nach das Fort Knox für Privatanleger liege. In Fort Knox (Stützpunkt der US Army im Bundesstaat Kentucky) liegt einer der größten Goldanteile der Welt.

Es gibt nicht »das eine Fort Knox«, das alles übersteht und die beste Rendite abwirft. Streuen Sie in unterschiedliche Anlageformen, Produkte und Anbieter sowie Lagerorte. Setzen Sie eine »Fort Knox«-Strategie und schaffen Sie sich mehrere – hoffentlich – sichere Lagerorte für Ihre Edelmetalle. Hierzu sollten Sie sich an meine grundlegenden Hinweise halten, die ich Ihnen nachfolgend zum Abschluss zusammengefasst habe:

- Das Fort Knox liegt grundsätzlich in Ihrem Wissen und Ihren Strategien des Kaufes und der Lagerung begründet.
- Selbst wenn Sie morgen alles (Geld) verlieren – Ihre Bildung und Ihr Wissen werden bleiben. Sachwerte, gerade die grundlegenden Edelmetalle Gold und Silber, werden ebenfalls bleiben, sofern diese nicht zwangsenteignet werden. Auch davor sollten Sie sich durch eine Verteilung auf mehrere »Fort Knox«-Strategien schützen (nicht nur Gold, sondern vor allem auch Silber, Anlageprodukte, USD-gesicherte ETFs, Lagerorte).

Abb. 43: Fort Knox, Kentucky / Quelle: U.S. Bullion Depository / Quelle: www.wikipedia.com

- Es gibt also nicht den EINEN sicheren Ort oder ein sicheres Edelmetall oder Edelmetallprodukt, das für alle Zeiten stabil bleibt. Sie müssen auch Ihre Edelmetallportfolios fortlaufend überwachen und adaptieren.
- Verteilen Sie auch Ihre Edelmetallanlagen, und zwar in verschiedenen Ländern (Schließfächern), auf Banken, in unterschiedlichen Produkten und innerhalb von Anlageklassen. Nutzen Sie also unterschiedliche Anbieter, Länder, Rechtsräume und Strukturen!

Neben meinen Publikationen auf www.kapitalschutz-vertraulich.de erhalten Sie fortlaufende Informationen über den täglich aktualisierten NEWSTICKER oder den monatlichen NEWSLETTER auf meinem Portal: www.geopolitical.biz

Stichwortverzeichnis

A
Aktivposten 17
Alkane Resources 76
Aluminium 77, 86, 202ff.
American Eagle 110, 119f., 205, 211, 212, 219f.
Amero 5, 22-29
Andium Trust Company Limited 137
Andorra 8, 236, 244-247
Anlagebarren 50, 217, 250
Anlagegold24 36, 110, 164, 211
Anlagegoldmünzen 110, 205, 207, 211
Anlageklasse 42, 56, 65, 71, 73, 80, 101, 116, 185, 204, 246, 248, 252
Anlagemünzen 42, 44, 111, 117f., 120, 125, 148, 170, 205, 212, 214f., 217ff., 220, 223, 225ff., 235, 237, 241, 255, 293
Argentum 5, 19ff., 55, 235
Aurum 5, 19ff., 55, 112f., 126, 171f., 214, 239, 253
Autoriteit Financiele Markten, AFM 139
Avalon Rare Metals Inc. 76

B
Bankhaus Jungholz 119, 182
Bargeld 6, 48f., 125-145, 148f., 182, 207
Bergman, Torbern Olof 94
Bernanke, Ben 24f.
Berufsverband des Deutschen Münzenfachhandels e.V. 171f
Best-Buy-Strategie 66, 71, 154, 190, 199, 270, 293
Blei 60, 77, 93f., 204
Bretton Woods 26f.
Britannia 110, 119f., 211, 221, 224f.
Bullion Vault 128, 132, 208f.
Bullionprägung 221
Bundesbank 20, 36, 48
Bundesfinanzministerium 48, 184, 237

C
Cameron, David 264
Cäsar, Julius 32
Castell Mint 245f.
CastellGold 115, 214, 216, 229, 247
Chiho-Tiande Group 79
China Metal Recycling 6, 40, 74ff., 79, 84, 86f., 89f., 94, 99, 101f., 137, 202, 225, 227
China Rare Earth Holdings Ltd. 76
Chrom 55, 61, 96f.
Coininvestdirect 115
Commercial Metal 79
Commerzbank 195ff.
ComStage ETF NYSE Gold Bugs 195ff.
Cook Islands 7, 44, 234ff., 245f.
Credit Default Swaps, CDS 19
Credit Spreads 19f.
Credit Suisse 167ff., 181
Currywurst Urteil 246

D

DB Platinum AIM Hedge 281, 283ff.
Depotführung 124, 274
Deutsche Schutzvereinigung für Wertpapierbesitz e.V. 114
Deutschland 5f., 20f., 34, 36f., 42ff., 46f., 50, 57, 62f., 74, 80ff., 86, 106, 109f., 112f., 126, 144f., 149, 151ff., 158, 163f., 171, 175, 181f., 192, 201, 211, 231, 235, 244f., 253f., 263, 268f., 274, 277, 291
Direktvertrieb 125, 159
Diversifikationsmöglichkeit 15, 103, 114, 163, 204

E

Edelmetallanlage 6, 45, 52, 105, 116, 160, 296
Edelmetallhandel 46, 51f., 112, 127, 174, 177
Edelmetall-Handelsplattform 155, 208
Edelmetall-Notvorrat 6, 116f.
Edelmetall-Zertifikate 65
Edelmetall-Zertifikatsprogramme 17
Eichhörnchen-Strategie 6, 57f., 59
Eigenverwahrung 6, 111-115, 117, 138
Einkaufsgemeinschaft für Gold und Silber GbR 114
Einkaufsgemeinschaft für Technologiemetalle GbR 63
Einkommensquellen 146
Einstiegseinheit 124
Emittentenrisiko 17, 75, 131, 166
emotionale Dividende 249
Europium 61, 81
EWR 266, 268
EWR-Mitglied 268

F

Feinunze 8, 41, 109, 127, 133f., 151, 208, 241ff.
Finanzderivate 16
Finanzmarktaufsicht, FMA 67, 74, 122, 160
Finanzplatz 201, 264, 286
Fitch 19
Fondsvermögen 67f., 155, 160, 162, 165f., 281
Fort Knox 8, 152, 295f.
Fremdwährungskonto 118, 188

G

Gallium 60, 64, 81, 85f.
Geiger-Edelmetalle 115, 179
Geldentwertung 23, 279
Geoffroy, Claude Francois 94
Germanium 81, 86, 98ff.
geschützte Zellen 8, 261, 265
Gewinnspanne 251
Gold Sammlermünzen 230
Gold-Anlagemünzen 42, 217f., 220, 226
Goldbarren 32, 42, 109, 119f., 123f., 126-129, 135, 137, 142, 148, 152f., 163, 176, 186, 192, 205, 212f., 255, 293
Goldbesitz 20, 34, 36, 133, 275
Gold-ETF´s 7, 107, 152, 160-165, 167f.
Gold-Hedging-Programm 281
Goldinvestment 30, 42
Goldmarkt 16, 114, 127ff.
GoldMoney 15, 43, 112, 123, 134-138, 140f., 155, 191, 209f
Goldmünze 118-221, 223-227, 233
GoldRepublic 15, 138-141
Gold-Silber-Preis-Ratio, GSPR 198
Gold-Silber-Ratio 41
Gold-Super-Markt 115
Gold-to-go-Automaten 148ff.

Goldverbot 34, 108, 270, 272, 275
Golfo 5, 22-29
Grundsicherung 51
Grundvertrauen, finanziell 31

H
Hafnium 92f.
Haltedauer 51
Hamburger Sparkasse 113
Handelshaus 112
Handelsspanne 124, 152f.
Heimerle + Meule 234ff.

I
IAMGOLD 135, 196
Indium 60, 64, 81, 83-86
Investitionsbeträge 236
Investitionsvorschriften 275
Investmentpakete 44, 125, 239
Istanbul Gold Refinery, IGR 141

J
J.P. Morgan 66
Julius Bär 154, 161f., 165-168

K
Kangaroo 148, 226f.
Kapitalanlage-Experten 55
Kapitalanlage-Umfeld 8, 261-265
Kapitalbudget 111
Kapitalgesellschaften 50
Kapitalschutz 8, 10, 15, 40, 44, 56f., 59, 70f., 73, 80, 117, 141, 155, 171, 181f., 184, 188, 212, 249, 259ff., 270f., 273-281, 284ff., 288-294, 296
Kapitalschutzfunktion 273-276
Kapitalschutz-Real-Wert-Police 8, 59, 259f., 269ff., 273f., 276-279, 284ff., 292
Kapitalschutz-Strategie 182
Kaufkraftverlust 32, 50
Kobalt 61, 64, 88f.
Kontinentaleuropa 51
Kontinentalgemeinschaftswährung 24
Kostenvorteile 125
Kreislauf 106
Krisenvorsorge 14f., 57, 101, 108, 112, 126, 146, 191, 216, 295
Krügerrand 110ff., 118ff., 148, 205, 207, 211-214, 217-220, 222f., 226, 232, 241, 255
Krumrey, Tillmann 249-252
Kunstgegenstände 248ff., 292
Kunstobjekte 248f.
Kupfer 55, 60, 77, 88, 92, 96, 98f., 119, 202ff., 219f., 237
Kursgewinne 110, 134, 139f., 194ff., 192

L
Lagerstätte 8, 137, 142f., 163f., 192, 261
Lagerung 6, 9, 15, 17, 51, 58, 60, 62, 66, 71ff., 111-115, 123f., 133f., 136ff., 140, 147, 152, 172, 179f., 201, 291, 295
Lanthan 61
Lidl 232f
Liechtenstein 6ff., 34f., 42f., 57ff., 66f., 69ff., 73, 79, 103, 119, 145, 181ff., 192, 198-201, 208, 242, 249, 260, 264, 266-269, 273f., 276-279, 281, 283, 285f., 291-294
Liechtensteiner Fonds 6, 66, 71ff., 282
Lynas Corporation Ltd. 76

M
Maple-Leaf 110f., 120, 148, 205, 211, 220, 222f., 226, 238f., 255
Marktsituation 69, 275
Marktzugang 122, 266

Maximalauflage 228
Mehrwertsteuer-Strategien 5, 42-45
Mengenrabatt 125
Metal Recycling Basket 78f.
Metalico 79
Metall-Direktinvestition 6, 60-65
Metallrecycling-Branche 77
Metallsparplanvarianten 64f.
Mida Trading GmbH 141f., 144f.
Mindestanlagesummen 201
Minen-Aktien 6f., 74ff.
Molybdän 61, 64, 69, 89f.
Molycorp Minerals Inc.v 76
Moody´s 19, 269
MP-Edelmetalle 115, 216
Müller, Franz Joseph 95
Münzbarren 8, 44f., 205, 236, 244-247
Münzbewertung 112, 171
Münzsammlung 7, 170ff., 217
Münzstangen 44f., 234ff.
Multi-Plattform-Strategie-Modell 7, 208ff.
Multiwährungssystem 130

N
Neodym 61, 81
Numismatik 7, 111, 170ff., 216

O
Obligationen 136
Österreich 8, 42, 46f., 49, 95, 110, 120f., 123f., 180, 192, 208-211, 221f., 237-240
Online-Goldhandel 126
Ophirum 115

P
Palladium 17f., 80, 108f., 113f., 119, 136f., 143f., 165ff., 175, 204, 215, 241, 245
Panda-Goldmünze 225
Papiergeldsystem 27
Partner Bank 120-123
Paul, Ron 24
Personengesellschaften 51
Platin 7, 17, 72, 80, 108f., 113f., 119, 134, 136f., 143, 165, 167, 174f., 190-193, 204, 215, 241, 245
Pool-Accounts 135
Pott, Johann Heinrich 94
prägefrisch.de 231
Pro Aurum 112f., 126, 171f., 214, 239, 253
Protected Cell 271
Protektionismus 264f.

Q
Quantum Fund 202

R
Real-Schutz-Strategie 8, 257
Realwert 71, 251, 259
Real-Wert 6, 8f., 44, 59, 71, 73, 105, 113, 117, 257, 259f., 269ff., 273
Recycling-Aktien 6, 77ff., 90, 101, 144
Rees-Mogg, William 32
Reich, Ferdinand 84
Repression 261f.
Rettungsschirm 8, 273
Richter, Theodor 84
Robbe & Berking 253ff.,
Rogers, Jim 202f.
Rothschild, Mayer Amschel 264
Royal Bank of Scotland 199, 203

S
Sachwert 13f., 108, 111, 113, 121, 187, 215
SafePort Focus Fund 276, 281-285
SafePort Gold & Agriculture Fund 69f., 281
Safeport Silver Mining Funds 199ff.

SafePort Strategic Metals & Energie Fund 59, 68f., 71ff., 281, 284
Samarium 61
Sammlerqualität 237
Scheele, Carl Wilhelm 94
Schlecker, Anton 289 f.
Schnitzer Steel Industries 79
Schuldenbelastung 106
Schwarzgeld 5, 46-49
Schweiz 6f., 27, 34f., 42f., 47, 57f., 60-65, 73, 78f., 103, 110, 112f., 119, 124, 137, 142f., 151, 153, 155, 162-169, 179-183, 192, 200, 206, 208f., 211, 241f., 264, 266, 268, 281, 291f.
Schweizer Edelmetall-ETF´s 66, 112, 117, 155f.
Schweizer Metallhandels AG 66, 112, 117, 155f.
Schweizer Zollfreilager 63
Selbsttötung 290
Silberinvestment 42f., 108
Sims Metal Management 79
SIX SIS 164
Solactive Rare Earth Performance-Index 74f.
Sonderkontingente 239
Sondermetalle 6, 53, 55f., 81f.
Sondersteuern 263, 275
Spekulationsfrist 62, 107, 110, 124, 139, 156, 185f., 188, 191, 193
Spread 19f., 47
Staatsverschuldung 28, 30, 32, 106, 263
Standard & Poor´s 19, 269
Steel Dynamics 79
Steuerhinterziehung 43, 49
Steuerparadies 113
Steueroptimierte Absicherungsstrategien 7, 190-193
strategische Metalle 6, 9, 13, 45, 53, 55-59, 66, 68, 70-73, 77f., 80ff., 101ff., 114, 146, 248, 260, 276, 280, 282, 292
Super-GAU 107, 153

T
Tantal 60, 64, 90f.
Technologie Metalle 114
Tellur 60, 94f
Thomas Göbel e.K. 235f.
Tradium GmbH 63, 82

U
Umicore 79, 151, 245ff., 249f.
Umicore-Münzbarren 245ff.
Uran 95, 98

V
Van Goethem Edelmetalle GmbH 180
Vermögensdiversifikation 201
Vermögensmanagements 108, 283
Vermögensschutz 13, 15f., 216f., 295
Vermögensstrukturierung 8, 272, 286ff.
Vermögenswerte 58, 80, 116, 155, 168, 199, 260, 265, 273, 276, 286f., 289f.
Versicherungsgesellschaft 273f., 279
Versicherungspolice 8, 271, 273, 278f., 280, 283, 287f., 294
Versicherungssektor 268
ViaMat 128-131, 138
Vienna-Life Gold Invest plus Fund 281
Vienna-Life Silver (Plus) Fund 281
Vienna-Life 274, 277, 279ff., 285
VL GoldInvest plus Fund 281, 284
VL Silver(Plus) Fund 281, 284

W
Währungsabsicherung 155, 161ff., 166f., 169

Währungsreform 22, 32, 101, 106f., 108f., 111, 146, 191, 248, 261ff.,
Währungsschnitt 262f.
Währungssystem 25, 27, 136
Welt-AG 25
Weltleitwährung 13, 22, 24
Weltneuheit 236
Weltwirtschaft 57, 108
Weltwirtschaft
Weltwirtschaftskrise 26, 30
Wertgarantie 276
Wertpapiergeschäfte 192
Wertverlust 192
Wiener Philharmoniker 110, 205, 211, 220ff., 225, 239, 241, 255
Wirtschaftsprüfungsunternehmen 137
Wismut 60, 93ff.

Y

Xetra-Gold-Modell 112

Y

Yttrium 61

Z

Zertifikate-Emittenten 135
Zink 55, 77, 86, 204
Zirkonium 61, 92, 95, 97f.
ZKB Gold ETF hedged 154f., 164, 167f.
Zollfreilager 7, 15, 43, 57f., 62f., 72, 82, 112, 143, 161, 179f., 242
Zürcher Kantonalbank, ZKB 43, 154f., 164, 167ff., 181f.
Zwangsanlagevorschriften 276